JOSH DOUGLAS

Scoile Gnó

An dóigh a dinimiceas airgead tirim an córas scoile

Clár ábhair

Réamhrá 5
   Staidéir ard-eitilte 11
   Ullmhóidí an- 16
   Scoil an airgid 24
1 29
   Ar éagothroime na mbunaíochtaí 29
- ilchineálacha27   32

Réamhrá

Thosaigh sé nuair a chuir Gaby ceist orm: "Agus fiaclóireachta sa Spáinn, cad a cheapann tú? »

Agallamh treoshuímh a bhí ann. Tar éis an baccalaureate, is minic a théann mo mhic léinn ES sa bhliain dheireanach (eacnamaíoch agus sóisialta) chuig Eolaíochtaí Po nó ullmhúchán tráchtála nuair a bhíonn siad go maith, sa dlí nó i scoil ghnó nuair nach mbíonn siad chomh maith sin. Féachann siad orthu féin mar fheidhmeannaigh, iriseoirí, dlíodóirí nó fiontraithe. Fiaclóirí? Riamh.

Tá sé beartaithe ag Gaby scrúduithe iontrála a dhéanamh chuig scoileanna gnó a earcaíonn go díreach tar éis an bhac. Is mac léinn measartha meánach é. Tá aithne aige ar níos mó daoine ar lár Real Madrid ná ar bhuaiteoirí Dhuais Nobel san eacnamaíocht, ach is fear ard fuinniúil a bhfuil gruaig dhubh air, é ag miongháire, compordach ag labhairt agus ag a bhfuil uimhreacha. Is cosúil go bhfuil sé in ann clár comhardaithe a léamh nó dul i mbun caibidlíochta céim ar chéim chun conradh tráchtála a bhuachan. Tá a rogha inchreidte mar sin. Téimid timpeall na scoileanna a bhféadfadh sé iarracht a dhéanamh ag cur san áireamh a leibhéal agus conas ullmhú do chomórtais.

Tá an t-agallamh ag druidim chun deiridh, agus seo é an áit a seolann sé: "Mar sin, a fhiaclóireachta, cad a cheapann tú? Shamhlóinn go bhfuilim beagán bewildered.

— Fiaclóireachta? Ar mhaith leat a bheith i do fhiaclóir?

— Níor smaoinigh mé i ndáiríre faoi. Ach d'fhéadfadh sé a bheith go maith.

Breathnaíonn sé féin sách amhrasach. Glacaim leis an snáithe dá bhfuil ar eolas agam.

— De ghnáth, caithfidh tú dul trí bhac S agus pas a fháil sa chomórtas ag deireadh PACES, an chéad bhliain a bhaineann le staidéir sláinte. Is cosúil go bhfuil sé sin beagán as dom ó do thuras go dtí seo ...

Nodann sé.

— Díreach. Má théann tú go dtí an Spáinn is féidir leat a bheith i do fhiaclóir gan an rogha iomlán a dhéanamh. D'inis cara le m'athair dom faoi. Is fiaclóir é agus deir sé go bhfuil an oiliúint sa Spáinn i gceart.

Agus an bhfuil Spáinnis agat? Ba chuma liom go raibh Gearmáinis á dhéanamh agat?

Mar sin míníonn sé an scéim dom. Ós rud é go n-aithnítear na dioplómaí ar fud an Aontais Eorpaigh agus go bhfuil an rogha an-mhór sa Fhrainc, téann daoine beaga cliste thart ar an mbacainn trí imeacht a dhéanamh chun oiliúint a fháil in áit eile san Eoraip. Baineann sé seo le staidéir ar leigheas, fiaclóir, fisiteiripeoir, tréidlia. Sa scoil is fearr liom, áit a roghnaíonn an tríú cuid de na scoláirí i ranganna eolaíochta an leigheas, chuir an t-uafás in iúl go hantapa i measc na mac léinn meánach, gan a bheith cinnte go raibh siad in ann aghaidh a thabhairt ar rogha uafásach na chéad bhliana i ndámha Pháras. Níl Gaby cinnte an bhfuil na ceachtanna i bhFraincis, ach mhínigh cara dá hathair di gur deis iontach a bhí ann. Mar sin cheap sé b'fhéidir...

Ag breathnú siar, tá sé soiléir. Mar mhúinteoir eacnamaíocht, ní haon iontas dom é an borradh atá faoi chaighdeáin náisiúnta na hEorpa. Sa leigheas, cruthaíonn an clausus numerus, nach bhfuil a loighic níos lú ó phleanáil léannta ná ó mhian le pinsin a chosaint agus caiteachas sláinte á laghdú, fíorthíosaigh leighis a chruthú i réigiúin áirithe agus ganntanas i speisialtachtaí áirithe amhail oftailmeolaíocht; tá go leor spáis sa mhargadh do chéimithe atá oilte go hidirnáisiúnta. Má eagraíonn pobail phobail sa Drôme nó sna Cévennes iad féin chun dochtúir Rómáinis a thabhairt isteach , cén fáth nach gcuirfidís glaoch ar dhochtúir Francach atá oilte sa Rómáin? Níl aon fhianaise ann go bhfuil oiliúint thar lear níos measa. Admháil, mic léinn oilte sa Fhrainc máistir calcalas difreálach, sesame chun pas a fháil sa dara bliain. Ach ní dhéanann sé sin dochtúirí níos fearr iad.

Tar éis cúpla cad a tharlaíonn ar an nGréasán, éiríonn rudaí níos soiléire.

Tairgeann an Rómáin thart ar 5,000 euro in aghaidh na bliana do mhic léinn a óstáil, agus ní mór íosmhéid de 5,000 euro a chur leis le haghaidh lóistín agus bia. Tugtar ranganna i bhFraincis don chéad trí bliana. "Is gá ansin Rómáinis a labhairt, go háirithe cumarsáid a dhéanamh le hothair", sonraítear medecineroumanie.org.

Níos costasaí: insíonn mac léinn atá ar tí oiliúint a fháil i bhfiaclóireacht ann go bhfuil an rátáil is fearr ag an Spáinn. Cuireann ollscoileanna príobháideacha, a chuireann cúrsaí ar fáil sa

Fhraincis, dochtúirí, fiaclóirí nó tréidlianna a oiliúint. Tá buiséad de 30,000 euro in aghaidh na bliana á phleanáil aici féin agus ag a tuismitheoirí: 16,000 euro do tháillí scoile agus 14,000 euro do mhaoirseacht. Níos mó ná cúig bliana, tá sé mar sin plean caiteachais de 150,000 euro, figiúr a chuireann woozy tú. "Mar sin féin, is fiú an iarracht," a deir sí go barántúla. Ní thitfidh costas na n-iontáin.

Cúig nó deich mbliana roimhe sin, bhí na deoraithe understudy a bhuamáil an tástáil dhá uair, áfach, a bhí sásta a bheith go héifeachtach speisialtóirí. Faoi láthair, fágann sealbhóirí baccalaureate gan stab a ghlacadh sa Fhrainc, ós rud é nach bhfuil sé chomh buartha.

Is léir go spreagann an imghabháil fhiáin seo ar an diongbháilteacht a chomhordaíonn na coláistí freagraí. I bprionsabal, tar éis dul chun cinn a dhéanamh ar imscrúduithe duine thar lear, tá sé indéanta na measúnuithe a shocrú don phobal sa Fhrainc a chríochnú, measúnú a tháinig in ionad an chomórtais scoile beo. Mar sin féin, faoi theannas ó Bhord na hIarratas agus ó speisialtóirí a thaispeánann san fhórsa saothair, ní mór don údarás poiblí bac a chur ar understudents a d'iompaigh dhá uair sa Fhrainc ó dhul ar aghaidh lena n-ullmhú ansin tar éis dul thar lear.1.

Toisc nach bhfuil sé deacair dul i ndíbirt ar feadh cúig nó ocht mbliana, tá tairiscint níos mímhuiníne ag teacht chun críche. An Áit Saor in Aisce don Ardoideachas Domhanda (CLESI) cuireann understudies (ar feadh 6,500 euro go 9,500 euro gach bliain, aon éagsúla ceachtar bealach), i ngach neart cliniciúil agus paraimhíochaine, dhá bhliain de ullmhú sa Fhrainc, ansin, ag an bpointe sin, cuireann siad iad. chuig an bPortaingéil le fáil réidh lena gcúrsa agus le haitheantas a fháil. "Ní thugann an CLESI teastas ar bith sa Fhrainc. Réitíonn sé mic léinn chun aitheantas Eorpach a fháil agus go háirithe ag Coláiste Fernando Pessoa in Porto a bhfuil an CLESI tar éis toiliú le socrú ceangail léannta a dhéanamh leis", sonraíonn sé a shuíomh. Sonraí tábhachtach: mura n-eisítear dioplóma, ní gá creidiúnú a bheith ag an Ionad. Tá sé mar aidhm ag leasú déanach ar dhlí Lúnasa 2013 an imchéimniú seo a chosc trí cheangal a chur ar na lárionaid sin comhaontú a dhéanamh le hollscoil sa Fhrainc; i mí an Mhárta 2015, bhíothas fós ag fanacht leis an bhforaithne cur chun feidhme.

Mar sin dealraíonn sé go bhfuil pléascadh an numerus clausus ar an mbóthar ceart.

Staidéir ard-eitilte

Ar an eolas ón eachtra seo, tugaim aird níos airde ar an bhfaisnéis a thagann ó mo chuid mac léinn agus faigh amach nach í an earnáil leighis an t-aon earnáil a bhfuil tionchar ag na straitéisí imchéimnithe seo uirthi. Mhínigh dara mac léinn measartha mín dom lá amháin go mbeadh sé ina phíolóta aerlíne tar éis sraith ES. Tá ceachtanna eitilte á ndéanamh aige cheana féin. Agus mé ag cur in iúl dó gur staidéir dheacra iad seo, atá curtha in áirithe d'eolaithe, freagraíonn sé le dearbhú go rachaidh sé trí scoil phríobháideach. Mar sin foghlaimím beagán níos mó faoin bpost seo a chuireann aisling ar go leor déagóirí. Sa Fhrainc, cuireann scoil phoiblí ardleibhéil, ENAC (Scoil Náisiúnta na heitlíochta Sibhialta) oiliúint phíolótach ar fáil. Roghnaítear níos lú ná 2% d'iarrthóirí le haghaidh cúrsa oiliúna ocht mí dhéag, a roghnaítear tar éis supáil mata – rang ullmhúcháin don Grandes Ecoles a dhéanann speisialtóireacht san eolaíocht, agus iad ag earcú céimithe ardleibhéil eolaíochta. Is ionann na táillí teagaisc agus 610 euro in aghaidh na bliana. Tuigim go bhfuil ag mo dhalta, nach ligeann a leibhéal fiú dó dul go dtí an chéad eolaíocht d'fhéach sé le haghaidh rogha eile.

Tá sé seo ann i gCeanada nó sa Bheilg. Is féidir le baitsiléir le leibhéal ceart sa mhatamaitic agus san fhisic gan a bheith ina eolaí dul isteach i scoil phríobháideach ar nós Scoil Eitilte na Beilge agus a ndeimhniú a fháil. Is é an chuid is deacra ná na táillí clárúcháin a íoc. "Tá eitilt costasach," a deir suíomh idirlín na scoile. Is fíor go n-éiríonn go dona le scoileanna fiaclóireachta Spáinneacha i gcomparáid: cosnaíonn an clár aon mhí is fiche, a leantar sa Bheilg agus i bhFlorida, suim bheag de... €82,900 ar an bpíolóta printíseach (agus thar aon rud eile ar a theaghlach). Cuir cúpla costas ilghnéitheach leis, lena n-áirítear suaitheantas rochtana aerfoirt arna ghearradh ar 65 euro (!) agus sroicheann costas iomlán na hoiliúna beagnach 90,000 euro. Aithnítear an dioplóma ar fud na hEorpa, ach ní ráthaítear fostaíocht ag deireadh na hoiliúna;

Déanaimis achoimre. Mar luach saothair agus ag baint sult as íomhá an-dearfach i measc daoine óga, tá gairmeacha áirithe tógtha ag stoirme. Is aisling óige iad tréidlia, dochtúir, píolótach a tháinig chun bheith ina ngairmeacha. Chun a sheachaint, mar shampla, nach bhfuil ag tréidlianna ach dhá ulóg agus canáraí in aghaidh an lae d'othair, tá rochtain ar na gairmeacha seo faoi ghlas ag comórtais atá ag éirí níos deacra. Is féidir linn dúshlán a thabhairt do na modhanna roghnúcháin, rud atá treallach de riachtanas. Ag am amháin, d'earcaigh an Ghearmáin mic léinn leighis fiú trí chrannchur a dhéanamh – rud a raibh an tuillteanas aige gach duine a chur ar chomhchéim.

Ach amháin gur féidir rochtain ar na gairmeacha sin a cheannach anois; daor agus ar an glic.

Ó thaobh moráltachta poiblí de, is ábhar náire é seo. I gcás córas atá bunaithe ar fhiúntasocracy, is tubaiste é an t-atreorú seo. Ach, chomh fada agus a bhíonn líon na ndaoine agus na ngairmeacha lena mbaineann fós teoranta, chomh fada agus nach bhfuil sé ar eolas go forleathan, is féidir leis an gcóras maireachtáil ann agus leanúint ar aghaidh mar a bhí roimhe seo, na mílte mac léinn ag imirt an chluiche roghnóireachta.

Chun an smaoineamh seo a thástáil, chuir mé fáilte roimh Muriel, a bhfuil a cailín beag Chloé ina bliain is suntasaí de leigheas ag Paris-V-Descartes. Tá an teaghlach saibhir ina chónaí i réigiún meánaicme den phríomhchathair. Is cuimhin liom go raibh Chloé faoi bhun an mheáin ag an meánscoil rúnda An Duine Naofa Jean de Passy, a léirigh Chloé mar "callera de Janson" na fostaidéir ar an meánscoil clúiteach Janson de Sailly. Mar sin féin, d'fhás sí suas. Tá a ceann ar a gualainn aici agus ní ligfeadh a muintir di gan cuimhneamh ar luach an airgid. Cuireann sí isteach ar a tráthnóna dúthrachtach tae a fháil linn. Fiafraíonn mé an bhfuil a fhios aici go bhfuil an seans ann díriú isteach sa Rómáin nó sa Spáinn.

— Cinnte. Tuigeann muid ina n-iomláine daoine aonair a bhfuil suim acu ina leith seo. Ar aon chuma, dia duit, cad atá siad chun a dhéanamh láithreach? An bhféadfaidís a bheith ina bhfostaidéir, ceannairí áiseanna, tráth ar bith? An bhféadfaí iad a admháil mar speisialtóirí ag am ar bith? Ar aon nós, ag Descartes, tuigeann gach éinne go bhfuil an freasúra níos trioblóidí ná áit éigin eile. Sa chás go socraíonn daoine aonair teacht ann, tá sé chun leibhéal réasúnta a bheith acu agus an rogha a bheith acu a gcuid speisialtachta a roghnú i dtreo dheireadh na cúigiú bliana. Mura bhfuil, ba chóir duit dul go Amiens agus an seans a bhí agat teacht amach ar an mbarr faoi dhó.

Ach ní chuireann sé iontas ort, gur féidir linn dul timpeall ar an roghnú má tá tuismitheoirí againn ar féidir leo 10,000 euro sa bhliain a ísliú don Rómáin nó fiú níos mó don Spáinn?

Is beag an náire é. Ach níl sé mar a bheadh sé saor sa Fhrainc, freagraíonn sí tit for tat.

Cad ? Nach bhfuil staidéir leighis saor in aisce a thuilleadh ?

Níl, níl siad a thuilleadh .

Ullmhóidí an-shláintiúil

Go socair, modhúil, insíonn Chloe dom faoin airgead. Agus faighim amach go bhfuil margadh nua cruthaithe go discréideach. Go teoiriciúil, is féidir go leor cúrsaí ollscoile a leanúint, athbhreithniú a dhéanamh, pas a fháil sna comórtais, éireoidh leo gan rud ar bith a chaitheamh. Ach, ar an meán, ní chaitheann ach 10% de mhic léinn an dara bliain i bPáras, Marseille nó Montpellier. Méadaíonn go mór an seans dóibh siúd a cheannaíonn cúrsaí breise ó eagraíochtaí príobháideacha ar nós Médisup, Supsanté nó Excosup. Mar sin tá ráta ratha de bheagnach 50% ag Médisup sna hollscoileanna éagsúla.

Díoltar na hullmhúcháin seo mar threalamh: is féidir leat cúrsa réamhiontrála a leanúint nó ná bíodh, roghnaigh na hábhair ina mbraitheann tú go bhfuil cabhair uait, déan comórtais bhréige, rogha a dhéanamh ar chúrsaí athbhreithnithe, srl. San iomlán, cosnaíonn ullmhúcháin réasúnta iomlán thart ar 5,000 euro, an praghas céanna leis an oiliúint sa Rómáin. Ní chumhdaíonn an costas seo, áfach, ach an chéad bhliain… a mhairfidh dhá bhliain de ghnáth, ós rud é go bhfuil dhá thrian de na fáltais ag athsheolú i go leor coláistí. D'fhéadfadh 10,000 euro a áireamh freisin.

Osclaíodh nideoige nua le déanaí. Tairgeann roinnt ullmhóidí príobháideacha " bliain nialasach" idir an baccalaureate agus an chéad bhliain leighis, ar feadh thart ar 8,000 euro. Is ábhar spéise ar leith é seo do mhic léinn nach bhfuil pas faighte acu sa bhac eolaíochta agus a bhfuil súil acu gabháil leis an eolaíocht ar an mbealach seo. Cuireann siad cúrsaí agus intéirneachtaí ar fáil freisin i rang na bliana deiridh. Níl aon rud beartaithe i soicindí do dhochtúirí amach anseo, ach níl ann ach ceist ama.

Leanann triúr as gach ceathrar mac léinn cúrsa ullmhúcháin anois , "seasmhach" mar a deir siad i Marseille, chomh maith le cúrsaí ollscoile. Is eisceacht iad na hábhair iontacha a chláraíonn a gcúrsa gan dul i muinín an phríobháidigh. Is é loighic an chomórtais torthaí níos fearr a fháil ná na cinn eile, bíonn faitíos ar gach duine a bheith chomh ullmhaithe mura mbíonn siad gan ullmhú. Aithníonn cúrsa réamhiontrála, mar shampla, na príomhábhair a chlúdófar sa chéad seimeastar agus tá sé ag tosú cheana féin ag ullmhú don chomórtas. Mar sin, glacann an t-ábhar is idirdhealaitheach, an fhisic, le máistreacht a fháil ar chacalas difreálach. Mar sin féin, níl an teicníc matamaitice seo le feiceáil i gcuraclam na scoile ard a thuilleadh . Is léir go bhfuil buntáiste ag baint leo siúd a thugtar isteach dó le linn an chúrsa réamhiontrála. Sroicheann siad níos muiníní, ullmhaithe níos fearr, níos lú faoi léigear ag luas na chéad chúpla seachtain. Ina theannta sin, míníonn Chloé dom, le linn na hintéirneachta, rinneadh cairdeas, bunaíodh grúpaí oibre. Iad siúd nár lean ceann acu, mothaíonn siad go bhfuil siad as an gcluiche.

In Descartes, buaileann Chloé le hiníon tiománaí tacsaí atá ag leanúint ar scoil ullmhúcháin chun aisling a hathar iníon dochtúra a chomhlíonadh. Thug sí faoi deara go raibh a hathair ag teacht abhaile níos déanaí ón obair ó bhí sí sa choláiste. Mar sin, nuair a éiríonn an bheirt mhac léinn tuirseach ag déanamh a gceachtanna anatamaíochta agus ag tosú ag meascadh an t-alt gné shnáithíneach agus an t- alt fibular tibia, is í an duine a éilíonn oibriú beagán níos faide.

— Tá sé craiceáilte roghnú as coincheapa ar ar éigean a aimsíonn mic léinn, a chuirim in iúl. Má thuigim i gceart, tá rath ar an gcóras ullmhúcháin ar laigí na hollscoile.

— Níl a fhios agat cé chomh ceart agus atá tú. Tá Coláiste nonsense. Tá na hamfaitéatair chomh lán sin go bhfuil siad ag cur ar an dara ceann, le teilgean físe den chúrsa. I Bichat, tá fiú trí. Go tobann, tá torann, daoine ag gáire, athsheoltóirí a chuireann isteach ar an gceacht a bhfuil nótaí glactha acu cheana féin. Tá ionadh ort? Ach tá níos measa ann: athsheoltóirí a thugann faisnéis bhréagach duit ag tús na bliana, mar shampla. Ar aon nós, tá na ceachtanna dothuigthe mura bhfuil tú ag obair orthu roimh ré.

—Ach is féidir leat ceisteanna a chur i ranganna teagaisc, murar thuig tú.

Níl ?

Shrugs sí. Níl ach sé huaire an chloig de ranganna teagaisc sa tseachtain sa chéad seimeastar agus uair go leith de ranganna teagaisc gach coicís sa dara seimeastar. Ina theannta sin, scoirfidh ranganna ollscoile mí amháin roimh an gcomórtas. Ba mhaith linn spás príobháideach a oscailt suas nach ndéanfaimis a mhalairt. Tá rath ar an earnáil phríobháideach ar easnaimh an oideachais phoiblí agus ní bhíonn leisce ar bith iad a chur in iúl.

Ní gan brón, sonraíonn Excosup ar leathanach baile a shuíomh:

Ag an dámh, eagraítear ceachtanna i PACES i bhfoirm léachtaí a bhíonn ar siúl in amfaitéatar, a bhíonn gnóthach uaireanta agus a chraoltar go minic trí fhíschomhdháil. Tá codarsnacht mhór idir sin agus na ranganna beaga in ardscoileanna poiblí agus príobháideacha. Mar sin bíonn an mac léinn ina aonar i bhfeighil nótaí an chúrsa, a n-trascríobh agus a gcomhshamhlú in am taifeadta faoi choinníollacha atá difriúil ó na coinníollacha a bhaineann le rang ardscoile.

atosaim:

— Tá na hullmhúcháin i ndáiríre níos fearr a eagrú?

    — Is léir, a fhreagraíonn Chloe. Tá siad suite díreach in aice leis na hollscoileanna, ionas nach gcuirfear am amú. Cuirtear a sceidil in oiriúint do sceidil na hollscoile. Tugtar bileoga cúrsa an-soiléir dúinn agus tagann na moltóirí chun sinn a fheiceáil an t-am ar fad le fiafraí dínn an dtuigeann muid.

— An féidir leat a mhíniú dom cad iad na tagairtí? Ligeann sí aoibh gháire di féin.

— Is mic léinn dara bliana iad a íocann Médisup agus a chuidíonn linn. Bíonn siad i láthair roimh agus tar éis an ranga, freagair ceisteanna. Níl a fhios agam conas a roghnaíonn siad iad, ach tá siad go léir gléasta go maith, éadaí dearthóirí, cur i láthair deas... B'fhéidir an t-airgead a thuilleann siad trí bheith ina atreoraithe.

— Íocann sé ? Nodann sí .

— Dealraíonn sé go bhfuil an chuid is fearr na clárúcháin Iúil. Íoctar iad as an ullmhúchán a fhógairt agus chun mic léinn a earcú. Is féidir leo 2,000 euro a dhéanamh in aghaidh na míosa. Ina dhiaidh sin, tá sé níos mó cosúil le 400 euro in aghaidh na míosa. Ar aon nós, déanann gach duine iarratas chomh luath agus is eol torthaí na chéad bhliana agus níl le déanamh ach ag na scoláirí ullmhúcháin a rogha féin a dhéanamh.

Foghlaimím freisin gur féidir le múinteoirí ullmhúcháin a bheith ina múinteoirí CPGE (rang ullmhúcháin don Grandes Ecoles), ach freisin mar mhúinteoirí ón scoil leighis. Ní cosúil go bhfeiceann Chloé an fhadhb eiticiúil a bhaineann le cás den sórt sin, d'fhéadfadh go mbeadh faisnéis neamhphoiblí ag an ollamh ar na cúrsaí nó na hábhair. Níorbh fhéidir suíomh Médisup a bheith níos soiléire: tá "eolas ag na múinteoirí ar riachtanais gach ollamh sa dámh". "Tá a fhios ag Médisup Sciences conas tacú le hathruithe ar chláir agus is minic a bhíonn siad ag súil leo. Is fearr liom gan a bheith i do chónaí air.

Baineann gnó brabúsaí eile le scrúduithe. Mar thoradh ar lárnú ar nós na Fraincise, ciallaíonn caitheamh comhionann na n-iarrthóirí go ndéanfaidh na hiarrthóirí uile san áit chéanna na scrúduithe céanna. Dá bhrí sin cuireann comórtais tinneas cinn lóistíochta fíor. Is minic a bhíonn siad ar siúl i hallaí móra, uaigneach, agus is é an sampla is rathúla de ná an t-ionad taispeántais Villepinte, ó thuaidh de Pháras, áit a mbíonn níos mó ná cúig mhíle iarrthóir uaireanta. Tá sé beartaithe le haghaidh aontaí trádála, is hangar ollmhór é, ina n-éiríonn na mic léinn ar an eolas faoi líon na ndaoine ar mian leo pas a fháil sa chomórtas céanna leo.

Tá rochtain ag RER B ar Villepinte, agus cáil air as a neamhiontaofacht. Insíonn Chloe scéal uafásach dom faoi mhac léinn gan anáil ag rith, culaith ina láimh agus ag bualadh isteach ar fhreastalaí dolúbtha a chuireann cosc uirthi cumadóireacht. Ar feadh dhá nóiméad déanach, beidh uirthi teacht ar ais i gceann bliana. Go deimhin, is fearr le hiarrthóirí atá faoi strus fanacht ar an láthair. Chomh luath agus a fhógraítear dátaí an chomórtais, tá stoirmeacha ar na hóstáin. Uaireanta líontar na háiteanna is fearr in aghaidh an lae.

Le linn scrúduithe agus le linn aontaí, méadaíonn praghsanna faoi dhó, faoi thrí nó fiú faoi dheich, de réir Cumann na Mac Léinn Leighis, a d'eagraigh tástáil ar an teileafón. Cosnaíonn na seomraí ansin timpeall 400 euro ar feadh trí oíche, .i. buiséad de thart ar 1,000 euro don dá sheisiún scrúdaithe i mí na Nollag agus na Bealtaine.

Scoil an airgid

Idir phíolótaí leighis agus aerlíne, tá mé stróicthe. Tá staidéir leighis fada agus deacair agus is seirbhís phoiblí den chuid is mó í an leigheas. Conas is féidir linn glacadh le hidirdhealú airgid? Ní gá a bheith ina hussar dubh den Phoblacht le bheith feargach faoin athrú mór seo ar ár gcóras oideachais. Tá sé fós le feiceáil an cás eisceachtúil é seo, a bhaineann leis an éileamh atá ar roinnt gairmeacha, nó an comhartha d'fhorbairt níos ginearálta. Theastaigh uaim an t-imscrúdú a threorú agus ba chosúil dom nach raibh mé sa riocht is measa ina leith sin.

In 2012, dúirt comhghleacaí agus cara liom go raibh sé ag fágáil a phost i scoil ard an-mhaith, atá suite i gceann de na ceantair is chic i bPáras. Ag iarraidh athrú, ghlac mé a phost (ar ndóigh níl rudaí chomh simplí sin, ach b'fhéidir nach dteastaíonn uait a fháil amach). Mar sin anseo táim ag ardscoil François Quesnay [2], i bhfoirgneamh liostaithe, cuma chaisleáin air. Téann staighre bíseach, atá clúdaithe le cairpéad tiubh, chuig oifig an phríomhoide le doirse dúbailte padded ar fiú aireacht. Ní raibh aon leisce ar bhaill an rialtais idirghabháil a dhéanamh chun protege a ligean isteach sa bhunaíocht. Trí aithris shóisialta ghreannmhar, caitheann go leor múinteoirí an chulaith agus an carbhat. Don chéad uair i mo ghairm bheatha, tá roinnt comhghleacaithe ag baint úsáide as mé mar tú. Uaireanta meascann múinteoirí na ranganna ullmhúcháin leis na "saighdiúirí coise" na scoile ard agus an choláiste, in éacúiméineachas daonlathach nach bhfuil fíor i ngach ardscoil mhór.

Ar an gcéad amharc, tá na scoláirí ann mar atá in áiteanna eile, ach amháin an méid a deir siad go léir

" Dia duit " agus "beannacht" agus breathnú díreach amach as an Store Apple. Tá seoladh ríomhphoist ag cuid acu a chríochnaíonn i monnomdefamille.fr. Cuireann comhghleacaí in iúl dom go hoibleagáideach go n-oibríonn athair mar sin agus mar sin i gcomh-aireachta airí agus go stiúrann duine eile cainéal teilifíse. Thar na míonna, aimsím mic léinn a ghlacann ceachtanna príobháideacha ag an gcéad ghrád dona, a bhfuil cóitseálaithe acu, a ullmhaíonn d'Eolaíochtaí Po ar an Satharn i scoileanna príobháideacha nó a leanann cúrsaí matamaitice le linn saoire ghearr. Tar éis an baccalaureate, leanann siad ar aghaidh le gnó nó scoil innealtóireachta, mar ullmhúchán, ach freisin in ollscoileanna Cheanada nó Béarla. Tá costas ag baint leis seo go léir.

Is í an scoil ard seo an áit iontach, mar sin, chun na míle agus an bealach amháin a bhreathnú inar féidir le hairgead slí bheatha scoile a fhuinneamh nó a dhírigh. Osclaíonn plé le mo dhaltaí agus lena dtuismitheoirí go leor bealaí dom. Tá airgead beagnach i ngach áit. Gach uair a labhraím timpeall orm, bíonn scéalta le hinsint ag teaghlaigh, cairde, comhghleacaithe, rudaí le cur leo. Ach tá na sáruithe seo ar chomhionannas poblachtach curtha i leith trópaiceacht an cheantair seo nó an réimse sin, agus tá an prionsabal ginearálta fós saor. I ndáiríre, nuair a bhíonn an tábla críochnaithe, is é an íomhá de chóras atá an-truaillithe, ina ndéanann airgead an difríocht, a thagann chun cinn. Léirigh géarchéim airgeadais 2008 éabhlóid an chaidrimh le hairgead inár bpobal i gcoitinne agus thug sé fuinneamh don "cath ar son áiteanna3". Ba mhór an t-iontas é glacadh leis go raibh an scoil slánaithe. Is iontach an rud é an chaoi ar athraigh sí. Mar an gcéanna mar scáth-airgeadas, a úsáideann daoine aonair saibhir, oibríonn sé gan aird ar eagraíochtaí riaracháin agus faoi láthair láimhseálann sé níos mó airgid ná na gnáthbhainc, déanann oileánra d'fhondúireachtaí príobháideacha struchtúr ar a dtugtar an "scáthscoil".

Léiríonn an leabhar seo an tionchar ar fad a bhíonn ag airgead tirim ar an mbealach agus gaistí a leanann ón tacaíocht go dtí an obair. Tabharfaidh sé go leor pleananna do gach caomhnóir understudy nach bhfuil aon smaoineamh conas a bhainistiú a gcuid seicleabhar agus go leor mínithe taobh thiar do dhaoine eile. Ón méid a chonaic mé timpeall orm, rinneadh fiosrúcháin bhunúsacha de réir dealraimh: Conas a shroichfeá an Lycée Quesnay? Cén fáth, i ndáiríre, a fhaigheann fiú mic léinn laga Quesnay an baccalaureate? Cén fáth a bhfuil mo chuid fochéimeanna iontach ag canúintí? Cén fáth a bhfuil siad i réim san ardoideachas, pé scéal é, nuair atá a gcuid bunaíochtaí íogair? Cén fáth a ndiúltaíonn siad go dian dul chuig an gcoláiste?, agus mar sin de. Fiosrúcháin líonmhara den sórt sin a dhéanaim iarracht freagra a thabhairt gan srianta, ag nochtadh castachtaí córas scoile dí-bhunaithe

Nótaí Tosaigh

1. Rinne an Chomhairle Stáit agóid i gcoinne na chéad fhoraithne ina leith sin, a foilsíodh in 2011, áfach, i gcinneadh an 23 Eanáir 2013, tar éis gearáin ó mhic léinn i Cluj (An Rómáin).

2. Ba mhian liom ainm bréige a úsáid, ainm eacnamaí an-mhór, nach bhfuil aon ardscoil sa Fhrainc mar ainm air, ba chosúil domsa.

3. Michael L.USSAULT, Ó streachailt an ranga go dtí an streachailt ar son áiteanna, Grasset, coll. "Saol Beo", Páras, 2009.

1

Ar an éagothroime na mbunaíochtaí

ar an meán tá dhá oiread comhghleacaithe CSP+ ina rang ag leanbh ó CSP+ agus atá ag leanbh nach dtagann ó thuismitheoirí CSP+ [1]. »

Tá **L** an chéad I éagothroime a bhaineann e ag an Cruinniú daoine an bhfuil tú i diúltach cáilíochta de na foirgnimh scoile a bhfuil rochtain ag leanbh orthu . Ní théann sí léi féin. Tar éis an tsaoil, is tír láraithe í an Fhrainc. Cuireann údarás an Stáit iallach ar mhúinteoirí a earcú ar scála náisiúnta, nach bhfuil ann i mórán tíortha. Tá amchláir na ndaltaí agus dáileadh na ndisciplíní náisiúnta freisin, ón mbunscoil go dtí an ardscoil. Tá na cláir comhchuibhithe. Le feiceáil i gcéin (ón rue de Grenelle, mar shampla), tá tírdhreach na scoile cosúil le arm ollmhór, éide, ag máirseáil in éineacht. Is cinnte go bhfuil roinnt scoileanna níos fearr ná a chéile, mar gheall ar an daonra a bhfáiltíonn sé roimhe, ach ba cheart go mbeadh an t-oideachas a chuirtear ar fáil agus an seans go n-éireoidh le dalta le leibhéal tosaigh áirithe mar an gcéanna i ngach áit.

Níl sé amhlaidh. Tá an chasm idir na bunaíochtaí ag leathnú beagán níos mó gach lá. Ag breathnú amach do na codarsnachtaí is lú, tá eolas mór ag líon forásach caomhnóirí na n-fhoghlaimeoirí faoi na hidirdhealú cáilíochta seo. Cuidíonn suíomh na meánscoileanna leo freisin ó shuíomh na meánscoileanna a dháiltear gach bliain ag an tseirbhís san Earrach, rud a mhíníonn Le Figaro ar bhealach réasúnta trí alt a léiriú: "Cá háit ar gá duit a bheith i do chónaí le bheith i réim ar scoil ?2 ? »

Bíodh sin mar atá, is ionadh é rudaí as a riocht. Níl na bunsraitheanna aonchineálach ná éagsúla leibhéalta ar bhealach do-appeasable, ó mheánscoil na saibhir go dtí meánscoil na ndaoine bochta. Ar an mbealach seo, i Meán Fómhair 2013, fuair ceann de mo ranganna oideachasóir mac léinn uafásach. Ar feadh an t-am ar fad ar frithdhúlagráin, déanann sé suas as a easpa cumhachta agus tugann sé faoi deara go bhfuil siad ard, áfach, mar go bhféadfadh siad a bheith mífhreagrach agus nach ndéanann siad oideachas i ndáiríre. Is féidir smaoineamh ar an gcóras rollaithe a spreagann an cineál seo éagsúlachta, ach is réaltacht é. Is spéisiúil freagairt na gcaomhnóirí ar understudies. Is léir go bhfuil scannal orthu go bhfuil a gcuid páistí roinnte le lámha chomh neamhthuillmheach, ach thar aon rud eile go bhfuil sé seo indéanta i Quesnay. Téann cuid acu níos faide agus measann siad gur chóir go ndéanfadh an fiontar talún atá déanta acu dá bpáistí dul chuig an scoil seo iad a chosaint ar an mbaol seo. Ní hé an cás. Sa chás nach gcuirtear cinneadh cheann meánscoile cosúil le Quesnay i mbaol, bíonn tionchar ag roth mór na heagraíochta lagamhairc ar na hoideachasóirí ansin. Níl meánscoil réasúnta so-ghabhálach i leith botúin a thuar.

Thairis sin, cad is meánscoil réasúnta ann? Is é an príomh-athfhillteach cinneadh a dhéanamh ar na torthaí. Leis an bata tomhais seo, tá meánscoil Quesnay iontach. Ina ainneoin sin, seo roinnt tuairimí diúltacha a fuarthas ó fhóraim Idirlín: "Le fírinne, ardscoil an-dona, le seachaint. Thar a bheith elitist, gan aon tacaíocht mac léinn. Mura bhfuil grá agat don mhatamaitic, bog ar aghaidh"; "In ainneoin na dtorthaí ag an baccalaureate... Atmaisféar gránna. elitism frenzied". Mar sin, cad ba cheart duit a chreidiúint?

Torthaí an-ilchineálach

Athraíonn an ráta rathúlachta do phaitinn an choláiste ó 36% go 100% i bPáras. Go náisiúnta, tá os cionn 93% céimí le honóracha ag na caoga coláiste is fearr. Os a choinne sin, an caoga is measa, níos lú ná 37%. Agus ní oibríonn sé amach. Tuairiscíonn staidéir na hAireachta Náisiúnta Oideachais méadú ar na bearnaí sa leibhéal idir coláistí idir 1993 agus 2001, agus ansin idir 2003 agus 2009 [3]. Is dócha go bhfuil an treocht tar éis éirí níos suntasaí ó shin, mar a léirítear i suirbhéanna PISA [4] maidir le leibhéal na matamaitice amháin.

Tá coláistí maithe agus olc ag gach tír. Ach seasann an Fhrainc amach le difríochtaí an-ard. Léiríonn staidéir Eorpacha ar an leibhéal léitheoireachta i gcoláistí go bhfuil beagnach 60% de na difríochtaí sa leibhéal idir daltaí nasctha leis na difríochtaí leibhéil idir bunaíochtaí sa Fhrainc, i gcomparáid le 10% go 15% sna tíortha Lochlannacha. [5]. I bhfocail eile, tá an ilchineálacht i bhfad níos láidre sa Fhrainc. Tá an scéal a bheag nó a mhór inchomparáide sa Ghearmáin, ach tá trí chineál bunaíochtaí sa tír seo agus ní coláiste amháin. Déantar an bhreathnóireacht chéanna ag gach leibhéal den chóras oideachais agus críochnaíonn sé leis na ranganna ullmhúcháin, an-chomhchruinnithe, ós rud é go dtáirgeann ardscoileanna an 5ú arrondissement i bPáras (2.5 km2) níos mó normánaigh ná an chuid eile den tír! I measc na prépas is fearr sa Fhrainc – a bhfuil rochtain ag a gcuid daltaí ar na scoileanna is fearr –

níl ach 25% lonnaithe sna cúigí don phrépas.

tráchtála, 30% don eolaíocht agus 45% don litríocht.

Tá sé níos deacra aird a tharraingt ar na héagothromaíochtaí idir ardscoileanna. Tá na liostaí duaiseanna, a mbaineann na meáin chumarsáide an-úsáid astu, ag tabhairt torthaí iontacha faoi láthair, toisc go bhfuil ráta ratha níos lú ná 80% ag níos lú ná scoil ard amháin as gach cúig cinn is fiche. Is léir go dtiocfaidh athrú ar an scéal nuair a fhoilseoidh an preas liostaí duaise bunaithe ar chomhréir na luaíochtaí nó an chomhtháthaithe i ranganna ullmhúcháin, mar shampla ... nach mbeidh i bhfad amach anseo. Neartódh a leithéid d' fhorbairt cáineadh na mbuaiteoirí, agus iad cúisithe as teachtaireacht neamhionannais a chur os ard chuig tuismitheoirí na ndaltaí: "Tá leibhéal an-athraitheach ag baint leis na hardscoileanna. Déan do mhargadh. Teachtaireacht nach féidir ach cur le tomhaltachas scoile.

Is í an fhadhb atá ann go dtomhaiseann na torthaí seo difríochtaí cáilíochta na mac léinn níos mó ná na scoileanna. Le linn mo chéad bhliana ag Quesnay, nuair nach raibh aithne agam ar na mic léinn go fóill, chuir mé téacs beag ar bhrí shóisialta an tomhaltais i láthair don dara ceann. Rinne buachaill idirghabháil agus chuir sé tús le forbairtí móra ar mhachnamh Jean Baudrillard, nach raibh aon rún aige dó de réir dealraimh. D'fhreagair mé é, ach bhí orm deireadh a chur lenár malartú go tapa, toisc go raibh an chuid eile den rang faoi léigear go hiomlán. Níl aon dabht ach go bhfaighidh an mac léinn iontach seo tagairt "an-mhaith", nó fiú duais sa chomórtas ginearálta. Ach an bhfuil sé faoi chomaoin aige Quesnay, mo theagasc nó cultúr pearsanta agus teaghlaigh eisceachtúil?

Chun feidhmíocht na n-ardscoileanna a thomhas, seachas a gcomhdhéanamh sóisialta, ríomhann an aireacht "breisluach" gach bunaíochta, trína cuid torthaí a chur i gcomparáid leis na meántorthaí a fhreagraíonn do chomhdhéanamh sóisialta a daonra. Léiríonn an táscaire seo go bhfuil ag éirí i bhfad níos fearr le roinnt ardscoileanna ná mar a thabharfadh a suíomh nó a ndaonra le fios. Mar sin, éiríonn le 85% de dhaltaí ardscoil Montesquieu i Bordeaux an baccalaureate, ach bheadh siad 93% dá mbeadh ráta ratha na bunaíochta ag teacht leis an méid a thugann a comhdhéanamh sochghairmiúil ar an meán. Os a choinne sin, faightear 96% de na hiarrthóirí ó ardscoil Anatole de Monzie, i Bazas, ocht bpointe níos mó ná mar a bhíothas ag súil leis don bhunaíocht seo.

Dá ngabhfadh tuismitheoirí na mac léinn an t-eolas seo, d'fhéadfaidís seans a thabhairt do scoileanna ardfheidhmíochta maidir leis an daonra a bhfuil fáilte rompu. Ach is beag a dhéanann siad. Ní chuireann tromlach na dtuismitheoirí ceisteanna, bíonn na cinn eile ag brath go príomha ar theagmhálacha pearsanta agus ar chlú, nach mbíonn ceangailte i gcónaí le torthaí. Oibríonn na héifeachtaí clú seo ar an dá bhealach. Mar sin tá faitíos ar mhic léinn an choláiste ó chúlraí míbhuntáiste i Montfermeil, i Seine-Saint-Denis, dul go dtí an Lycée du Raincy, a deirtear a bheith éilitheach, agus iarracht a dhéanamh é a sheachaint.

Bíonn lucht féachana agus leibhéil éagsúla ag ollscoileanna freisin ag brath ar an áit a bhfuil siad lonnaithe. Ach ní léir an chodarsnacht seo ach i gcathracha an-mhóra, a bhfuil roinnt ollscoileanna acu agus a thugann tosaíocht don dalta san acadamh ina bhfuil sé cláraithe sa bhliain dheireanach. I measc na sealbhóirí baccalaureate nua a thagann go Paris-II-Panthéon-Assas (acadamh Pháras), tá baccalaureate teicneolaíochta ag 5% agus baccalaureate gairmiúil 1%; Tá moill scoile ar 24% acu. I bPáras-XIII-Villetaneuse (acadamh Créteil), tá baccalaureate teicneolaíochta ag 42% , baccalaureate gairmiúil 18% agus tá 54% déanach. Ní théann ach an ceathrú cuid de mhic léinn go dtí an dara bliain tar éis a gcéad bhliain ceadúnais, san ollscoil seo atá lonnaithe sa chuid is díothaí de Île-de-France. Is é bunús sochghairmiúil na mac léinn amháin is féidir a mhíniú na torthaí an-lag seo (an meán náisiúnta ná 43%).

Dá bhrí sin bheadh bunaíocht mhaith ann ar an gcéad dul síos, ceann a bhfuil mic léinn mhaithe aici, fiú ceann a bhfuil dea-cháil air. Tar éis ocht mbliana a chaitheamh sa scoil ard

" deacair ", rangaithe i ZEP (crios oideachais tosaíochta), crios íogair agus crios coiscthe foréigean (an chóróin triple!), Oibrím inniu san ardscoil phoiblí is fearr sa réigiún. Cad a dhéanann idirdhealú idir an dá shaol seo?

ceann poist

Is minic a bhíonn dea-cháil na bunaíochta nasctha lena shinsearacht. Mar sin féin, tógadh coláistí agus ardscoileanna ar dtús i gcomharsanachtaí bourgeois na gcathracha, comharsanachtaí lucht oibre agus ceantair thuaithe ar éigean a chuir leanaí chuig na bunaíochtaí sin go dtí na 1960idí. Dá bhrí sin tá na bunaíochtaí maithe seo suite "go nádúrtha" i gcomharsanachtaí deasa.

Ó tháinig mé isteach san Oideachas Náisiúnta, níos mó ná tríocha bliain ó shin, tá go leor "ardscoileanna nua" feicthe agam, tógtha ar imeall an cheantair uirbigh. Is minic gur bunaíochtaí teicniúla sean-tiontaithe iad, a léiríonn a n-ailtireacht: go ginearálta, cóimeáil ciúbanna le cnámharlach dealraitheach, curtha ar dhromchla coincréit agus é gealaithe le crainn spleodracha. Agus iad feasach ar bhrón an fhoirgnimh agus ar a easpa aitheantais iomlán, péinteann na hailtirí nó na bainisteoirí uaireanta i ndathanna garish nó plástar fresco ar a aghaidh.

A mhalairt ar fad, is minic a thógtar ardscoil lár an bhaile de shaorchloch agus de bhrící. Tugann a fuinneoga arda laitíse agus mórgacht a phóirse deis áirithe dó. Tá sé eagraithe timpeall ar chlós lárnach atá curtha le crainn castáin nó plána. Uaireanta bíonn séadchomhartha ann do na mairbh, finné de na glúnta atá caite ina chonairí, nó fiú séipéal ag meabhrú ar stair ghlórmhar. Fiú má scaoileann na seanionaid seo trí dhréachtaí agus go bhfuil siad thar a bheith callánach, ní féidir leo ach meas a spreagadh sna mic léinn ar éigean atá buaite aige le blianta beaga anuas.

Cuimhnímis ar an rud atá soiléir: tá mic léinn mhaithe níos líonmhaire i gcúlra faoi phribhléid. Ar ndóigh, tagann mic léinn gheala ó gach gné den saol. Is é an socheolaí Pierre Bourdieu an sampla is fearr. Cé go léiríonn a shaothar go bhfuil an scoil i bhfabhar na bpribhléid, léiríonn a scéal pearsanta a mhalairt ar fad cumas na scoile uaireanta idirdhealú a dhéanamh idir daltaí agus modhanna measartha. Mac le tuathánaigh ó Bhéarn, mac léinn den scoth a bhí ann agus, mar sin, ligeadh isteach san ardscoil i bPau, áit a bhfuil sé ina intéirneach. Spreag duine dá mhúinteoirí é chun iarratas a dhéanamh ar hypokhâgne Louis-le-Grand, ardscoil mhór le rá i bPáras. Glacadh leis an École Normale Supérieure ar rue d'Ulm, rinneadh ollamh comhlach le fealsúnacht agus chuir deireadh lena ghairm mar ollamh ag an Collège de France, scoil Everest na Fraince.

Ach ní chiallaíonn an sampla seo ach go ndeimhníonn eisceachtaí an riail, a deir go bhfuil an dóchúlacht go n-éireoidh le leanbh ar scoil ceangailte lena bhunús sóisialta. Tá an treocht bunaithe go daingean go deimhin. Mar shampla, tá cúig uaire déag níos dóchúla go rachaidh mac léinn a bhfuil a thuismitheoirí rangaithe mar fheidhmeannaigh agus gairmeacha intleachtúla níos airde chuig rang ullmhúcháin don Grandes Ecoles ná leanbh oibrithe. [6] . Deimhníonn na sonraí staitistiúla go léir é seo.

Mar sin féin, níl mórán imscrúduithe dírithe go sonrach ar thionchar pá. Ag breathnú go cúramach orm, d'aimsigh mé díriú INSEE (Fondúireacht Phoiblí na Tomhais agus na Scrúduithe Airgeadais) ar mhoill scolártha7. Treoraíonn sí dúinn dá réir sin go bhfuil 18% de dhaoine óga ar gcúl ar scoil ag ocht mbliana déag d'aois nuair a bhíonn a gcuid daoine grúpáilte i measc an 20% den daonra leis an tuilleamh is suntasaí, cé go bhfuil a leath i measc an 20% leis an líon is lú slite beatha. pá is lú. Ag leibhéal oiliúnach comhchosúil na gcaomhnóirí, baineann tuarastal mór léigear le féidearthachtaí níos fearr maidir le gnóthachtáil scolártha don aos óg.

Tá sé le bheith ag súil leis. Mar shampla, tá seomra aonair curtha ar taispeáint chun éachtaí scoláireachta incriminteach go bunúsach. Cinneadh: tá leibhéal oiliúna níos airde ná an gnáthleibhéal ag líon na n-áitritheoirí i gceantar atá saibhir.

An bhfuil na múinteoirí is fearr ag na scoileanna is fearr?

Nuair a bhí mé ag obair i scoil ard faoi mhíbhuntáiste, tharla sé arís agus arís eile gur chuir dalta, a raibh dea-bhrí leis, ceist orm: "A dhuine uasail, nach dóigh leat go bhfuil sé éagórach go bhfuil na múinteoirí is fearr ar fad ag scoileanna maithe? Tar éis dom buíochas a ghabháil leis as a thacaíocht mhorálta, mhínigh mé dó nach gá go mbeadh na múinteoirí is fearr sna bunaíochtaí cearta, contrártha lena gceapadh. Is iad seo na cinn is mó a iarrtar, mar is iad na cinn is fearr suite agus is fearr a théitear go minic, mar sin na cinn is ciúine agus is gaire do na comharsanachtaí inar mian le múinteoirí cónaí. Gan dul isteach i rúndiamhra na dtascanna, nach bhfuil ach cúpla ceardchumann fíor-ghéar máistreacht ar a gcastacht [8], méadaíonn na seansanna go gceapfar múinteoir chuig an ardscoil chairdiúil is rogha leis i lár na cathrach go rialta lena ghrád, agus dá bhrí sin lena shinsearacht. Is minic a thaispeánann daoine nua chuig ardscoil François Quesnay faoiseamh an fhir longbhriste tar éis dó dul i dteagmháil léi faoi dheireadh.

Tagann an bónas sinsearachta seo as an bhfíric go bhfuil teorainn le meastóireacht na múinteoirí ar an joke. Ar thaobh amháin, déantar iniúchtaí ar feadh tréimhse an-ghearr, idir cúig agus deich n-uaire i daichead bliain de ghairm bheatha. Go ginearálta, bíonn méadú ar an rátáil mar thoradh ar gach cigireacht. Is iad na daoine sin a raibh deis acu cigireacht a dhéanamh orthu go minic mar sin is fearr an rátáil. Ar an láimh eile, foirmíonn an príomhoide tuairim bhliantúil ar phoncúlacht, ar thromchúis, ar fhuinneamh an mhúinteora i mbun oibre. D'fhéadfadh an dara meastachán seo a eascraíonn as breathnuithe leanúnacha a bheith níos ábhartha gan amhras. Ach ciallaíonn na dlíthe a rialaíonn feidhmiú an riaracháin go sroicheann formhór mór na múinteoirí, maith nó olc, 40/40 tar éis cúig bliana is fiche de ghairm bheatha (tabhair faoi deara go dtógann sé i bhfad níos lú ama sa Chorsaic, i.e.

Toisc gur seanmhúinteoir is minice a bhíonn ag múinteoir dea-rátáil, bíonn múinteoirí níos sine den chuid is mó ag bunaíochtaí maithe. Cinnte a bhfuil taithí acu, is gnách go mbíonn siad coimeádach ina gcleachtais teagaisc, nuair nach bhfuil siad in easnamh ar dhinimiceas agus infheistíocht. Is dócha gur éirigh siad siúd a thosaigh go dona le haois. I mbeagán focal, níl aon chúis acu le bheith níos fearr ná i mbunaíochtaí nach bhfuil chomh cróga. A mhalairt ar fad, tá múinteoirí nuálaíocha, a throideann le suim a gcuid mac léinn, níos líonmhaire i mbunaíochtaí deacra, toisc gur ceist marthanais í dóibh. Má tá siad sásta a atáirgeadh, bliain i ndiaidh bliana, léacht go bunúsach, an boredom na ndaltaí a thiontú go tapa i heckling uncontrollable. Má dhéanann siad botún sa chleachtadh mar gheall ar easpa ullmhúcháin agus go dtógann sé cúig nóiméad orthu an ceacht a chur ar ais ar an mbóthar ceart, éalaíonn an rang leo, ardaíonn an torann agus bíonn sé an-deacair suaimhneas a chur ar ais. Is é an t-aon réiteach amháin a bheidh orthu ná fágáil chuig bunaíocht níos ciúine. I ndeireadh na dála, ní féidir ach le múinteoirí maithe seasamh in aghaidh i mbunaíochtaí dona.

Ar ndóigh, níor cheart an paradacsa a bhrú rófhada: spreagann scoláirí maithe múinteoirí freisin chun an ceann is fearr a thabhairt dóibh féin, trína bhfiosracht agus trína ndéine intleachtúil; agus is léir gur bac é an easpa taithí atá ag tosaitheoirí. Ach is féidir linn a thabhairt i gcrích go sábháilte nach bhfuil múinteoirí níos fearr i scoileanna ard maith. Is é an t-aon bhuntáiste a bhaineann le bunaíochtaí creidiúnacha ná go dtagann na múinteoirí a cheapfar ann agus gur fearr a chinntítear na múinteoirí a cheaptar ina n-ionad.

Is teacht le chéile teaghlaigh é an cruinniú réamhiontrála ag Lycée Quesnay. Insímid faoi ár laethanta saoire agus cuirimid i láthair na cinn nua cúpla, a thagann in ionad iad siúd atá imithe ar scor. I mbunaíocht dhíothach, tá sé níos spórtúla. Ní bhíonn na cinn nua, a dhéanann ionadaíocht uaireanta ar leath den lucht saothair, i láthair i gcónaí. Oibríonn roinnt acu in dhá institiúid agus tiocfaidh siad níos déanaí, cuireann cuid eile a n-intéirneacht siar nó éireoidh siad as, níl roinnt ceapacháin déanta fós. Ní dócha go mbainfear amach an sprioc chun múinteoir a bheith os comhair gach ranga ón gcéad lá.

I mbliana, ag ath-thosú Eanáir, scaoll i Quesnay: tá múinteoir matamaitice, atá freagrach as dhá rang teirminéil, ar saoire bhreoiteachta ar feadh dhá mhí. Ar gach cosúlacht, ina leithéid de chás, níl aon réiteach níos mó ag na seirbhísí reachtaire don Lycée

Quesnay ná do choláiste díothach. Gníomhaíonn an bhainistíocht a líonraí, áfach, agus, le tarraingteacht na bunaíochta ag cuidiú, críochnaíonn an scoil trí mhúinteoirí a bhfuil taithí acu a aimsiú a aontaíonn gach duine acu cúpla uair an chloig a thabhairt, áit a bhfanfaidh bunaíocht ar ráta níos ísle díothachta nó ina bhfeicfear teacht ar dhalta a bhfuil an ráta is lú aige. riamh mhúin.

An ndéanaimid dul chun cinn níos mó i scoil mhaith?

Tá iarracht déanta ag socheolaithe oideachais an cheist seo a fhreagairt trí chomparáid a dhéanamh ar éabhlóid fheidhmíocht na ndaltaí a bhfuil leibhéal tosaigh comhionann acu, ach ag déanamh staidéir i ranganna le meánleibhéal difriúil. Fíorasc: "Beidh scór deireadh bliana ag buachaill i CE1, ag a bhfuil leibhéal tosaigh cothrom le 100, nach bhfuil an t-athair ná an mháthair ó chúlra sóisialta faoi mhíbhuntáiste, a bhfuil oideachas orthu i gceann de na cúig rang déag is mó atá faoi mhíbhuntáiste. sa Fhraincis de 97.9 in aghaidh scór 101.3 do dhalta inchomparáide a fhreastalaíonn ar cheann de na cúig rang déag is mó buntáiste [9.] I bhfocail eile, déanann na scoláirí dul chun cinn beagán níos tapúla i rang maith ná i rang lag. le fáil sna suirbhéanna go léir.

Mar sin d'fhéadfadh go mbeadh suim ag teaghlach in iarracht a dhéanamh leanbh meánleibhéil a thabhairt isteach i mbunaíocht mhaith. Ar choinníoll nach ndéantar é a sheiceáil, de ghnáth déanfaidh sé dul chun cinn beagán níos tapúla ansin. Tabharfaidh bunú maith deis freisin do dhalta maith dul chun cinn, mar go dtéann na múinteoirí níos faide ná an clár, nuair nach dtosaíonn siad sin an bhliain dár gcionn i mí Aibreáin.

Ina theannta sin, tá uaillmhianta na mac léinn níos airde i scoileanna maithe. Tá gach duine ag breathnú suas ann. Mar sin, chuaigh mac léinn ó chúlra anmeasartha, a tháinig go dtí an Lycée Quesnay ó choláiste faoi mhíbhuntáiste mar chuid de thionscadal teoranta do bheagán daoine, isteach i scoil ullmhúcháin, rud is dócha nach mbeadh déanta aici dá mbeadh sí imithe go dtí a chomharsanacht. meánscoil. Cé go raibh leisce uirthi faoina treoshuíomh, is cuimhin liom a gcomrádaithe ag áitiú: "Le do leibhéal, caithfidh tú imeacht. Ar an gcaoi chéanna, rinneadh na hagallaimh le mic léinn a chuaigh isteach in Sciences Po Paris tríd an "ZEP [10] » a thaispeáint gurb é an chéad ábhar spéise atá sa chosán comhthreomhar seo ná gur thaispeáin sé dóibh go bhféadfadh an scoil iontach seo "a bheith dóibh". Is lú i bhfad an rogha a bhí ag an gcoláiste agus ag an ardscoil ná mar a bhí ag an scoil San am a chuaigh thart, is minic a mhíníonn easpa uaillmhéine agus féinchinsireachta daoine óga ó chúlraí faoi mhíbhuntáiste an fáth nach n-éiríonn chomh maith leo ina gcuid staidéir, ag an leibhéal tosaigh céanna, ná mar a dhéanann mic léinn ó níos mó. chúlraí saibhir.

I go leor coláistí atá faoi mhíbhuntáiste, molann múinteoirí agus treoirchomhairleoirí fiúntais na ngairmscoileanna ard, ag éileamh go gcuirfí mic léinn naoú grád ar chaighdeán oiriúnach chun cosc a chur ar na bunaíochtaí seo a fheiceáil mar chúrsaí díbeartha agus toisc go bhfuil eagla orthu roimh chliseadh a gcuid mac léinn. go ginearálta sa dara háit. Tá daoine óga mar sin ag dul i dtreo an tsrutha gairmoideachais a d'fhéadfadh leanúint ar aghaidh san oideachas ginearálta agus díriú ar ard-dioplóma. [11] . Cuirtear mar sin le féinchinsireacht na scoláirí féin-chinsireacht na múinteoirí.

Buntáiste eile, b'fhéidir níos tábhachtaí: i mbunaíocht mhaith, tá taithí dhearfach ar stádas mac léinn maith . I mbunaíochtaí mídheisiúla, déantar an mac léinn maith, ar a dtugtar "buffoon" go minic, a sheilg go neamhthrócaireach. Meastar gur fhealltóir é ar an bhfíric shimplí go n-imríonn sé an cluiche, tá sé thar aon rud eile ina chruthúnas beo go bhfuil sé indéanta go n-éireoidh le coláiste lag, rud a fhágann neamhbhailí óráidí féinchosanta na mac léinn eile, a chuireann a dteip i leith " córas" agus a éagóir (nach bhfuil bréagach), trí iad féin a shaoradh ó gach freagracht phearsanta (nach gá go cothrom).

Go ginearálta, éiríonn níos fearr le mic léinn in instiúid mhaith. Ach is dócha nach é sin an chúis is láidre a choinníonn tuismitheoirí sa tóir ar scoileanna maithe.

Dé Sathairn, 2 pm Cruinniú múinteoirí ag an Lycée Henri IV, i bPáras. Tá sé te. Agus mé ag dul faoi áirsí an chlabhstra, soilsíonn an ghrian seomra oscailte os cionn an taobh amuigh. Ní chloisimid ach turraing éadrom na bpíosaí a chuirtear le lámh cinnte ar a gcearnóg. Táimid ag an scoil ard agus club fichille meánscoile. Ní dhéanann aon duine fásta maoirseacht ar na mic léinn, dírithe go foirfe ar a gclár fichille; aisling na hóige stuama agus síochánta. Dé Luain, 3 pm trasnaím clós choláiste Pompidou, ceann de na daoine is mó atá faoi mhíbhuntáiste in Île-de-France. Glaonn mic léinn orm. Bhí mé ag obair ag an ardscoil in aice láimhe ag an am agus tá a fhios acu go imrím cispheil uaireanta le mic léinn. Ach, an lá sin, níl am agam. Molaim: "Tá tú seisear. Ní féidir leat imirt i d'aonar, triúr in aghaidh triúr? "Ní hea," adeir duine acu. Tar éis cúig nóiméad, faigheann muid mearbhall. Leo, a dhuine uasail, ní féidir imirt dáiríre. »

Tá codarsnacht fhoréigneach idir an dá radharc seo. Bíonn sé níos deacra ag mic léinn i gcomharsanachtaí íogaire a n-iompraíocht agus a gcaidreamh a rialú

idirphearsanta agus fanacht dírithe ar feadh i bhfad. Is minic a bhíonn na comharsanachtaí seo cráite ag méid áirithe foréigin, as a bhfuil sé deacair scoileanna a chosaint. Mar sin féin, tá tuismitheoirí chomh mothálach céanna maidir le hatmaisféar na n-áitreabh is atá a bhfeidhmíocht. Tá eagla orthu roimh an gcraic, dronganna, foréigean, drugaí.

Tá na heagla sin gan bhunús. Léiríonn staitisticí a d'fhoilsigh an Aireacht Oideachais go bhfuil beagán níos mó foréigean fisiceach agus briathartha i gcoláistí deacra ná i gcoláistí eile, cibé acu raicéid, cluichí contúirteacha, maslaí; idir mhic léinn nó le daoine fásta. Mothaíonn daoine óga beagán níos lú sábháilte ansin freisin. Mar sin ní dhearbhaíonn siad an tuiscint atá ag dhá shaol i bhfad óna chéile. Tá ar a laghad 5% de bhunaíochtaí neamh-inbhainistithe, agus iad faoi léigear ag fadhbanna ag teacht ón taobh amuigh; bunaíochtaí ina dtéann airm tine isteach uaireanta, áit a bpléascann buamaí loiscneacha baile, áit a réitítear fadhbanna trí fhoréigean fisiciúil, áit a bhfuil neamhláithreacht an-ard. a mhalairt,

Seachas na cásanna foircneacha seo, tá na coinníollacha maireachtála sna bunaíochtaí sách cosúil, is cuma cén leibhéal atá acu. Tá mic léinn hipirghníomhacha ag na teaghlaigh is fearr agus daoine eile nach féidir leo dul chuig an rang gan pionta vodca a ól ar dtús nó alt a chaitheamh go maith. Bíonn ráicéideacht ar siúl i gcoláistí maithe i bPáras agus d'fhéadfadh ranganna áirithe i mbunaíochtaí maithe a bheith ifreanda. I ngach áit, is féidir go dtarlóidh sé go ndéantar géarleanúint ar dhaltaí áirithe ag daoine eile. Is féidir leis an heckling iompú isteach i dóiteán cúramach orchestrated. Mar sin féin, tá buntáistí áirithe ag forais phríobháideacha : tá níos mó foirne maoirseachta acu, níos mó maoirseachta ar mhic léinn tar éis an ranga agus is fusa a scarann siad mic léinn a bhfuil fadhbanna acu.

Is féidir na difríochtaí cultúrtha a shéanadh freisin. Tharla mé a thaispeáint do mhic léinn, san oideachas cathartha, físeán gearr [12] arna dtáirgeadh ag an cumann Osez le féminisme! Chun a léiriú cé chomh trom is atá an brú atá ar bhuachaillí ag bualadh cailíní ar an tsráid, aisiompaítear na róil: cailíní óga díomhaoin, ina suí ar ardán caifé, iolraigh na tráchtanna corracha ar na buachaillí a théann ar an gcosán agus a feadóg. De ghnáth, oibríonn an físeán seo go han-mhaith: déanann na daltaí plé, conspóid, uaireanta ceistíonn siad a n-iompraíocht féin agus téann an tuiscint ar an mbrú atá ar na cailíní chun cinn. Ag an Lycée Quesnay, tá an teip iomlán: ní imoibríonn na mic léinn. Ní mhothaíonn siad buartha faoi chleachtais atá, i ndáiríre, thar lear dá dtimpeallacht.

Bíonn ról an-difriúil ag tuismitheoirí i bhforais éagsúla. I Quesnay, chuir siad go leor brú ar a gcuid páistí a bheith ag obair agus meas ar rialacha na scoile. Glacann siad go leor páirt i gcruinnithe, faigheann siad eolas, buaileann siad le múinteoirí, vótálann siad i dtoghcháin. Is bac é nóta simplí do na tuismitheoirí a shleamhnaigh isteach sa leabhar comhfhreagrais i bhformhór na gcásanna.

Maidir leis na mic léinn an-mhaith, tarraingíonn siad na cinn eile suas. Mothaíonn go leor acu freagracht, eagraíonn siad seisiúin athbhreithnithe go spontáineach ina gcuidíonn siad lena gcomrádaithe, tugann siad na nótaí a thógtar sa rang ar iasacht dóibh siúd atá ag streachailt le coinneáil suas. Is minic a rinne siad an smaoineamh a inmheánú go neartaíonn aon rud a neartaíonn an institiúid iad féin, ach tá a ndearcadh neamhshuim den chuid is mó. Ar an gcuma chéanna, tagann an chéad duine ar ais go dtí an scoil go toilteanach chun a scoil a chur i láthair na scoláirí, chun comhairle a thabhairt dóibh ar chomhdhéanamh na gcomhad nó ar ullmhú na gcomórtas. Tá a ról riachtanach.

Mura féidir na difríochtaí idir na bunaíochtaí a shéanadh, níl aon amhras ach go bhfuil siad níos lú ná an tuiscint atá ag na tuismitheoirí. Mar sin féin, méadaíonn strus teaghlaigh iad. Déantar an bhunaíocht a chomhshamhlú leis an gceantar ina bhfuil sé suite, beag beann ar an staid iarbhír, agus is iad na héifeachtaí clú atá i réim sa chuid eile. Cruthaíonn an iarracht deireadh a chur leis an mbás seo trí dhíriú ar bhunaíochtaí atá ceaptha chun níos mó acmhainní a fháil i ndeireadh na dála frith-tháirgiúil: gníomhaíonn rangú na bunaíochta mar ZEP [13], dea-bhraite ag múinteoirí a fheiceann ann go bhfuil acmhainn bhreise ann. mar stiogma agus cuireann sé eagla ar dhaltaí ó na meánranganna. Déanann gníomhairí eastáit réadaigh an téarma ZEP a dhíbirt óna stór focal agus chonaic mé méara ag idirghabháil ar an mbord stiúrthóirí, rud ar ar éigean a d'fhreastail sé air in áiteanna eile, chun múinteoirí a dhíspreagadh ó iarratas a dhéanamh ar an stádas seo.

Meáchan tuismitheora

Is féidir le cumas tuismitheoirí slógadh difríocht a dhéanamh freisin. Nuair nach n-athraítear múinteoir as láthair, faigheann toscaireacht tuismitheoirí chuig an reachtaire torthaí níos fearr ná príomhoide a laghdaítear uaireanta go dtí fógra beag a phostáil san ollmhargadh. Ach ní hionann tuismitheoirí na mac léinn ar chor ar bith ó bhunaíocht amháin go bunaíocht eile. Nuair a bhí mé ag obair i ZEP, chuir an bhunaíocht fáilte roimh thart ar 550 mac léinn. Roinnt blianta, ghlac níos lú ná fiche tuismitheoir páirt sna toghcháin… Ní raibh aon toscairí tuismitheora ag rang amháin as dhá rang, mar gheall ar easpa oibrithe deonacha. A mhalairt ar fad, ag ardscoil Quesnay, déanann na toscairí tuismitheora stoc leis an bpríomhoide roimh gach comhairle ranga, iarrann siad ceapacháin chun treoshuíomh a phlé, deifir chuig cruinnithe en masse.

Níl an meáchan céanna ag gach tuismitheoir. In ainneoin díograis roinnt gníomhaithe, beidh an brú ó thuismitheoirí beagnach nialas i scoil chomharsanachta tóir. Is féidir leis an riarachán neamhaird a dhéanamh air. Ar an láimh eile, nuair is iar-mhéara na cathrach é uachtarán an chumainn alumni agus nuair a chuirtear leabhar seoltaí na gcumann tuismitheoirí ar fáil go maith, is fusa é a chloisteáil, mar a léirítear sa scéal seo a leanas.

Ag am amháin, bhí droch-cháil ar an tsraith ES ardscoile, ar a dtugtar B go dtí 1995. Níor chomhlíon sé go maith leis an deighilt mhór idir na heolaíochtaí agus litreacha, chomh mór sin gur dhiúltaigh na bunaíochtaí mór le rá aicmí B a chruthú. Is é cumhacht na n-ardscoileanna móra seo nach bhféadfadh an chigireacht ghinearálta iad a chur ann. Ní raibh ach rath measartha bainte amach ag fiú stiúrthóir na lycées, ag barr an riaracháin, a thug le chéile príomhoidí na lycées Parisianacha, ag tathant orthu na hailt seo a oscailt. Mar sin féin, tar éis athchóiriú a dhéanamh ar an ainm ó B go ES agus feabhas a chur ar ábhar agus íomhá na sraithe, chuir na mórscoileanna móra spéis inti go tobann. I Versailles, d'iarr príomhoide na scoile ard is fearr sa bhaile go n-osclófaí rang ES. Ach, ós rud é go raibh meánscoileanna eile na cathrach go mór mór cheana féin, chuir na reachtairí ina choinne. Láithreach, seoladh achainí. Sínithe ag leas-mhéara na cathrach, roinnt parlaiminteoirí, ceannairí gnó agus daoine suntasacha eile, ní fada go raibh na mílte sínithe aige. Do ghéill an reachtaire. Bhí an bua ag an scoil ard.

Mar thoradh air sin, ní haon ionadh é go dtéann leithdháileadh acmhainní chun sochair do bhunaíochtaí atá lonnaithe i gcomharsanachtaí ardscála, in ainneoin an toil pholaitiúil dhearbhaithe "níos mó a thabhairt dóibh siúd a bhfuil níos lú acu". Bhí na múinteoirí coláiste Pierre-Brossolette, i Villeneuve-Saint-Georges, feargach i mí an Mhárta 2014:

Sa bhaile is boichte de Val-de-Marne, seo an tairiscint oideachais a chuirtear ar fáil: rogha amháin de theanga bheo (LV) 1 (Béarla), gan ach ceann amháin de LV2 (Spáinnis), agus uair an chloig tionscnaimh a thairiscint ón tsean-Ghréigis. sa chúigiú grád, goideadh uair an chloig Laidine ón tríú grád. Deirtear linn gurb í an ghéarchéim atá ann, nach bhfuil aon acmhainn ann níos mó. Chun a mhalairt a léiriú, déantar an jab chun codarsnacht a dhéanamh idir ár n-acmhainní agus acmhainní fondúireachta eile na hinstitiúide agus na rannóige, an Collège du Parc, sa phearsa Naofa Maur. Le haghaidh céad agus daichead fo-staidéar breise, seo an tairiscint oiliúnach: dhá LV1, ceithre LV2, Laidin agus sean-Ghréigis, rang ceoil le huaireanta inoiriúnaithe, rang rince le huaireanta inoiriúnaithe, mír Shasanach Eorpach, roinn Eorpach Iodálach14.

I ndeireadh na dála, ba cheart a admháil go bhfuil sé de cheart ag caomhnóirí na mac léinn, tríd is tríd, iarracht a dhéanamh a gcuid páistí óga a roghnú i scoileanna a bhfuil torthaí iontacha acu agus atá lonnaithe i réigiún síochánta atá, ar ndóigh, suite i réigiúin ina bhfuil lóistín costasach.

Caibidil 1 Nótaí

1. Sound Thierry LY, Eric M.AURINand Arnaud R.IEGERT, "Éagsúlacht shóisialta agus oideachais in Île-de-France: ról na mbunaíochtaí", Tuarascáil do Chomhairle Réigiúnach Île-de-France, 2014, lch. 1.

2. Blandine LEVSAIN, "Cá bhfuil tú chun cónaí chun go n-éireoidh ar scoil?" », Le Figaro, 1 Iúil 2014.

3. AIREACHT OIDEACHAIS, "Éabhlóid scileanna ginearálta na mac léinn ag deireadh na scoile lár ó 2003 go 2009", Nóta, n oh 10.22, Nollaig 2010.

4. Clár idirnáisiúnta chun monatóireacht a dhéanamh ar ghnóthachtáil mac léinn, suirbhé a rinne an ECFE (Eagraíocht um Chomhar agus Fhorbairt Eacnamaíochta) i measc daltaí cúig bliana déag d'aois i thart ar thríocha tír, chun a leibhéal sa mhatamaitic, san eolaíocht agus sa chaint a chur i gcomparáid; MINISTRY OF'ENATIONAL EDUCATION, "mic léinn 15 bliain d'aois sa Fhrainc de réir PISA 2012 i gcultúr matamaitice: titim i bhfeidhmíocht agus méadú ar éagothroime i gcomparáid le 2003", Nóta faisnéise, n oh 13.31, Nollaig 2013.

5. "Múineadh na léitheoireachta san Eoraip: comhthéacsanna, beartais agus cleachtais", tuarascáil Eurydice, Bealtaine 2011.

6. "Oiliúint san ardoideachas: an todhchaí i ndiaidh baccalaureate na mac léinn ag dul isteach sa séú bliain i 1995", Nóta d'fhaisnéis, n.º 12.05, An Aireacht Náisiúnta Oideachais, An Stiúrthóireacht um mheastóireacht réamhaisnéise agus feidhmíochta, Meitheamh 2012.

7. Fabrice M.URAT, "Moill scoile de réir chúlra na dtuismitheoirí: tionchar scileanna na dtuismitheoirí", Economie et Statistique, n^{oh} 424-425, INSEE, 2009.

8. Braitheann an lucht riaracháin, agus iad faoi léigear ag sofaisticiúlacht a rialacha féin, chun na ceisteanna is casta a fhreagairt.

9. Mary DURU-BELLAT, "Deighilt shóisialta ar scoil: fíricí agus éifeachtaí", Diversité, n^{oh} 139, CNDP, Nollaig 2004, lch. 73-80,

10. In 2001, chinn Eolaíochtaí Po Paris bealach comhthreomhar iontrála a bhunú sa chéad bhliain do mhic léinn atá ag staidéar i gcéad scoil ard i ZEPanna comhpháirtíochta, a sheachnaíonn an scrúdú iomaíoch. Faigheann 8% de mhic léinn Eolaíochta Po ar an mbealach seo é.

11. Cé gur féidir an droichid a thrasnú ón mbaclaíocht ghairmiúil go dtí rathúlacht san ardoideachas fadtéarmach, tá sé níos simplí agus níos sábháilte fós do mhac léinn a bhfuil ar a gcumas

leanúint ar aghaidh san oideachas ginearálta.

12. Sraith "Saol an Chailín", léirithe ag Osez le féminisme!

13. In 2014, rinneadh REPanna (líonra oideachais tosaíochta) de na ZEPanna. Ainmníonn go leor lipéad bunaíochtaí a n-iarrtar orthu beagán níos mó acmhainní a fháil ná na cinn eile chun na míbhuntáistí a bhaineann lena n-earcaíocht a chúiteamh.

2

An Dlí Iarainn Aitheasc

"Bunaíonn próisis an deighilte achair mhoráltachta a fhágann gur mósáic de dhomhan beaga an chathair a théann i dteagmháil le chéile gan idir-treá [1]."

VS conas a rachaimid isteach in ardscoil Quesnay? Trí chónaí sa chomharsanacht. Cosúil le beagnach gach ardscoil, earcaíonn François Quesnay a chuid mac léinn ar bhonn léarscáil na scoile. Ach níl cónaí sa chomharsanacht laistigh de rochtain gach duine. Bhí taithí ag mo chara Max air seo. Agus a mhac ag druidim le haois an choláiste, chuir a bhean chéile in iúl dó go raibh an coláiste in aice lena dteach le seachaint. Bhí a fhios aici ó fhoinse iontaofa (óna comharsana, sa chás seo) go raibh mic léinn á gcraobhscaoileadh agus go raibh daoine óga ag tiomáint timpeall na háite ar ghluaisrothair. Ní dhéanfaidh aon ní drámatúil, ach go leor chun imní an mháthair deich mbliana d'aois. Go deimhin, tá coláiste príobháideach Caitliceach ann, ach i bhfad ar shiúl; agus is ar éigean a mheallann sé an teaghlach Giúdach seo. Feidhmeannach sinsearach de bhunadh measartha, tar éis dó é féin a fhás suas sna bruachbhailte agus tar éis dó teacht slán, ligfeadh Max dá mhac dul chuig an gcoláiste poiblí áitiúil. Ach ní éiríonn leis teacht aniar a bhean chéile. Tá an fhéidearthacht ann go fóill bogadh chun oideachas a chur ar an leanbh ag Coláiste Quesnay, in aice leis an ardscoil. Tar éis mórán leisce, glacadh leis an réiteach seo. Tá an íobairt tábhachtach: cuireann cíos ard árasán nach bhfuil chomh fairsing sin isteach ar aon fhéidearthacht coigilteas chun a bheith ina úinéir tí. Ach

an leanbh go Coláiste Quesnay.

Nuair nach bhfuil tuarastal feidhmeannach sinsearach agat (nó mura bhfuil aithne agat ar aon Aire go pearsanta), cuirtear deireadh go huathoibríoch le réiteach Quesnay. Éiríonn an rogha scoile níos casta ansin. Is teiripeoir urlabhra í Marianne. Tá aithne agam uirthi ón ardscoil. Bhí beirt pháistí aici le Jérôme, atá ina bainisteoir amharclainne agus ina fhear láimhe iontach os comhair na síoraí. Chuir sé ina luí uirthi teach a cheannach i ndroch-chaoi suite i Montreuil, idir stáisiún meitreo Croix de Chavaux agus páirc Beaumonts. D'aontaigh Marianne socrú a dhéanamh ann ach amháin ar an gcoinníoll go n-aimseofaí réiteach ar scolaíocht na bpáistí, arb í an eagraíocht a dara gairm bheatha. Mar sin thosaigh sí ag déanamh staidéir ar scoileanna Montreuil. Tar éis di a chonclúid go tapa nach raibh siad leordhóthanach, rinne sí fardal ar na roghanna eile, d'aimsigh sí réiteach inghlactha agus, ar deireadh, d'aontaigh sí léi. Múineann dinnéar leo go leor dom ar an ábhar.

Tá an pailliún clasaiceach: plástar bán, tíleanna meicniúla. Tá wisteria dea-choimeádta agus rósanna dreapadóireachta ar bhalla an ghairdín os comhair na sráide. Cuireann Jerome, úinéir suaimhneach, fáilte romham ar na céimeanna i ngeansaí Éireannach agus shorts Beirmiúda. Taispeánann sé a chuid athchóirithe dom, ar ndóigh sásta a theach a bheith aige. Tá meas aige ar éagsúlacht na comharsanachta. Toisc go mbíonn sé saor ar maidin de ghnáth, tugann sé aire don tsiopadóireacht agus tá aithne aige ar na siopaí go léir sa cheantar. "Tá tú ag dul a ithe glasraí Montreuil, blasaithe le spíosraí Montreuil," a dhéanann sé magadh. Agus míníonn sé: "Is iontach an rud é Montreuil as sin. Piobar ó Camarún, curaí ó Madras, rudaí ón Liobáin... Tá sé ar fad agat anseo. »

Is cosúil go bhfuil Marianne sásta a cuid, rud a mhaolaíonn sí mar sin féin :

— Tá imní orm fós go ndéanann Romain leath uair an chloig iompair gach lá. Tá sé ar an gcoláiste Hélène Boucher, sa 20ú.

— Is bunachas maith go leor é, nach ea? An bhfuil tú chun an rud céanna a dhéanamh do Sarah?

Breathnaíonn siad ar a chéile, beagán náire.

— Ligean le rá nach bhfuil an cheist socraithe, a deir Jérôme ag gáire. Tá Hélène Boucher an-mhaith, ach ní oibreoidh sé a thuilleadh. Cheana féin, do Romain, bhí am crua againn. Ar dtús, níor theastaigh uaim ach teastas lóistín a chur i láthair, ós rud é go bhfuil cara againn sa cheantar. Ach is cosúil go ndéanann gach duine é sin agus níl an scoil ag iarraidh a chloisteáil faoi a thuilleadh. Mar sin, agus mé ag cuardach an Líonra, fuair mé amach go bhféadfaí bosca poist a cheannach, le seoladh poist. De ghnáth, déantar é do dhaoine gairmiúla ach, toisc gur gairm liobrálach í Marianne, d'oibrigh sé. Tríocha euro sa mhí a chosnaíonn sé orainn agus ní raibh fadhb ar bith ann. Nuair a bhí sé i bhfeidhm, an bhliain dár gcionn, níor iarr an coláiste aon rud eile.

— Is í an fhadhb atá ann ná go bhfuil Acadamh Pháras tar éis éirí an-dian, a mhíníonn Marianne. Tá bunaíochtaí ann a iarrann trí chruthúnas cónaithe in ainm na dtuismitheoirí agus iarrann Hélène Boucher an cháin tithíochta. Agus ansin, tá gach duine i bhfostú.

Beidh go leor stiúideonna athdhíolta san earnáil, arsa Jérôme. Na daoine go léir a cheannaigh ach seoladh a bheith acu in aice le Hélène Boucher, gan trácht ar an 5ú arrondissement. Na fógraí de Studio near Lycée Louis Le Grand" stíl, tá sé thart. Ina theannta sin, má bhainimid triail as rud éigin nach n-oibríonn, éiríonn an cás do-inbhuanaithe do Romain, a bhfuil baol ann go mbrisfear é.

deimhním.

— Beacht. I mo scoil ard, ghairm an príomhoide cúpla tuismitheoirí a bhí ag cruthú fadhbanna agus dúirt sé leo go hiomlán go raibh seachtain amháin acu chun a bpáiste a tharraingt siar ón mbunaíocht nó go raibh sé ag comhdú gearán maidir le doiciméid riaracháin a fhalsú.

— Mar sin, níl aon cheist maidir leis an gcineál seo riosca a ghlacadh, a deir Marianne, atá an-sásta le m'idirghabháil. Is é an bealach is éasca ná Sarah a chur i gcoláiste in aice láimhe, rud atá ceart go leor, ach níl Jerome ag iarraidh.

Nuair a théann sí suas, faighim an déagóir beagán clumsy a raibh aithne agam air tráth. Caitheann sí a spéaclaí, cuireann sí glas tiubh donn ar ais.

— Tá sí ag iarraidh í a chur in éineacht leis na Caitlicigh, a mhíníonn Jérôme, le smirk.

" Cathos, b'fhéidir, ach is féidir leat dhá theanga bheo a ghlacadh ón séú grád, bíonn turais amharclainne, turais chuig an Róimh do lucht an tríú grád, tá an leibhéal go maith agus tá roinnt de chairde Sarah ag dul ann. Ina theannta sin, níl an mais éigeantach, an cór ach an oiread.

— Nach bhfuil na coláistí Montreuil i ndáiríre is féidir? Rollaíonn Marianne a súile.

— Tá sé chaos. Braitheann muid ar choláiste Lenain de Tillemont. Ní raibh sé clúiteach agus, ós rud é an scíthe ar léarscáil na scoile, tá gach duine ag rith uaidh. Sé chéad áit, trí chéad mac léinn.

Déanann Jerome idirghabháil.

— Is scéal amaideach é. Tá áitribh sách maith ag an gcoláiste agus torthaí an-chearta. Ach, toisc go bhfuil sé suite ar an taobh eile de pháirc Beaumonts, idir dhá chathair, tá droch-cháil air. Ina theannta sin, rangaítear é mar "uaillmhian rathúil" agus is fearr le tuismitheoirí gur réadúlacht seachas uaillmhian an rathúlacht. Nuair a bheidh an comhartha "fadhb choláiste" agat, fágtar na páistí a d'fhéadfadh an leibhéal a ardú, dúnadh na ranganna, fágtar na múinteoirí. Ba mhaith linn an cluiche scoile comharsanachta a imirt, ach ní ina n-aonar.

Le linn an dinnéir, cuirim an t-ábhar ar ais ar an gcairpéad.

— Má thuigim i gceart, nuair a tháinig tú chun socrú síos anseo, arbh í an scoil an fhadhb?

— Tá an fhadhb i gcónaí mar an gcéanna, a mhíníonn Marianne. Is iad na scoileanna maithe sa cheantar ná Vincennes nó Saint-Mandé agus tá róphraghas ar chóiríocht.

Anseo tá cáilíocht beatha áirithe againn. Mar sin, chun an dá cheann a bheith agat, caithfidh tú cónaí anseo agus na páistí a chur chun staidéar a dhéanamh in áit eile, mar fhocal scoir, shrugging sí a guaillí.

— Tá an ceart aici, a áitíonn Jérôme. Snoiteann léarscáil na scoile na críocha amach níos cinnte ná Conradh Vín. Déan comparáid idir Montreuil agus Vincennes. Is comharsana iad an dá bhaile, ach tá i bhfad níos mó bourgeois ag Vincennes agus táim cinnte go bhfuil sé sin i bpáirt mar gheall ar na scoileanna. Agus níl mé ag caint leat faoi Pháras. Sular bhog muid, nuair a bhí cónaí orainn sa 11ú, bhí Marianne imithe chun an cárta scoile a fháil. Féadfaidh an tsráid chéanna freagairt do thrí earnáil éagsúla, mar shampla. Tá sé thar a bheith casta. Nuair a cheannaigh muid anseo, bhí sé indéanta an cárta scoile a sheachbhóthar, ach tá sé beagnach dodhéanta.

— Déanann gach duine óráidí iontach ar éagsúlacht shóisialta i Montreuil, a deir Marianne. Ach bíonn sé ann ar an tsráid nó ar lá na féile ceoil, ní sna scoileanna. Is fíor go bhfuil taobh deas anseo. Nuair a théann tú ag siopadóireacht nó ag dul go dtí an pháirc, tá sé an-mhaith, tá gach duine dearthair. Ach nuair a théann tú chuig na scoileanna, tuigeann tú nach léiríonn siad an daonra ar chor ar bith. Agus níl mé ag iarraidh páistí a chur i ranganna ina bhfuil trí cheathrú de na páistí i gcruachás. Mar sin, níl fágtha ach an príobháideach.

— Tuigim. Agus don scoil ard, mar sin, cad atá á phleanáil agat?

— Lig dúinn breathe! exclaims Marianne.

Mar atá feicthe againn, tá leibhéal na scoileanna an-athraitheach. Is é an rud a deir Marianne agus Jérôme ná go bhfuil airgead ag bunús an athraithe seo. Is fíor go ndéanann tíreolaíocht na dtorthaí bunaíochta atáirgeadh ar ioncam. Sna comharsanachtaí upscale, in ainneoin cumas gan teorainn na dtuismitheoirí tosaíocht a thabhairt, tá na bunaíochtaí go maith. In eastáit tithíochta bochta, tá gach bunaíocht i gcruachás, beag beann ar iarrachtaí na Roinne Oideachais Náisiúnta nó na foirne ar an láthair. Fanann na ceantair teorann , cosúil le Montreuil, idir eatarthu.

Chun aird a tharraingt ar thionchar an airgid, táim ag lorg cathair a bhfuil a staid sách éasca le déanamh amach agus roghnaigh Digne-les-Bains, prefecture na Alpes de Haute-Provence. Is cathair í le 17,000 áitritheoir, a shíneann feadh an Durance. Chomh maith le scoil bheag phríobháideach ard, nach bhfuil ach tríocha mac léinn baccalaureate, tá dhá scoil ard poiblí Digne, suite ag an dá cheann. Measann an iris L'Étudiant go bhfuil ardscoil Alexandra David-Néel, a athchóiríodh le déanaí, "an-mheánach". Is fiú an scoil ard is measa i Provence-Alpes-Côte d'Azur í. Ar a mhalairt, tá ardscoil Pierre-Gilles de Gennes rangaithe i measc na "ardscoileanna an-mhaith". Is í an ardscoil phoiblí is fearr san acadamh, chun tosaigh orthu siúd i Marseille nó Aix-en-Provence.

Chun a chinneadh an bhfuil na torthaí codarsnacha seo nasctha le hioncam teaghlaigh, is gá anailís a dhéanamh ar dháileadh na dtorthaí in Digne . Níl bourgeoisie ag an gcathair i ndáiríre. Tá ioncaim an-aonchineálach. Mar sin féin, tá na meicníochtaí deighilte ag obair ann. Léiríonn faisnéis a thugann INSEE2 ar ghnáththuilleamh de réir comharsanachta an tábla a théann leis: i dtreo an deiscirt, is iad na trí réimse a chuimsíonn meánscoil Pierre-Gilles de Gennes na cinn is neamhaí sa chathair, le pá tipiciúil ag gach grúpa áit éigin sa raon. de 33,000 agus 39,000 euro gach bliain. I dtreo an tuaiscirt, tá pá tipiciúil áit éigin idir 26,000 agus 30,000 euro ag na ceantair a thugann cead isteach do mheánscoil David-Néel. Go deimhin, fiú anseo, tagann an dlí seolta amach mar a bhíothas ag súil leis.

Is léir go bhfuil sé faoin gcéad dul síos sna pobail uirbeacha ollmhóra agus, níos tábhachtaí fós, in Île-de-France. Rianaítear caidreamh comhchosúil san ardoideachas. Tá na rátaí deontais is suntasaí agus na rátaí gnóthachtála is lú i gceantar lárnach na Fraince ag coláistí atá suite i gceantair thuaithe faoi chois i bPáras.

Déanann scoileanna maithe comharsanachtaí costasach

Má dhéanann comharsanachtaí costasacha do scoileanna maithe, tá a mhalairt fíor freisin: buartha faoi rath acadúil a gcuid leanaí, tá teaghlaigh réidh le níos mó a íoc ar chóiríocht atá suite in aice le scoileanna maithe. Chun a bheith cinnte de seo, is leor a léamh ar na sonraí a ghabhann leis na fógraí eastát réadach ar an Ó duine aonair príobháideach go príobháideach láithreán gréasáin (www.pap.fr). Chomh maith le méid na gcánacha áitiúla a lua, cuimsíonn an suíomh sonraí agus measúnuithe ar ardscoileanna, arna soláthar ag an Aireacht Oideachais Náisiúnta. Mar shampla, do chóiríocht atá suite i lár Lille, soláthraíonn sé an ráta ratha, próifíl agus "breisluach" na gcúig ardscoil in aice láimhe, idir phoiblí agus phríobháideach.

Mar sin tá tithíocht níos costasaí gar do scoileanna maithe. Rinne an Duine aonair imscrúdú. Ordaíonn stiúideo in aice le scoil ard Hélène Boucher, mar shampla, luach breise 20% i gcomparáid leis an meán don 20ú arrondissement. Rinne taighdeoirí an éifeacht seo a thomhas go heolaíoch. Ba é an modh a bhí acu ná praghsanna tithíochta den mhéid céanna a chur i gcomparáid agus iad suite ar an tsráid chéanna, ach gan rochtain a thabhairt ar an gcoláiste céanna. Trí anailís a dhéanamh ar na sonraí a chuir Cumann Nótairí Pháras ar fáil ar 200,000 idirbheart eastát réadach, cuireann Gabrielle Fack agus Julien Grenet, ó Scoil Eacnamaíochta Pháras, béim ar chaidreamh beacht: i bPáras, tá meán níos airde ná 1.6 pointe ar an meán i gcomparáid leis na comharsanachta. mar thoradh ar choláiste go bhfuil difríocht 1.4% sa phraghas in aghaidh an mhéadair chearnaigh [3]. Léirigh staidéar Meiriceánach a rinneadh i Massachusetts an cineál céanna caidrimh, le tuismitheoirí sásta 2.5% níos mó a íoc as tithíocht chun rochtain a fháil ar bhunscoil le torthaí tástála náisiúnta 5% níos airde. [4].

Tá tionchar cháilíocht na scoileanna ar phraghsanna eastát réadach faoi deara go príomha i gcathracha móra. Tá sé nasctha le léarscáil scoile a bheith ann. Tá claonadh ag láithreacht bunaíochtaí príobháideacha, a éalaíonn an riail seo, an feiniméan seo a laghdú, gan é a dhíchur. Ón méid thuas, is féidir linn a bhaint amach gur mó an éagothroime idir bunaíochtaí nuair a bhíonn na comharsanachtaí aonchineálach go sóisialta. Is sna cathracha móra mar sin, áit a bhfuil saibhreas mór agus pócaí bochtaineachta móra, go háirithe i bPáras agus i Marseilles, is suntasaí é. Is é an treocht i dtreo an accentuation na deighilte spásúlachta, roinnt de spás a bhaint amach go príomha ag difríochtaí i bpraghsanna eastát réadach. Mhínigh gníomhaire eastáit réadaigh dom gur ghlaoigh sé ar a ghníomhaireacht L'Adresse, mar gheall ar "braitheann praghas na cóiríochta ar thrí rud: an seoladh, an seoladh, an seoladh". Déanta na fírinne, má dhíoltar clóis broom sa 7ú arrondissement i bPáras is féidir áit chónaithe iontach a cheannach i Corrèze nó sa Somme. Conas a tháinig muid ann?

Ag dul siar go dtí an 19ú haois, feicimid sna

cathracha ar fad de mhéid áirithe rian na gceantar a bhfuil codarsnacht shóisialta acu. Ach níl an caesura i gcónaí dian. I bhfoirgneamh Pot-Bouille, úrscéal Zola, léiríonn na hurláir an t-ordlathas sóisialta: áitíonn árasáin bourgeois na chéad leibhéil (níl úsáid an ardaitheora fós go forleathan), agus tá seomraí na mban suite faoi na díonta; tá teaghlaigh measartha lonnaithe idir an dá cheann. Is gá go deimhin go mbeadh seirbhísigh agus gach duine a oibríonn i seirbhís na n-aicmí faoi phribhléid laistigh dá bhfostóirí. Leathnófar deighilt na ngrúpaí sóisialta ina dhiaidh sin le forbairt an iompair. Mar sin féin, cuireadh isteach ar an treocht seo le linn na dTríochaidí Glórmhar, .i.

Agus í ag tabhairt aghaidh ar ghéarchéim tithíochta, thóg an Fhrainc sna 1950idí agus 1960idí bloic, ciúbanna, túir agus beáir. Tá na "coimpléisc mhóra" feistithe le carrchlóis chun freastal ar na gluaisteáin a bhfuil gach duine á bhfeistiú de réir a chéile, cistíní a thiocfaidh chun an tábla Formica, an meaisín níocháin agus an sorn a chur ar fáil mar shiombail don tréimhse seo, sin de ghlanmheabhair an lucht oibre, go bhfuil, freisin, i gcás ina bhfuil an poitigéir (óg), an siopadóir nó múinteoir an cheantair ina gcónaí sna foirgnimh chéanna leis na hoibrithe agus na fostaithe. Eascraíonn an comhchónaí seo as ganntanas tithíochta, ach freisin as an idé-eolaíocht a bhí i gceannas ar thógáil eastát tithíochta móra, is é sin maolú ar dhifríochtaí sóisialta laistigh de shochaí "meán". Cinntíonn eagraíochtaí a bhainistíonn HLManna (tithíocht ar ioncam íseal) éagsúlacht na n-áititheoirí, trí shuiteáil na meánranganna in eastáit mhóra tithíochta agus na haicmí oibre i gceantair bhruachbhailteacha a chur chun cinn.

Bíodh sin mar atá, molann an Stát ligean isteach do mhaoin, mar shampla faoin dlí Barre-Barrot 1975. Is céim shrianta ina dhiaidh sin, do na haicmí oibre, é an t-alt a dhéantar trí fhearann ollmhóra lóistín, do na haicmí oibre. Tá an t-athrú ar na pobail seo sna struchtúir ag luasghéarú ... go dtí an dara ceann nuair a d'éirigh siad as dul tríd an mbosca tithe lóistín agus go bhfuil níos mó daoine trua, a tháinig chun fanacht ann go nádúrtha, curtha ina n-ionad. Bhí méadú ag teacht ar líon na n-áititheoirí ag troid lena léas a íoc, go háirithe de réir mar a mhéadaigh an líon daoine gan phostanna. Tá cumainn shrianta scriosta. Mar sin féin, d'oibrigh na barraí faoi deifir chun iad a chur in oiriúint don easpa lóistín ar chaighdeán cothrom. Tá a gcothabháil costasach. Ag an bpointe nach dtagann léasanna isteach faoi láthair, lagaíonn an lóistín agus na háititheoirí atá in ann seasamh le fágáil. Maidir leis an edifices ollmhór d'oibrigh in aice leis na monarchana próiseála, tá siad ag fulaingt deindustrialization. Tá a n-áititheoirí gafa ansin i gcomharsanachtaí nach bhfuil aon todhchaí acu. De réir na línte seo, de réir a chéile, déantar ghettos a fhrámú.

Ghettos sa Fhrainc?

Is é an ghetto foirm níos measa na deighilte sóisialta. An mbaineann an téarma seo, a úsáidtear go minic sna Stáit Aontaithe, leis an bhFrainc? Tá sé infheicthe ó shéan an Príomh-Aire Manuel Valls, in óráid a dúirt [5], "the ghettos; apartheid críochach, sóisialta, eitneach". Creideann roinnt socheolaithe, mar Loïc Wacquant nó Sophie Body-Gendrot, go gcuireann stair an-sonrach na Stát Aontaithe, go háirithe meáchan an chiníochais, cosc ar an gcomparáid a bheith á bhrú rófhada. Úsáideann daoine eile, ar nós an eacnamaí Éric Maurin [6], an focal. Creideann Didier Lapeyronnie, a rinne staidéar ar cheantar bocht i mbaile cúige ar feadh cúig bliana, go bhfuil sé indéanta anois labhairt ar ghettos, mar gheall ar neartú, sna 2000í, ar leithscaradh uirbeach agus leithcheal ciníoch. , chomh maith leis an éagothroime atá ag dul i méid sna comharsanachtaí i bhfianaise na dífhostaíochta.

Déanann sé cur síos ar an gcaoi ar chruthaigh na deacrachtaí ollmhóra cineálacha féin-eagraíochta sa chomharsanacht. Is í gáinneáil ar dhrugaí an phríomhghníomhaíocht eacnamaíoch. Is é an struchtúr bunúsach an teaghlach, na hearraí á n-allmhairiú ón gcathair mhór. Tá an díolachán eagraithe ag staighrí. Tar éis díchóimeáil drong amháin láithreach tá cuma grúpa eile. Sa cheantar a ndearna Didier Lapeyronnie staidéar air, déanann na húdaráis idirbheartaíocht leis na déileálaithe maidir le dáileadh cúnaimh shóisialta áirithe, tacaíocht le linn na dtoghchán, fiú ord a choinneáil. Tugann an socheolaí faoi deara go bhfuil íomhá dhiúltach an cheantair ag teacht salach ar a áitritheoirí [7].

Mar sin féin, tá foirm an ghetto fós eisceachtúil. Léiríonn na sonraí a bhaineann le limistéir uirbeacha íogaire (ZUS), na comharsanachtaí faoi mhíbhuntáiste a ndírítear orthu ag beartas cathrach, é seo go soiléir. Tá thart ar 4.5 milliún áitritheoir agus 13% de mhic léinn ag ZUS. Le trí oiread daoine bochta, trí oiread inimirceach agus dhá oiread daoine dífhostaithe ná in áiteanna eile, d'fhéadfaí na comharsanachtaí seo a chur i gcomparáid le ghettos uirbeacha. Mar sin féin, déanann níos mó ná leath de mhic léinn an choláiste agus 80% de mhic léinn ardscoile a chónaíonn sna comharsanachtaí seo staidéar lasmuigh den ZUS. Os a choinne sin, is ón taobh amuigh a thagann níos mó ná leath de dhaltaí meánscoile agus níos mó ná 80% de dhaltaí ardscoile atá lonnaithe i ZUS.

Cuireann an meascán seo teorainn le ghettoization. Mar sin féin, do theaghlaigh a bhfuil cónaí orthu i gcomharsanacht na gceantar seo, is bagairt é. Tá torthaí an teastais meánscoile soiléir maidir leis seo: dá mhéad mac léinn atá ag scoil ina gcónaí i ZUS, is amhlaidh is ísle a torthaí. [8]. Laistigh de theaghlaigh an cheantair is mó atá ag gabháil do rath a gcuid leanaí agus sna ceantair chomharsanachta is é an fonn chun na scoileanna a bhaineann leis na ceantair sin a sheachaint ar gach costas. Baintear de thátal as staidéar ar Montpellier [9] go seachnaíonn 75% de dhaltaí meánranga agus ardranga coláiste earnála i gcomharsanachtaí "measctha" de mhaolú nó dul i muinín na hearnála príobháidí. Tá ciall leis na straitéisí seo: de réir réadlann ZUS [10] déantar an baol go dtitfidh leanbh feidhmiúcháin ar gcúl sa scoil faoi dhó ag maireachtáil i gceantar uirbeach íogair.

. Mar sin ní bhíonn na ceantair scartha go haerdhíonach, ach cuireann an scoil go mór lena ndúthracht. Ní dheimhníonn na sonraí seo ach an méid atá soiléir do mhúinteoirí sa réimse. Mar shampla, déanaimis breathnú ar liosta na socrúcháin oibre a fuair mic léinn naoú grád. I gcoláiste daoine, is gnólachtaí áitiúla is mó a bhíonn i dteagmháil leo, agus is minic a dhéantar teagmháil leo le cabhair ó mhúinteoirí. Ag Coláiste François Quesnay, a ghlacann le cúpla intéirneacht i Florida nó Québec, is mó cuideachtaí mór le rá, go háirithe sna hearnálacha closamhairc, cumarsáide nó airgeadais a chuireann spéis ar mhic léinn agus a fhostaíonn a dtuismitheoirí.

Is é an mhacasamhail de ghettoization ná gentrification, is é sin le rá an claochlú ar chomharsanachtaí tóir atá suite i lár na cathrach trí mheán-ranganna oilte a theacht, go háirithe gairmeacha cultúrtha, ar féidir leo a chéile dá bhrí sin eatarthu féin, gar ón lár agus praghsanna eastát réadach inacmhainne. , gan faillí a dhéanamh ar ghnóthachain chaipitil eastát réadach féideartha. Go ginearálta bíonn tionchar ag an ngluaiseacht seo ar chomharsanachtaí nach bhfuil i bhfad ó chomharsanachtaí áille. Treisíonn sé aonchineálacht shóisialta na gcathracha móra agus ar an gcéad dul síos i bPáras, trí na haicmí oibre a bhrú níos faide ón lár [11].

Ar ndóigh, ní fheiceann na "gentrifiers", a dhearbhaíonn go ndiúltaíonn siad cónaí i gcomharsanachtaí bourgeois, nach bhfuil inrochtana dóibh ar aon nós, aon mhíchaoithiúlacht dá leanaí ag freastal ar scoileanna bourgeois i gcomharsanachtaí ardscála. Míníonn an t-eolaí polaitiúil Jacques Donzelot:

Tá cneácha Pháras an oiread céanna nasctha lena gcomharsanacht agus atá siad le cathracha móra ar fud an domhain. Mar sin is fachtóir cinntitheach é a ghaireacht d'áiteanna iompair, stáisiúin náisiúnta nó idirnáisiúnta agus aerfoirt mhóra. Is é an dara spreagadh ná a chóngaracht do scoileanna ard maith. Tá go leor tuismitheoirí réidh chun bogadh chun dochair do chompord áirithe den saol, a bheith níos gaire do na scoileanna ard is fearr dá gcuid leanaí. [12]

I bPáras, áit ar thóg sé go dtí na 1980í ar fhostaithe agus oibrithe a bheith ina mionlach, tá an uaisleacht ag dul ar aghaidh de réir a chéile ón iardheisceart go dtí an oirthuaisceart. Seachas cúpla bloc timpeall na stáisiún agus roinnt earnálacha den 18ú, 19ú agus 20ú arrondissements, tá an próiseas beagnach críochnaithe. Chomh mór sin gur mhéadaigh céatadán na mac léinn sa séú grád ó chúlraí an-phribhléid ó 41% go 47% le linn na 2000í.

Ag an am céanna, tá an feiniméan thrasnaigh teorainneacha an chaipitil. In ainneoin an fhreasúra láidir idir Páras agus a "bhruachbhailte" – téarma maslach nach mbeadh aon bhrionglóid ag éinne cur isteach ar Neuilly-sur-Seine nó Marnes-la-Coquette – tá brú tagtha ar roinnt daoine mar gheall ar an easpa spáis, cosúil le mo chairde Marianne agus Jérôme, chun an cuarbhóthar, bacainn thar a bheith siombalach, a thrasnú go Montreuil nó Bagnolet, ar a dtugann cuid acu an "DOP-TOP" (ranna agus críocha thar an gcuarbhóthar). Le cloisteáil ó bhéal an mhúinteora, is léiriú maith é an t-acrainm seo ar an díspeagadh sóisialta a d'fhéadfadh a bheith mar thoradh ar an ngá atá le fuiliú féin trí na ceithre veinír sa mhionbhuirgéisc intleachtúil a dhéanamh go mbeadh an t-aitheasc ag an am céanna leis an timpeallacht shóisialta a bhfuil duine ag dréim léi.

Ar fud Île-de-France, d'ardaigh céatadán na bhfeidhmeannach i measc ceannaitheoirí árasáin ó 30% in 2009 go 38% in 2013, de réir Cumann na Nótairí, rud a chiallaíonn go bhfuil an feiniméan ag luasghéarú. In Île-de-France, críoch atá thar a bheith codarsnachta ó thaobh ioncaim de, tá sé buailte linn freisin gur sháraigh an meánchaighdeán maireachtála – an t-ollioncam indiúscartha in aghaidh an aonaid tomhaltais – 25,000 euro in 2010. [13] in aghaidh na bliana i bPáras nó Hauts-de-Seine, ach bhí sé níos lú ná 15,000 euro i Seine-Saint-Denis. Ar iniúchadh níos dlúithe, tá na difríochtaí i bhfad níos suntasaí. Mar sin, i Boulogne-Billancourt, ba é an meánioncam teaghlaigh in 2010 ná 26,198 euro sa chomharsanacht is boichte agus 119,967 euro sa chomharsanacht is saibhre! I bPáras, athraíonn an meánioncam ó 19,837 euro go... 181,873 euro ag brath ar an gceantar! Téann na difríochtaí seo lámh ar láimh le héablóid dhifreáilte praghsanna tithe. Idir 2009 agus 2014, mhéadaigh sé seo 25% i Montreuil agus 29% i Bagnolet, ach thit sé 6% i Noisy-le-Sec (Montreuil teorann) agus 27% in Aulnay-sous-Bois, cúpla ciliméadar ar shiúl.

Tá an éagothroime chéanna le feiceáil sna cathracha móra eile: sa cheantar is boichte de Grenoble, is é 16,175 euro an meánioncam in aghaidh an teaghlaigh, in aghaidh 86,297 euro i gcodanna áirithe de Meylan, a bruachbhaile chic. Tá cuid de na comharsanachtaí is saibhre sa Fhrainc ag Marseille... agus cuid de na comharsanachtaí is boichte.

Is é toradh na straitéise seo de na daoine is saibhre agus an rás a sheolann siad ná comharsanachtaí aonchineálacha a tharraingt sna cathracha móra. I gcomharsanacht atá saibhir go haonfhoirmeach mar atá ag an Lycée Quesnay, níl aon tuairim ag na mic léinn faoi chaighdeán maireachtála na Fraince. Tá an-iontas orthu a fháil amach nach sáraíonn an tuarastal airmheánach 2,000 euro glan in aghaidh na míosa. Sna scoileanna ard ina mbím ag obair, bhí na mic léinn an-tógtha nuair a chuir mé sonraí ar ioncam an-ard i láthair iad. Chuir siad ceisteanna naive (ach ábhartha), mar, "Conas is féidir leat an oiread sin airgid a chaitheamh? Ag an Lycée François Quesnay, tá na frithghníomhartha an-difriúil. Ag foghlaim go bhfuair na feidhmeannaigh airgeadais is airde pá ar an meán níos mó ná 4 milliún euro in 2012, tá imní ar mhac léinn: "Ach cén fáth a bhfuil siad ag fanacht sa Fhrainc? Caithfidh gur maraíodh an fear cánach iad! Níor mheall duine eile é láithreach: "Tá m'athair i Londain agus tógann muid gach rud uaidh freisin, bíodh a fhios agat. "An mbeidh sé riachtanach aonad tacaíochta síceolaíochta a chruthú in ardscoil Quesnay ag am an tríú páirtí sealadach?

Chun idirghníomhú sóisialta a chur chun cinn, áirítear ar fhógraí eastáit réadaigh anois na sonraí sochdhéimeagrafacha a bhaineann leis an gceantar. Faoin alt "Comharsana", mar sin cuireann an Ó dhuine aonair go suíomh aonair fógra eastáit réadaigh le sonraí socheacnamaíocha: meánioncam, ráta dífhostaíochta, meánaois, próifíl na comharsanachta ("feidhmeannaigh óga dinimiciúla", mar shampla).

Cad a tharlaíonn do na daonraí atá tiomáinte amach as lár na cathrach ag praghsanna ardaithe? Is minic a théann siad i bhfad ar shiúl sa tóir ar shuaimhneas agus ar chaighdeán mhaireachtála níos fearr. Ar an láimh eile, tógann úinéir tí álainn i Vinon-sur-Verdon an carr gach lá chun dul ag obair i Marseilles agus bíonn imní ar chónaitheoir Louviers faoin trácht iarnróid go stáisiún Saint-Lazare. Seachas iompar, is í an scoil fadhb na gceannródaithe seo. Méideanna do dhaonra tuaithe atá ag dul i laghad, ní shásaíonn scoileanna mianta áitritheoirí tuaithe, cibé acu i dtéarmaí gaireachta nó cáilíochta.

Tabhair faoi deara ar deireadh go bhfuil an costas ard tithíochta a thuar daonra scoile maith, ach ní ráthaíocht é. Tá cluiche áirithe ann, go háirithe sna cathracha móra. Fiú le céatadán de 47% de na teaghlaigh saibhre, ní bhíonn caighdeán na scoileanna ann i gcónaí, mar is eol go maith do thuismitheoirí na ndaltaí is airdeallaí; agus déanann miondifríochtaí socheolaíocha bearna mhór i dtéarmaí luach acadúil na scoileanna. Tá sé seo feicthe againn leis na ceantair "teorann", tá sé fíor freisin sna ceantair upscale. Mar sin, i mbaile maith Neuilly-sur-Seine, tá meánleibhéal ar cheann de na hardscoileanna, cé go bhfuil sí suite i gceantar mór le rá, mar gheall ar iomaíocht neamhthrócaireach ardscoil phoiblí mhaith agus trí ardscoil phríobháideacha mhaithe. . I gcathracha móra, mar sin is athróg straitéiseach é léarscáil na scoile.

An léarscáil agus an chríoch

Sannann léarscáil na scoile mic léinn chuig scoileanna, coláistí agus ardscoileanna de réir a n-áit chónaithe. Ag an ollscoil, braitheann an tasc ar sheoladh na bunaíochta ar a bhfreastalaítear sa terminale. Nuair a tugadh isteach é i 1963, ba é príomhchuspóir léarscáil na scoile ná a thuar cé mhéad mac léinn a sroichfeadh coláiste nó ardscoil, chun cruthú agus dúnadh ranganna a bhainistiú níos fearr. Bhí oideachas éigeantach go dtí sé bliana déag d'aois i 1959. Mar gheall ar an méadú ar líon na n-uimhreacha, tá sé sách acrobatic áit a fháil do gach dalta i bhforas gar dá bhaile. Caithfidh an léarscáil a bheith in ann sreafaí a réamh-mheas.

Leis sin, ní féidir le teaghlaigh an scoil a roghnú dá leanaí a thuilleadh . Gach bunaíocht a bhaineann leas as na cláir chéanna, na hamchláir chéanna agus an fhoireann teagaisc chéanna, ráthaítear caitheamh comhionann le húsáideoirí, prionsabal bunúsach na seirbhíse poiblí. I bprionsabal, níl aon chúis gur fearr le scoil amháin ná scoil eile. Fiú mura raibh sé ina ábhar imní lárnach ag an am, cuireann léarscáil na scoile cosc ar bhunaíochtaí áirithe a bhfuil stiogma orthu ó theaghlaigh a fheiceáil ag teitheadh agus cuireann sé éagsúlacht shóisialta chun cinn.

Sa lá atá inniu ann, is cuspóir é an meascán sóisialta seo a shanntar go sainráite do léarscáil na scoile ag na húdaráis phoiblí, uaireanta curtha i láthair fiú mar riachtanas morálta. Ag cur síos i dtuarascáil ar chás cúig theaghlach as Romainville a chláraigh go calaoiseach a gcuid leanaí, mic léinn mhaithe, ag an ardscoil Condorcet i bPáras, bhí an seanadóir sóisialach Françoise Cartron corraithe in 2012: "The fact of having deprived the Romainville high school of Atáirgeann a chuid mac léinn is fearr [...] éifeachtaí piaraí a dhéanann dochar do rath acadúil na mac léinn a bhfuil meas acu ar an earnáil [14]. I bhfocail eile, bheadh sé de dhualgas ar thuismitheoirí scoláirí maithe a bpáistí a fhágáil le mic léinn nach bhfuil chomh maith sin chun cur chun cinn a dhéanamh. dul chun cinn an dara ceann Ar an gcéad léamh, d'fhiafraigh mé an raibh earráid ann Is ábhar iontais é coincheap radacach, beagnach íobartach a dhearbhú i dtír dhaonlathach agus tá amhras ar dhuine go roinneann tuismitheoirí scoláirí maithe é.

É sin ráite, ba cheart a mheabhrú go bhfuil an meascán sóisialta seo fós ina ghealt ghlan. Sna 1960idí, roinneadh an coláiste i dtrí shruth ordlathach. Ardscoil shóisearach a bhí sa chéad cheann. D'fhoghlaim na leanaí, go háirithe ó chúlraí pribhléideacha, an Laidin agus na daonnachtaí ann sna "ardscoileanna beaga", a tháinig ina dhiaidh sin mar CES (coláistí meánoideachais). D'eascair na coláistí oideachais theicniúil as Alt 2, a bhí dírithe go háirithe ar mhic léinn thromchúiseacha ó chúlraí lucht oibre agus a forbraíodh sna coláistí oideachais ginearálta (CEG), agus d'ullmhaigh na ranganna aistrithe sa tríú sruth do phrintíseacht agus don saol gníomhach. Ní dhearnamar meascadh agus chuir easpa éagsúlachta i ngach catagóir bunaíochta teorainn leis an gcathú dul timpeall ar léarscáil na scoile.

I 1975, chuir athchóiriú Haby deireadh leis na cúrsaí, rud a chruthaigh an coláiste aonair cáiliúil. Ar dtús, bhí sé i ndáiríre uathúil ach amháin in ainm, toisc go raibh go leor mac léinn dírithe ar bhealaí teicneolaíochta nó gairmiúla, go háirithe ag deireadh an cúigiú grád. Ag deireadh na 1970idí, ní raibh ach 40% de na scoláirí a tháinig isteach sa séú bliain isteach sa dara ginearálta. Agus bhí an seans go mbeifí "dírithe", is é sin le rá eisiata ón gcosán a bhain leis an mbaccalaureate ginearálta, ag brath chomh mór ar chúlra sóisialta an dalta agus ar a thorthaí. Ba áit iontach sórtála agus díothaithe a bhí sa choláiste aonair, rud a chruthaigh ranganna aonchineálacha go leor.

D'athraigh rudaí de réir a chéile le linn na 1980í, nuair a laghdaíodh treoshuíomhanna lasmuigh den chosán ginearálta sa choláiste. D'éirigh le fíor-mheascán sóisialta a bheith ann agus sin an áit ar thosaigh na fadhbanna. Ní gá do na haicmí uachtaracha, a choinnigh leo féin ar aon nós sna comharsanachtaí upscale. Ach bhí na meánranganna i mbaol mar gheall ar an meascán sóisialta, agus bhí an baol ann go ndéanfaí meascadh ar a gcuid leanaí le leanaí na n-aicmí oibre i mbunaíochtaí nach raibh chomh tarraingteach agus sna ranganna nach raibh chomh roghnaíoch.

Admhaigh, bhí an t-athchóiriú ag gabháil leis an chuid is mó de na cláir agus riachtanais an CES, oidhre ar an scoil bheag ard. Tá leibhéal teoiriciúil an choláiste aonair go maith mar sin. Ach cuireann na cláir seo luas tapa, oideolaíochtaí cothrom traidisiúnta i bhfeidhm. Bheadh sé ina miracle dá mbeadh na páistí go léir in ann iad a ionsú go tobann. Ón tús, bhí sé intuartha go mbeadh go leor bunaíochtaí go tapa i gcruachás.

Nuair a bhí an réamhaisnéis deimhnithe, rinne na tuismitheoirí a bhain leis na meánranganna iarracht éalú ó na deacrachtaí seo, agus mar sin an srian a chuir léarscáil na scoile orthu.

Straitéisí imchéimnithe a forbraíodh sna 1980í agus sna 1990idí. Is "crann castáin" de phreas na hirise anois é, a dhréachtaíonn fardal de go rialta, agus is mó suime fós ós rud é go bhfuil iriseoirí go beacht mar chuid de na catagóirí sóisialta "faoi bhagairt" ag comhoideachas scoile. Sa lá atá inniu ann, cuirtear oideachas ar 10% de leanaí i gcoláiste poiblí seachas an ceann ina chomharsanacht agus tá 20% san earnáil phríobháideach. Mar sin éalaíonn beagnach leanbh amháin as gach triúr ón gcoláiste poiblí ina cheantar. Is fada uainn an comhionannas. Agus sáraítear na meáin seo go mór in áiteanna áirithe. Níl ach dhá rang is fiche ag Montreuil, mar shampla, ach tá an baile seo de

Dhéanfadh 100,000 áitritheoir a dhá oiread a áireamh dá gcuirfí oideachas ar a dhaoine óga go léir ann [15]. Cá ndeachaigh na daltaí atá ar iarraidh? Níl clann Marianne agus Jérôme ina n-aonar ar maidin, sa meitreo a leanann go Páras! Ar an meán, "imíonn" 12% de dhaltaí CM2 i Seine-Saint-Denis agus iad ag dul isteach sa séú grád.

Conas léarscáil na scoile a shárú ? Níl na hacmhainní in easnamh.

Is é an chéad úsáid a bhaint as oideachas príobháideach. Tá roinnt bunaíochtaí as conradh leis an Oideachas Náisiúnta agus costasach (ó 4,000 euro go ... 30,000 euro in aghaidh na bliana). Ach tá formhór mór na mbunaíochtaí príobháideacha faoi chonradh comhlachais leis an Stát agus is cuid den tseirbhís oideachais phoiblí iad. Tá dearbhú ag tuismitheoirí go leanann siad na cláir agus na cláir náisiúnta agus gur féidir iad a aistriú ó phríobháideach go poiblí gan deacracht. Ós rud é go n-íocann an Stát tuarastail na múinteoirí, tá na bunaíochtaí seo inacmhainne do na meánranganna (ó 1,000 euro go 2,000 euro in aghaidh na bliana).

Ach éalaíonn siad as léarscáil na scoile, rud atá sách díospóireachta freisin agus a d'fhéadfadh na húdaráis phoiblí a chur faoi cheist. Tar éis an tsaoil, má dhéantar clinicí príobháideacha a chomhtháthú i scéimeanna réigiúnacha eagraíochta cúram sláinte, cén fáth nach ndéanfaí an rud céanna sa chóras oideachais? Uaireanta imríonn na bunaíochtaí príobháideacha seo an cluiche meascadh sóisialta agus eitneach. Tá a fhios againn go bhfuil coláistí Caitliceacha ag fáiltiú roimh thromlach na mac léinn Moslamach nó ina n-aontaíonn teaghlaigh na bhfeidhmeannach a gcuid leanaí a chur in ainneoin earcaíochta a bhfuil an-tóir air go príomha.

Mar sin féin, is minic a bhíonn ról an iontaoibh ag scoileanna príobháideacha nuair a fhágann feidhmíocht nó clú na scoile poiblí áitiúla rud éigin le bheith inmhianaithe. Roghnaíonn siad ar comhad, seiceáil an spreagadh an dalta agus a theaghlach; i mbeagán focal, tugann siad bealaí dóibh féin chun torthaí maithe a fháil. Agus tá sé éifeachtach: is iad na bunaíochtaí príobháideacha inniu na cinn is fearr sa Fhrainc, tiocfaimid ar ais chuige seo. Is léir go bhfuil baint ag na léirithe seo leis an lucht féachana a fuarthas. Is gá go mbíonn imní mhór ar thuismitheoirí atá sásta dul chuig an earnáil phríobháideach agus táillí teagaisc a íoc faoi rath acadúil a gcuid leanaí agus réidh le beart a dhéanamh chun é a chur chun cinn, rud atá thar a bheith tábhachtach. Cuidíonn úsáid na hearnála príobháidí go mór leis na bearnaí sa leibhéal idir bunaíochtaí a leathnú. I gcomhthéacs luaineach cosúil le comhthéacs réigiún Pháras, áit a bhfuil tuismitheoirí an-aireach (nó hysterical, ag brath ar do dhearcadh) agus ina bhfuil an rogha scoile fairsing,

    Seo mar a tharla sa bhaile fo-uirbeach ina bhfuil cónaí orm. Bhí cáil ar an ardscoil phoiblí ansin as a bheith dian ar dhaltaí laga, ach éifeachtach. Chuir maolú araíonachta agus roghnúcháin, mar gheall ar chur i bhfeidhm díograiseach na dtreoracha oifigiúla ag an bpríomhoide nua, na teaghlaigh is saibhre ar an eolas láithreach. Thosaigh mé ag fáil glaonna ó chomharsana nó ó chairde a bhí ag iarraidh an scoil ard a sheachaint agus theastaigh uathu a fháil amach an raibh réiteach agam. Chuaigh cuid acu chuig an ardscoil phríobháideach in aice láimhe, a ghnóthaigh cáilíocht trí éifeacht sábha, cuid eile chuig bunaíochtaí níos faide i gcéin. Múinteoirí scoile ard Poiblí ríomh go, na cathrach dea-naoú-graders, sheachain leath scoil ard. Chuir an fhuiliú seo de dhea-eilimintí dlús leis an meath: thóg na daoine a diúltaíodh in áit eile na háiteanna saora i gcríochfort mar gheall ar a ndrochchomhad, uaireanta ag teacht ó i bhfad i gcéin agus a chuir an chigireacht acadúil i bhfeidhm mar gheall ar na háiteanna a bhí ar fáil.

Nuair a bheidh an bíseach diúltach tosaithe, tá sé deacair é a aisiompú. Deirtear go bhfuil eagla ar na margaí airgeadais mar lucha agus go bhfuil cuimhne eilifint acu. D'fhéadfaí an rud céanna a rá faoi thuismitheoirí na mac léinn: go tapa chun an bhunaíocht a thréigean ag meath, ní fhillfidh siad go dtí go bhfuil siad cinnte nach nglacfaidh siad aon bhaol dá sliocht. Deirtear go bhfuil eagla ar na margaí airgeadais mar lucha agus go bhfuil cuimhne eilifint acu. D'fhéadfaí an rud céanna a rá faoi thuismitheoirí na mac léinn: go tapa chun an bhunaíocht a thréigean ag meath, ní fhillfidh siad go dtí go bhfuil siad cinnte nach nglacfaidh siad aon bhaol dá sliocht. Deirtear go bhfuil eagla ar na margaí airgeadais mar lucha agus go bhfuil cuimhne eilifint acu. D'fhéadfaí an rud céanna a rá faoi thuismitheoirí na mac léinn: go tapa chun an bhunaíocht a thréigean ag meath, ní fhillfidh siad go dtí go bhfuil siad cinnte nach nglacfaidh siad aon bhaol dá sliocht.

bhealach eile a úsáidtear go minic chun an cárta scoile a imghabháil, is léir go mbíonn seoltaí bréagacha níos inrochtana dóibh siúd a bhfuil naisc acu sa cheantar ar a mbraitheann an bhunaíocht cháiliúil. Is gá go deimhin deimhniú cóiríochta a thabhairt ar aird. Rogha eile is ea bosca poist a fháil ar cíos. Tá an tseirbhís seo a chuirtear ar fáil ar an Idirlíon dírithe go bunúsach ar fhéinfhiontraithe agus ar ghairmeacha liobrálacha. Cosnaíonn sé idir fiche agus daichead euro in aghaidh na míosa, cur ar aghaidh poist san áireamh. Is féidir tarscaoileadh a iarraidh freisin ar bhonn na háite fostaíochta, b'fhéidir ag baint úsáide as gealltanas bréagach fostaíochta.

Is réiteach radacach é réadmhaoin atá suite go hidéalach a fháil ar cíos nó a cheannach. Is féidir a fheiceáil mar sin go bhfuil an t-éileamh ar dhromchlaí an-bheag (níos lú ná 10 m2) an-ard i gcomharsanacht na n-ardscoileanna mór le rá (Thiers in Marseilles nó Condorcet i bPáras, mar shampla). Is féidir freisin "triúr éan a mharú le cloch amháin": luann Le Particulier cás teaghlaigh Toulouse atá ag lorg stiúideo atá suite in aice le hardscoil iomráiteach Pierre de Fermat, chun teach a thabhairt dá mac is sine ... beirt pháistí eile [16].

Ach ní leor na paráidí seo a thuilleadh. Go deimhin, is cosúil go bhfuil an tOideachas Náisiúnta ag iarraidh troid níos éifeachtaí i gcoinne na gcleachtas seo agus tá na hacmhainní aige chun é sin a dhéanamh. Níos minice agus níos minice, tá roinnt cruthúnais cónaithe agus an fógra cánach comhairle ó theaghlaigh ag teastáil ó bhunaíochtaí. Mar a thuig Marianne agus Jérôme, tá sé an-deacair dul timpeall ar na hiarratais sin. Sna cathracha móra, cuireadh nós imeachta ríomhairithe ar bun in 2008 chun mic léinn a shannadh faoin ainm milis Affelnet. Tá sé i bhfabhar an chritéir maidir le gaireacht gheografach, ach baineann sealbhóirí scoláireachtaí leas as bónas, a athraíonn an earcaíocht ó bhunaíochtaí áirithe. I bPáras, mar shampla, bhí 45% de shealbhóirí scoláireachtaí ag na scoileanna ard Sophie Germain (7ú arrondissement) agus Turgot (3ú arrondissement) in 2012.

Ar deireadh, ní mór dúinn na hidirghabhálacha

polaitiúla a luaitear go minic i mo scoil ard a lua. Baineann siad le roinnt bunaíochtaí, go háirithe sna meánscoileanna. Ach níl naisc Mazarine Pingeot ag gach duine agus tá an feiniméan seo teoranta i gcónaí. Rud nach bhfuil níos inghlactha ó thaobh ceartas sóisialta de...

Ar mhaithe le heaspa a bheith in ann teacht timpeall ar léarscáil na scoile, déantar idirghabháil uaireanta laistigh de scoil mheánmhéide féin: le scoláirí maithe a choinneáil, is féidir leis an mbainistíocht (in ainneoin téacsanna oifigiúla) ranganna aonchineálacha a fhoirmiú nó, ar a laghad, rang maith a leithlisiú. Tá sé seo ar a dtugtar le fada an

"Ranganna CAMIF", ó ainm an iar- chomharchumainn seo a bhí nasctha leis an gciste árachais fhrithpháirteach do mhúinteoirí, toisc gur thug siad leanaí múinteoirí comharsanachta le chéile. Ní bhíonn leisce ar roinnt daoine bualadh le príomhoide an choláiste agus an margadh a chur ina láimh: cruthaíonn sé rang maith, cuirtear ar iontaoibh na múinteoirí is fearr é, nó tarraingíonn siad a bpáiste ón mbunaíocht.

Tá sé léirithe ag staidéar go raibh grúpáil na ndaltaí a bhí ag foghlaim na Gearmáinise mar a gcéad teanga níos minice i gcoláistí faoi mhíbhuntáiste [17].

Seans! Féadfaidh rogha na Laidine nó na Gréigise an ról seo a imirt freisin. Ach is é an marcóir is soiléire ná an aicme Eorpach. Níl sé neamhchoitianta meándifríochtaí ranga de thrí phointe a thabhairt faoi deara idir an tríú Eorpach nó an dara Eorpach agus aicmí eile na bunaíochta céanna. Is minic a ghlacann príomhoidí an straitéis seo maidir le hathghrúpáil agus deighilt, toisc go bhféadann sé féin na gnéithe is fearr a choinneáil, fiú má tá siad feasach ar a drochthionchar. Chomh maith leis an bhfíric go bhféadfadh siad a bheith thíos leis an wrath a n-ordlathas, is féidir é a bheith ina chúis le coimhlintí idir lucht féachana an-difriúil. Is gnách go gcuireann láithreacht scoláirí maithe béim ar theip daoine eile agus ar mhothúcháin an chúlaithe agus na héagóra a d'fhéadfadh a bheith acu. Níl aon rang mionlach gan

" ranganna bruscair ", a bhfuil a n-ainm simplí ag cur síos go híorónta ar an bhforéigean siombalach a mbíonn daoine óga agus tuismitheoirí ag tabhairt aghaidh air.

I dtreo deireadh a chur le léarscáil na scoile?

Ag seachaint léarscáil na scoile tar éis éirí níos casta, tá níos mó meáchain ag baint le dlí iarainn an seoladh. Mar fhreagra air sin, in 2007 leathnaigh an rialtas na féidearthachtaí maidir le maolú, ag feitheamh ar dhíothú iomlán a bhí le tarlú in 2012… ach atá imithe i léig ó shin. Séideann an Stát te agus fuar mar sin, rud a léiríonn na leisce atá air: cuireann léarscáil na scoile teorainn le straitéisí seachanta teaghlach áirithe… ach cuireann sé bac ar na daoine a bhfuil cónaí orthu i gcomharsanachtaí faoi mhíbhuntáiste i mbunaíochtaí nach bhfuil chomh maith sin. Den dá olc, cé acu is lú?

Éalaíonn roinnt ardscoileanna léarscáil na scoile. I bPáras, tá Henri IV agus Louis Le Grand dí-earnálaithe go hiomlán: ní áirítear ach comhad an mhic léinn. I Versailles, áit nach bhfuil aon chárta scoile ann, is féidir leis an scoil ard is fearr na mic léinn is fearr ar comhad a roghnú.

Is féidir seacht gcúis ordlathach le haghaidh maolú a agairt anois: míchumas, cúis leighis, sealbhóir scoláireachta, gairm scoile ar leith, rapprochement de siblíní, an fhíric go bhfuil an áit chónaithe gar don bhunaíocht atá ag teastáil, agus " Eile cúiseanna ". Tugann an "cúrsa scoile speisialta" deis do dhaltaí ceoil nó ilteangacha dul isteach i scoil a chuireann amchláir sholúbtha ar fáil. Is féidearthachtaí eile iad an dara teanga nua-aimseartha a roghnú go luath sa choláiste, an rogha "stair na healaíne" san ardscoil. Tá cinneadh déanta ag an rialtas tionchar na cúise seo a theorannú ó thús na bliana acadúla 2014, toisc go bhféadfadh úsáid roghanna neamhchoitianta a bheith ina chúis shimplí. Tá sé coitianta mar sin do theaghlach atá ag lorg bunaíocht mhaith lasmuigh den earnáil agallamh a iarraidh le ceann na bunaíochta, agus óráid a thabhairt dó mar: "Seo comhad mo linbh. Feiceann tú gur mac léinn an-mhaith é. Cad ba cheart dom a iarraidh air teacht chuig do theach?D'fhéadfadh an freagra a bheith "gníomhaíocht spóirt speisialaithe, rogha eitpheile", mar shampla. Ní dhéanfaidh aon duine scileanna eitpheile an dalta a sheiceáil Gheobhaidh sé an tasc dá rogha féin agus an scoil ard, eilimint mhaith. I bPáras, na " turais

daoine aonair " is ionann agus 48% de na hiarratais ar dhíolúine, trí huaire níos mó ná an chuid eile den Fhrainc. Is féidir an chúis leighis a ionramháil freisin. Iarrtar orm uaireanta mo scoil ard a chomhtháthú, ar bhonn comhaid leighis ina luaitear "neamhoird aire" agus paiteolaíochtaí beagán doiléir, a cheaptar a éilíonn am iompair laghdaithe don mhac léinn, a tharlaíonn go bhfuil cónaí air gar, ach lasmuigh den cheantar ...

    Níor chuir tuismitheoirí ruaig ar na saoirsí nua a tairgeadh dóibh. Idir 2006 agus 2009, mhéadaigh iarratais ar mhaolú ó 6% go 11% de dhaltaí. Tá 60% go 70% sásta, agus mar sin is ionann na maoluithe agus díreach os cionn 7% de na comhaid sannacháin, atá fós íseal [18]. I bhfad níos líonmhaire (36%) i bPáras, níl na hiarratais chomh sásta den chuid is mó (ag 31%) ná mar atá sa Fhrainc ar fad, níl cumas glactha na gcoláistí agus na n-ardscoileanna inchurtha go héigríoch.

Is léir nach mbaineann maoluithe go cothrom le gach catagóir sóisialta. Is annamh a bhíonn gá ag teaghlaigh saibhre leis, mar de réir sainmhínithe tá cónaí orthu san áit a bhfuil na bunaíochtaí maithe. Léirigh suirbhé a rinneadh i Montpellier gurbh iad coláistí na gceantar áille na cinn is fearr a raibh meas ag earcaíocht ar léarscáil na scoile [19]. Is minic a ghlaonn feidhmeannaigh phríobháideacha nó siopadóirí ar oideachas príobháideach. Mar gheall ar easpa eolais, is minic a bhíonn na haicmí oibre sásta leis an mbunú poiblí ina gceanntar. Tá daoine ann fós nach bhfuil na hacmhainní airgeadais acu chun cónaí sna comharsanachtaí is fearr, ach a bhfuil leibhéal oideachais acu a ligeann dóibh eolas a chur ar an gcóras oideachais, agus fios a bheith acu gur féidir díolúintí a fháil, conas iad a fháil agus go bhfuil sé tábhachtach. iad a fháil. Is é an cineál iarrthóir idéalach mar sin an múinteoir. Déanta na fírinne, tá dhá oiread seans ag múinteoirí a bpáistí a chlárú i gcoláiste poiblí seachas coláiste a n-earnála.

Cén fáth nár cuireadh deireadh leis mar gheall ar mhaolú léarscáil na scoile, mar a bhí beartaithe ag Nicolas Sarkozy? Tá a thaifead conspóideach. Tá tréigthe bunaíochtaí áirithe mar thoradh air. Mar sin, creideann oifigigh an choláiste Henri Longchambon, i Lyon, go bhfuil an scíthe, "dá bhféadfadh sé dul chun sochair do dhaoine áirithe, go bhfuil staid a mbunaíochta in olcas" (an cúigiú coláiste is mó faoi mhíbhuntáiste sa Rhône). I bhfianaise líon na mac léinn CM2 atá sa cheantar, ba cheart go mbeadh fáilte curtha aige roimh 190 dalta nua sa séú rang, ach

Níor léirigh ach 120 mac léinn [20]. Le 55 iarratas ar mhaolú in 2010, ba é an coláiste ba mhó a chuaigh i léig sa Roinn, ainneoin an t-ardú iontach a tháinig ar a thorthaí.

Is í fadhb na mbunaíochtaí a seachnaítear ná go gcaillfidh siad acmhainní, toisc go bhfuil siad sin nasctha le líon na foirne: cuireann siad níos lú roghanna ar fáil ansin agus uaireanta bíonn orthu éirí as na bearta a ceapadh chun na fadhbanna a bhíonn acu a réiteach. Is maith nach bhfuil scoil ró-mhór, chun aithne mhaith a chur ar gach dalta, ach níl scoil atá ró-bheag inmharthana. Mar shampla, má dhéanann dalta as gach deichniúr staidéar ar an nGearmáinis, ní bheidh ach ceathrar nó cúigear Gearmánach ag coláiste ina bhfuil ach dhá rang in aghaidh an leibhéil. Ní thairgfear Gearmáinis sa mheánscoil a thuilleadh, rud a fhágann go gcaillfidh sí níos mó mac léinn, nó beidh sé, ar chostas tomhaltas suntasach acmhainní daonna, a chuireann iallach air teagasc eile a íobairt. Cruthaíonn an laghdú ar an líon foirne freisin ciorruithe post, a chuireann isteach ar fhoirne agus a chuireann tionscadail faoi cheist. Ar deireadh, tagann laghdú ar an seans go n-éireoidh leis na bunaíochtaí seo.

Mar sin chuaigh rialtas Hollande sa treo eile. D'fhéadfadh athchóiriú meánscoile deireadh a chur le ranganna Eorpacha agus le roghanna seanteanga, agus mar sin is minic a úsáideann na tuismitheoirí is eolacha chun dul timpeall ar léarscáil na scoile.

I bhfostú idir léarscáil dhocht scoile a thacaíonn le deighilt spásúil agus saoirse rogha a chuireann deighilt shóisialta leis, níl réiteach maith aimsithe ag na húdaráis phoiblí. Is é an chúis atá leis an leamhsháinn seo simplí: tá sé deacair scoil chothromaíochta a thógáil i sochaí nach bhfuil. Eascraíonn an teannas ollmhór a bhaineann le léarscáil na scoile as éagothroime mhéadaitheacha idir bunaíochtaí, i gcomhthéacs elitism níos measa agus deighilt spáis. Ní féidir leo dul in olcas ach de réir mar a thagann tuismitheoirí a bhfuil oideachas níos fearr orthu ar an eolas faoi na saincheisteanna.

Dóibh siúd a bhreathnaíonn ar neamhionannais, tá enigma Francach ann: i dtéarmaí ioncaim, níl an Fhrainc go háirithe míchothrom, i gcomparáid le tíortha forbartha eile. Cuireann obair an OECD (An Eagraíocht um Chomhar agus Forbairt Eacnamaíochta) i riocht meánach [21]. Ina theannta sin, tá rochtain ar scoil saor in aisce agus éigeantach suas go dtí sé bliana déag d'aois. Méadaíodh an tairbhe is mó faoi mhíbhuntáiste ó scoláireachtaí agus na hacmhainní atá beartaithe d'áiteanna faoi mhíbhuntáiste le tríocha bliain anuas. Mar sin féin, ní dhéanann an Fhrainc chomh maith i dtéarmaí éagothroime oideachais ná tíortha ina bhfuil na Scothaicme fós ina measc féin i scoileanna ag 30,000 euro in aghaidh na bliana. Tá sé dochreidte agus fós deimhnithe, bliain i ndiaidh bliana, ag suirbhéanna PISA: "Sa Fhrainc, tá an comhghaol idir cúlra socheacnamaíoch agus feidhmíocht i bhfad níos suntasaí ná mar atá i bhformhór na dtíortha ECFE eile", scríobh na daoine atá freagrach as an suirbhé seo, agus " tá córas oideachais na Fraince níos neamhionann in 2012 ná mar a bhí sé naoi mbliana roimhe sin" [22]. Cuidíonn an chaibidil seo linn a thuiscint cén fáth. Is iad teaghlaigh ó chúlraí pribhléideacha iad siúd a bhaineann an úsáid is éifeachtaí as an gcóras scoile a chuireann an Stát ar fáil do shaoránaigh. Agus éiríonn leo go háirithe toisc go bhfuil siad níos saibhre. Ní hé airgead gach rud, i bhfad uaidh. Ach is é an chéad chúis a bhfuil na bearnaí idir bunaíochtaí ag méadú. Suirbhé SAM ag an bhFondúireacht PEW neamh-pháirteach [23] léiríonn sé go méadaíonn deighilt spásúil éagothroime deiseanna. Tá an scoil i gcroílár an fheiniméan seo.

Caibidil 2 Nótaí

1. Robert P.ARK, "An chathair: moltaí le haghaidh taighde ar iompar daonna i dtimpeallacht uirbeach" (1925), i Scoil Chicago. Breith na héiceolaíochta uirbí, Editions du Champ urbain, Páras, 1979, lch. 125.

2. Tá meánioncaim gach IRIS (cnuasach grúpáilte le haghaidh faisnéise staidrimh), grúpa ina bhfuil tuairim is míle teaghlach, ar fáil ar shuíomh Gréasáin INSEE.

3. Gabrielle FACK agus Julien G.RENET, "Léarscáil scoile agus praghsanna eastát réadach i bPáras", i Denise PUMAIN agus Marie-Flore M.ATTEI(ed.), Urban Data, vol. 6, Economica, Páras, 2011, lch. 181-186.

4. Sandra DUBH, "An bhfuil tábhacht le scoileanna níos fearr? Luacháil tuismitheora ar an mbunoideachas", Quarterly Journal of Economics, u 114 (2), 1999, lch. 577-599.

5. Is mian leis an bpreas, 20 Eanáir, 2015.

6. Eric M.AURIN, Ghetto na Fraince. Fiosrúchán ar deighilteachas sóisialta, Threshold , Páras , 2004.

7. Didier L.APEYRONNIE, Ghetto Uirbeach. Scaradh, foréigean, bochtaineacht sa Fhrainc inniu, Robert Laffont, Páras, 2008.

8. FAIREACHÁN ONÁISIÚNTA AR LIMISTÉIR Íogaire Uirbeach, Tuarascáil 2013, Les Éditions du CIV, Páras, 2013, lch. 90.

9. Laurent VISIER agus Genevieve ZOIA, Léarscáil na scoile agus an chríoch *uirbeach* , PUF, Páras, 2009.

10. BRÉACHTÚ ONÁISIÚNTA AR LIMISTÉIR Íogaire Uirbeach, Tuarascáil 2013, op. cit.

11. Féach, mar shampla, Anne CLERVAL, Páras gan na daoine. Cinsireacht na príomhchathrach, La Découverte, Páras, 2013.

12. "Bobos, imircigh: dhá "rang" ag gabháil do lár na cathrach", Île-de-France 2030, 2 Nollaig 2013.

13. T

14. Tuarascáil faisnéise u ^{617} (2011-2012) ón Uasal Françoise Cartron, arna déanamh thar ceann an Choiste um Chultúr, um Oideachas agus um Chumarsáid, a cuireadh síos an 27 Meitheamh 2012.

15 . Ibid., lch. 37.

16. "Treisíonn léarscáil na scoile praghsanna: spreagann bunaíochtaí liostaithe éileamh i bPáras agus sna cúigí", Le Particulier immobilier, n^{oh} 292, Nollaig 2012,

17. Monique GIRY-VSOISSARD agus Xavier N.IEL, "Aonchineálacht agus Éagsúlacht ranganna i gcoláistí poiblí", Nóta faisnéise, n ᵒʰ 97-30, an Aireacht Náisiúnta Oideachais, Iúil 1997.

18. Amharc ar Gabrielle FACKand Julien G.RENET, Tuarascáil mheastóireachta ar sholúbthacht léarscáil na scoile, CEPREMAP, Páras, Eanáir 2012.

19. Laurent VISIER agus Genevieve ZOIA, Léarscáil na scoile *agus an chríoch uirbeach*, op. cit.

20. Tuarascáil faisnéise uimh 617 (2011-2012) le Françoise Cardron, op. cit.

21. Aistríonn an t-innéacs Gini éagothromaíochtaí faoi uimhir idir 0 (comhionannas foirfe) agus 1 (éagothroime iomlán). Tá an Fhrainc (0.30) beagán níos neamhchothrom ná an Danmhairg (0.25) nó an tSualainn (0.27), ach níos lú ná na Stáit Aontaithe (0.38), an Ríocht Aontaithe (0.34) nó an Spáinn (0.34).

22. OECD, torthaí suirbhé don Fhrainc PISA, 2012.

23. "Soghluaisteacht agus an cathair. Mar a chuireann pobail san áireamh soghluaisteacht eacnamaíoch", Tuarascáil ó iontaobhais charthanachta PEW, Nollaig 2013.

3
Craicne tacaíochta scoile

"Nuair nach bhfuil leanbh ag dul chun cinn, caithfidh sé éirí as [modhanna nach n-oireann dó] [1]. »

E gan teacht ar an Lycée Quesnay, bhí díomá orm le leibhéal na cainte agus eagrú na mac léinn. Bhí cuma an-lag ar mo chuid smachta fiú. Mar sin féin, tá na torthaí foriomlána go maith. Cén fáth a n-éiríonn le mic léinn laga Quesnay éirí as agus a mbac a bhaint amach? Fuair mé an freagra go tapa.

I mí Eanáir, d'aisiompaigh mé sceidil dhá ghrúpa mac léinn sa rang céanna, ionas nach raibh duine amháin faoi mhíbhuntáiste i gcomparáid leis an gceann eile. Tháinig Mara chun iarraidh orm a grúpa a athrú chun an sceideal céanna a choinneáil. Dúirt mé léi cén fáth go raibh sé dodhéanta agus thosaigh sí ag caoineadh. Nuair a bhí sí in ann labhairt, mhínigh sí an fhadhb dom: bhí ceacht príobháideach matamaitice aici ar an sliotán ama seo agus bhí sé an-deacair é a bhogadh. oíche Déardaoin? Bhí a ceacht staire príobháideach aici. Dé hAoine ? Fealsúnacht. San iomlán, ghlac sí ceachtanna príobháideacha i gcúig dhisciplín éagsúla, rud nár mhúin mórán di go léir, ach a chuir an oiread sin suaimhneas uirthi gur chosúil go raibh sé dodhéanta di gan iad a dhéanamh. Bhris mé an t-ábhar seo le mo mhic léinn agus fuair mé amach nach raibh a chás neamhchoitianta.

Go ginearálta, is cosúil go bhfuil tuismitheoirí a bhfuil airgead acu réidh chun íoc as ceachtanna príobháideacha dá leanaí gan aon teorainn fíor, as easpa ama chun cabhrú leo féin, as easpa a bheith in ann leanúint ar aghaidh ag cabhrú leo go díreach nuair a éiríonn na hábhair níos teicniúla agus mar gheall ar. ní bhíonn sé éasca i gcónaí obair a dhéanamh do do leanaí féin, atá tar éis éirí ina ndéagóirí agus atá go héasca reibiliúnach. Ar ndóigh, ní féidir le "cúrsaí beaga" gach rud a dhéanamh, go háirithe nuair a thagann sé chun seanbhearnaí a líonadh. Dúirt comhghleacaí liom faoi mhac léinn: "I an tuiscint nach dtuigeann sé cad is uimhir ann. Mar an gcéanna, tar éis blianta oibre agus cleachtaí éagsúla, leanann cuid acu ag dul as ábhar agus ag freagairt ar an gclaí. An n-athródh méadú ar na dáileoga rud ar bith?

Ina theannta sin, tá teorainn leis an ualach oibre is féidir a chur ar leanaí óga. Is cuimhin liom focail athar a bhí ag iarraidh a chur ina luí orm go raibh ar a iníon pas a fháil ón dara go dtí an chéad ES d'ainneoin a torthaí neamhleor: "Agus má oibríonn sí an samhradh ar fad roinnt uaireanta sa lá? Ní féidir léi dul ó 8/20 go 10/20? Sea, ach cén costas? An éireoidh le mac léinn a bhfuil an samhradh caite aige ag lúbadh thar a chuid leabhar leanúint ar aghaidh an bhliain dár gcionn? Nach ndiúltóidh sé don scoil? "D'oibrigh mé ar mire chun an intéirneacht leighis a fháil agus tá a fhios agam go n-íocann an obair," ar sé.

Amhail is dá mbeadh an dá chás inchomparáide!

Ní mór dúinn a bheith san airdeall mar sin faoin smaoineamh gur infheistíocht iad ceachtanna príobháideacha is féidir linn a charnadh gan teorainn má tá na hacmhainní airgeadais againn chun é sin a dhéanamh. Níl na torthaí i gcomhréir le líon na gcúrsaí. Tá éifeachtúlacht ragoibre, cosúil le hinfheistíocht gach infheistíochta, faoi réir an dlí maidir le torthaí laghdaithe: laghdaítear é de réir mar a mhéadaíonn toirt.

Nuair a bheidh na háirithintí seo déanta, ní mór a aithint go bhfuil ceachtanna príobháideacha i ndáiríre éifeachtach. Bíonn siad ar siúl ar luas an mhic léinn, iachall ar aird áirithe. Bíonn an scoláire gníomhach go minic, cé go mbíonn sé deacair rang iomlán a bheith páirteach ann. Is féidir le teagasc príobháideach muinín an mhic léinn a raibh gráid laga aige nó aici nó a mhothaíonn nach dtuigeann siad a thabhairt ar ais freisin, trí dheis a thabhairt dóibh ceisteanna a chur gan eagla a bheith orthu go nglactar leo mar amadán. Admhaím é, mothaím corruair uaireanta nuair a ardaíonn mic léinn a bhfuil aithne orthu as a gcuid míthuiscintí a lámha chun ceist a chur sa rang. Is dóigh liom mar an cúl báire ag am an phionóis, ag smaoineamh ar cén treo a rachaidh sé. I gceachtanna príobháideacha, is leor go bhfuil an múinteoir dearfach,

Ar deireadh, tá cás an scoláire ag dul i ngleic le múinteoir atá ag teip. Tá mé i riocht maith fios a bheith agam go bhfuil sé ann. Comhairle ranga teirminéil, i scoil phoiblí ard: an múinteoir fealsúnachta is eol do uaireanta dozing amach sa rang, beag ullmhú le haghaidh a chuid ceachtanna, ag tosú a sheisiúin déanach agus ag críochnú leo go luath. Bíonn troideanna le hionadaithe na dtuismitheoirí agus na mac léinn go minic le linn cruinnithe comhairle. An bhfuil sé seo gnáth duit? Náire ginearálta. an

príomhoide an múinteoir go hobann, a bhfuil cuma nach bhfuil aon imní air agus tarraingíonn sé go díograiseach ar an mbileog a shonraíonn gráid na mac léinn. Idir an dá linn, n'fheadar conas atá ag éirí leis na ceithre dhalta dhéag nach nglacann ceachtanna breise...

Tá eagraíochtaí príobháideacha ag sleamhnú isteach sna bealaí éalaithe go tapa freisin. I rang ullmhúcháin ag ardscoil mhór le rá i bPáras, thug na mic léinn dúshlán do scileanna múinteora agus thosaigh siad ag tréigean a ranganna. I gceann cúpla seachtain, chuir comhlacht teagaisc cúrsa ar bun san ábhar céanna agus ag na hamanna céanna, rud a d'fhág go raibh náire as láthair na mac léinn, nach raibh aon intinn acu a gcuid seansanna sna comórtais a chur i mbaol. Réitíodh an fhadhb trí "exfiltrating" discréideach a dhéanamh ar an múinteoir i gceist.

"Is leanbh aineolach é leanbh atá i gcruachás ... a chuid láidreachtaí"

"Tá todhchaí iontach fós le sárú ag tacaíocht scoile: daonra atá ag dul i méid de leanaí 6-19 bliana d'aois, imní méadaitheach i measc tuismitheoirí agus daltaí in aghaidh dífhostaíochta atá ag ardú, faitíos roimh íosghrádú, easpa muiníne sa chóras scolaíochta. "Ní mise a deir é, ach Xerfi [2], speisialtóir aitheanta i dtaighde margaidh, a thugann 185 leathanach do staidéar ar an margadh teagaisc, measta idir 1.5 billiún agus 2 billiún euro in aghaidh na bliana. Creideann Xerfi freisin go bhfuil an margadh seo tearc- shaothrú.

Ach tá sé ar an gceann is mó san Aontas Eorpach cheana féin. I suirbhé 2009 ar ghnóthachtáil mac léinn, chuir an OECD ceist faoi theagasc. Dealraíonn sé go bhfuil an tacaíocht seo forbartha go háirithe i dtíortha na hÁise, mar gheall ar bhrú scoile dian, agus in Oirthear na hEorpa, mar gheall ar mheath an chórais scoile. Tá an Fhrainc díreach taobh thiar den dá ghrúpa tíortha seo, ar mheascán den dá chúis is dócha. Faigheann ceathrú de pháistí cúig bliana déag d'aois ceachtanna tacaíochta ina máthairtheanga sa Fhrainc, i gcomparáid le dhá thrian sa Chóiré... ach ní dhéanann ach duine as gach dáréag san Fhionlainn. Sa mhatamaitic, tá an chodarsnacht níos airde fós, toisc gurb é an t-ábhar is roghnaíoch é sa Fhrainc: déanann 38% de dhaltaí cúrsaí tacaíochta, i gcomparáid le 10% san Fhionlainn.

De réir an tsocheolaí Jean-Paul Caille, baineann duine as gach deichniúr mac léinn sa séú grád leas as teagasc íoctha [3]. Ní feidhmeannaigh is minice a úsáideann teagasc sa séú grád, ach ceannairí gnó, gairmeacha liobrálacha agus ceardaithe, trádálaithe.

San iomlán, meastar go mbeidh 40 milliún uair an chloig de cheachtanna bliantúla ag an Ionad um Anailís Straitéiseach [4], ie meánbhuiséad do thuismitheoirí de 1,500 euro in aghaidh na bliana le haghaidh 40 uair tacaíochta, agus 36.50 euro ar an meán á sonrasc ar uair na gceachtanna. Ní dhéanann cuideachtaí san earnáil ach timpeall 5 mhilliún uair an chloig, nó 12.5% de na huaireanta a dháiltear, agus go bunúsach is obair neamhdhearbhaithe a rinne múinteoirí agus mic léinn an chuid eile. Tá sciar na gcuideachtaí tar éis titim le blianta beaga anuas, b'fhéidir mar gheall ar an ardú ar chánacha agus ranníocaíochtaí, a chuir isteach ar gach seirbhís phearsanta. Is beag líon na gcuideachtaí seo, agus is iad Academia agus Complétude na cinn is tábhachtaí.

Chun a fhorbairt, corraigh siad an mothú ar neamhshlándáil scoile: tá an scoil phoiblí eagraithe go dona, docht, ní thuigeann do leanbh. Sampla iontach a thug an feachtas fógraíochta a sheol Academia i bhfómhar na bliana 2013: i gcló trom, "Is leanbh aineolach é leanbh i gcruachás", ansin, i gcló éadrom, "...a láidreachtaí". Is é an chéad leibhéal a léigh an mana seo ná go raibh an fógróir ag iarraidh turraing a dhéanamh leis an ráiteas tosaigh, chun aird a tharraingt, sula gcuirfí béim ar chumas Académia láidreachtaí an mhic léinn a aimsiú agus a aibhsiú. Ach tá an dara leibhéal léitheoireachta ann:

tugann an mana le fios go ndéanann an scoil neamhaird ar láidreachtaí leanaí, agus dá bhrí sin a gcuid deacrachtaí. Tá sé níos éifeachtaí fós toisc go bhfuil sé fíor i bpáirt. Tá a fhios againn go ndéanann ár scoil measúnú ar inniúlachtaí agus scileanna áirithe níos mó ná a chéile agus go bhfuil sé andeacair gach rud faoi gach duine a mheá i ngrúpa de thríocha dalta. Tá a fhios againn freisin go bhfuil sí roghnaíoch, agus is beag aird a thugtar ar indibhidiúlacht gach duine... rud a chiallaíonn go néiríonn níos fearr le foireann an Acadaimh.

I gcóras iomaíoch, tá sé mar aidhm ag teagasc buntáiste a thabhairt do do leanbh. Tá próiseas boilscithe mar thoradh ar an loighic seo gan dabht: má tá tacaíocht ag leanaí daoine eile sa chríochfort freisin, ní mór go mbeadh tacaíocht ón dara ceann agamsa chun dul ar aghaidh. Agus má fhaigheann an tromlach tacaíocht sa dara háit, caithfidh mé tosú níos luaithe. Téann an mheicníocht dÚsachtach seo ar bhealach fada, ós rud é go dtugann an grúpa Methodia teagasc ón gcúrsa ullmhúcháin, go háirithe cúnamh leis an obair bhaile (cuimhnigh go bhfuil cosc ar obair bhaile sa bhunscoil). Ní féidir linn a dhéanamh níos fearr.

Go deimhin, tá: cuireann na "mionscoileanna" gníomhaíochtaí ar fáil, go háirithe foghlaim an Bhéarla, ón naíscoil. Buaileann na tionscnaimh seo le tacaíocht na dtuismitheoirí, coinníollaithe leis an smaoineamh go gcaithfear tacaíocht a thabhairt don leanbh, go praiticiúil ón chliabhán: "Ní leor do leanbh a thabhairt ar scoil, moltar go mór monatóireacht a dhéanamh ar a dhul chun cinn acadúil ... A bhuíochas leis an Idirlíon , tá suíomhanna atá tiomnaithe do thacaíocht scoile ag feabhsú i gcónaí chun tasc na dtuismitheoirí a dhéanamh níos éasca [...] Beidh bileoga tacaíochta scoile agat mar sin lena n-áirítear cleachtaí praiticiúla agus ceachtanna [5]. Is é an sprioc ná "éirigh leis an naíscoil"! labhraíonn an tIdirlíon le haghaidh bileoga teagaisc dá leanaí ceithre nó cúig bliana d'aois go leor faoi dhearcadh ár sochaí i leith na scoile, strus tuismitheoirí agus eagla don todhchaí.

Ar labhair Mediapart leis, déanann príomhfheidhmeannach scoile Belleville achoimre iontach ar a bhfuil ag tarlú:

Tá teannas neamhghnách i measc caomhnóirí, ag tosú i kindergarten. Tá sé ar fheabhas. Ba cheart go mbeadh baint aige leis an éigeandáil airgeadaíochta. Ní mór do theaghlaigh a n-óg a chlárú bliain roimh an aois tipiciúil. Cinntíonn siad go mbeidh a n-óganach gan spot! Chonaic príomhfheidhmeannach áitiúil athair ag gol dá chailín bliain chun tosaigh ar an sceideal, sa chás go raibh uirthi grád a athbhunú lá amháin. Feicimid daoine óga áibhéalacha, ró-infheistithe. Cé a chuireann ualach róthromchúiseach in iúl[6].

Le feiceáil ó phointe eile, is é an teannas seo an príomhspreagadh suntasach taobh thiar d'úsáid na cóitseála. Le linn sos na maidine, níor chuimhnigh beirt pháistí beaga ar mo láithreacht agus tá siad ar cuairt go neamhfheiceálach cúpla méadar ón ionad oibre. Soiléiríonn duine amháin, understudy réasúnta maith agus dá dtabharfainn an dia mór gan ligean isteach, dá compánach go raibh uirthi féachaint ar an bpost, an tuairisc scoile a ghabháil, í a scagadh, grád agus meas a athrú, é a phriontáil agus cuir ar ais chuig clúdach é i bhfianaise na fírice go mbeadh [a] mháthair imithe as an deireadh domhain ag féachaint ar an nóta uimhriúil. [She would have] been sequestered for quite a long".

Díreach roimh gach tástáil, cuireann Cécile ríomhphost chugam ag meascadh fiosrúcháin maidir leis an gcúrsa agus tuairimí diúltacha ("Is dóigh liom go mbuafaidh mé an tástáil seo"). Agus í ag fáil amach go bhfuil a cuid cainte soiléir Fraincise le múinteoir faitíos tugtha ar aghaidh le cúpla uair an chloig, rachaidh Hermine ar urlacan sa leithreas. Téann Maxence i gcéill trí eochair fhreagra a chóipeáil a oiread agus is féidir a tógadh ón Idirlíon ag baint úsáide as a ríomhaire glúine i bhfolach ina threalamh (mionsonraí corraitheacha: freagraíonn an eochair fhreagra ábhar eile). Dé Máirt, fanann Lise agus caithfear í a thabhairt chuig an otharlann. D'ól sí an ceathrú cuid de rum, díreach chun aghaidh a thabhairt ar lá an ranga níos éasca.

Traenála, seirbhís ard-deireadh

Chomh maith le teagasc, tá an oiliúint ag forbairt. Is éard atá i gceist leis go háirithe cur ar dhaltaí machnamh a dhéanamh ar a gcaidreamh leis an scoil, ar a modhanna oibre, ar thrialacha treoshuímh a dhéanamh agus cuidiú leo leis na céimeanna atá le déanamh, go háirithe chun dul isteach san ardoideachas. Mar sin faighim teachtaireachtaí go rialta ó chóitseálaithe ag míniú dom conas comhaid a gcliant ar mian leo clárú in ollscoileanna eachtracha a chomhlánú. Thairg cóitseálaí thar a bheith clumsy fiú litir mholta a scríobh dom ("comhartha díreach") do dhuine de mo mhic léinn sa bhliain dheireanach!

De ghnáth déantar an chóitseáil mar sheirbhís ardleibhéil, mar a thugann an t-ainm a fuarthas ar iasacht ó shaol na ngnólachtaí móra agus feidhmeannaigh le fios. Sa timpeallacht seo, go deimhin, úsáidtear seirbhísí cóiste chun machnamh a dhéanamh ar a bplean gairme, chun aghaidh a thabhairt ar phost nua le níos mó muiníne nó chun deacrachtaí gairmiúla sealadacha a shárú. De réir analaí, caithfidh cóitseáil scoile cuidiú leis an dalta machnamh a dhéanamh ar a chlaonadh, ar a chleachtais, ar a inspreagadh agus chun cosán scoile a tharraingt ar aon dul lena phearsantacht. Mar sin is obair éisteachta agus malairte é a mbíonn deacracht ag tuismitheoirí a dhéanamh iad féin.

Téann na praghsanna as láimh a chéile leis an bpróifíl barr-an-raoin seo: tairgtear dhá sheisiún tástála agus seisiún oiliúna aonair ó 450 euro lena n-áirítear cáin ag Ionis-tutoring.fr. Gearrann Objectif Postbac 95 euro in aghaidh na huaire ar an seisiún... rud nach bhfuil costasach, i gcomparáid le gníomhaíochtaí eile, a mhíníonn an chuideachta ar a láithreán:

Chun comparáid a dhéanamh, roinnt praghsanna: oiliúint gutha (stiúideo Lorenzo Pancino): 200 i/h; seisiún smidiú (institiúid áilleachta sna cúigí): i245 ar feadh tráthnóna; comhairliúchán síciteiripe iompraíochta (Páras 13): 150 i le haghaidh H h, le 20 seisiún ar an meán; cúrsa eitilte don cheadúnas píolótach príobháideach (Aéro-Club de l'Ouest parisien): 164 i/h, le 40 uair an chloig ar a laghad; ceacht kitesurfing príobháideach (Hérault): 180 i/u.

Is dearcadh é . Léiríonn an liosta gníomhaíochtaí seo cé acu lucht féachana a ndírítear orthu. Tuigfimid freisin go bhfuil an mhír "Cé mhéad a chosnaíonn oiliúint le OPB" léirithe le grianghraf de chárta American Express Centurion, atá curtha in áirithe do chustaiméirí a chaitheann ar a laghad 150,000 euro in aghaidh na bliana.

Is é an pointe díola oiliúna ná tástáil phearsantachta. Tá go leor mac léinn neamhchinnte faoina dtreoshuíomh. Iarrtar orthu, áfach, fios a bheith acu go han-luath agus go beacht cad ba mhaith leo a dhéanamh agus a n-imthosca a aimsiú i raon de chúrsaí oiliúna atá ag méadú i gcónaí. I mbéil go leor comórtas, ón mbaccalaureate, fiafraítear den iarrthóir cad é a thionscadal staidéir, fiú a thionscadal gairmiúil, a bhfuil meas ag an ngiúiré ar a chomhsheasmhacht leis na staidéir a dhéantar. Níl aon smaoineamh ag go leor daoine óga seacht nó ocht mbliana déag, gan taithí ar shaol na hoibre. Mar sin déanann siad tástálacha treoshuímh, ag súil go n-inseoidh an meantóir dóibh: "Tá do charachtar, do chumas scrúdaithe agam agus seo an t-ullmhúchán a oireann duit. Is léir go bhfuil an iontaoibh seo díchríochnaithe. Mar sin féin, d'fhéadfadh teagasc a bheith ina chabhair do pháistí ó bhunsraitheanna speisialta. Den chuid is mó ó shaol an ghnó agus iad cinnte go bhfuil uirlisí níos fearr acu seachas Oiliúint Phoiblí, cuireann meantóirí ina luí ar cheannairí a bhfuil aithne acu ar an gcumas sin. .

Mar is léir, ní simplí an t-am ar fad é bheith ina fhostaidéar ar François Quesnay. Tagann an brú ó gach taobh: caomhnóirí, teagascóirí, understudies iad féin, a bhfuil tiomantas chun rath. Tá sé ollmhór, anois agus ansin unendurable.

Ní fhaca mé a leithéid de thrioblóidí meabhracha a bhain leis an scoil i scoil ar bith eile. Mar an gcéanna tairgtear cruinnithe soifreolaíochta do mhic léinn i réamhranganna. Go héigeantach ar choinníollacha, iompaíonn strus isteach i margadh suntasach. I measc na socruithe atá á dtairiscint tá soifreolaíocht go hoiméapaite, trí theiripe snáthaidí agus litriú feabhais. Tar éis dúinn a bheith athdheartha, réidh, oilte, seo ár gcuid fostaidéir dí-bhrú.

Ról na sochar cánach

Ó 2005, baineann speansais a bhaineann le teagasc leas as laghdú cánach de 50% den mhéid a íocadh iarbhír. Cuireadh creidmheas cánach den mhéid céanna leis in 2007, ionas nach gcuirfí teaghlaigh neamh-inchánach faoi mhíbhuntáiste. Is é cuspóir na forála seo ná seirbhísí a chur chun cinn do dhaoine aonair, agus dá bhrí sin fostaíocht, agus laghdú a dhéanamh ar obair neamhdhearbhaithe. Cuirtear teorainn leis an asbhaint. Méadú go mór sna 2000í, is é an uasteorainn seo ná 12,000 go 15,000 euro ag brath ar líon na leanaí, rud a fhágann gur féidir íoc as go leor uaireanta tacaíochta. Tá an sochar seo mar chuid de na bealaí éalaithe cánach freisin, a bhfuil teorainn ar a méid iomlán.

Tá ról ríthábhachtach ag an mbuntáiste cánach i rathúlacht na gcuideachtaí teagaisc, a bhfuil a múnla eacnamaíoch thart ar seo a leanas: gearrann siad 36.50 euro ar feadh uair an chloig de cheachtanna agus íocann siad thart ar 15 euro don fhostaí, a gcuirtear ranníocaíochtaí sóisialta breise leo. Is é costas tuarastail an chomhlachta ná thart ar 27 euro. Úsáidtear an corrlach de 9.50 euro chun luach saothair a thabhairt d'fhostaithe buana, íoc as oifigí, srl. Níl an méid atá fágtha ag na scairshealbhóirí antábhachtach mar sin. Chun a struchtúr a amúchadh agus airgead a dhéanamh ar a gcuid fios gnó, tá na cuideachtaí seo ag seoladh isteach i seirbhísí coimhdeacha freisin (cúram leanaí, mar shampla). Bheadh a marthanacht i mbaol dá n-imeodh an buntáiste cánach. Do thuismitheoirí, is é an costas in aghaidh na huaire ná 18.25 euro nuair a bheidh an sochar cánach asbhainte. Na roghanna eile: téigh go dtí freelancer, a íoctar i bhfostaíocht-seirbhís dearbháin, a chosnóidh beagán níos lú, mar gheall ar an easpa struchtúr chun íoc, nó a bheidh le híoc neamhdhearbhaithe. Sa chás seo, ní íocann an soláthraí seirbhíse táillí sóisialta ná an CSG (ranníocaíocht shóisialta ghinearálta) agus mar sin is féidir leis beagán níos mó a thuilleamh, fiú má chailleann na tuismitheoirí an buntáiste cánach. Íoctar thart ar 37 euro (comhlán, ach tá na táillí an-íseal ar ragobair) le múinteoir deimhnithe a thugann uair an chloig breise de cheachtanna), agrégé, 52 euro, múinteoir i rang ullmhúcháin ó 71 go 121 euro, ag brath ar an gcás. . . Tá sé an-deacair mar sin do chuideachtaí teagaisc a fhostú nach n-íocann an soláthraí seirbhíse táillí sóisialta ná an CSG (ranníocaíocht shóisialta ghinearálta) agus mar sin is féidir leo beagán níos mó a thuilleamh, fiú má chailleann na tuismitheoirí an buntáiste cánach. Íoctar thart ar 37 euro (comhlán, ach tá na táillí an-íseal ar ragobair) le múinteoir deimhnithe a thugann uair an chloig breise de cheachtanna), agrégé, 52 euro, múinteoir i rang ullmhúcháin ó 71 go 121 euro, ag brath ar an gcás. . . Tá sé an-deacair mar sin do chuideachtaí teagaisc a fhostú nach n-íocann an soláthraí seirbhíse táillí sóisialta ná an CSG (ranníocaíocht shóisialta ghinearálta) agus mar sin is féidir leo beagán níos mó a thuilleamh, fiú má chailleann na tuismitheoirí an buntáiste cánach. Íoctar thart ar 37 euro (comhlán, ach tá na táillí an-íseal ar ragobair) le múinteoir deimhnithe a thugann uair an chloig breise de cheachtanna), agrégé, 52 euro, múinteoir i rang ullmhúcháin ó 71 go 121 euro, ag brath ar an gcás. . . Tá sé an-deacair mar sin do chuideachtaí teagaisc múinteoir ranga ullmhúcháin a fhostú ó 71 go 121 euro, ag brath ar an gcás. Tá sé an-deacair mar sin do chuideachtaí teagaisc múinteoir ranga ullmhúcháin a fhostú ó 71 go 121 euro, ag brath ar an gcás. Tá sé an-deacair mar sin do chuideachtaí teagascóirí gairmiúla cáilithe a fhostú. Ag an Lycée Quesnay, tá na rátaí thart ar 40 go 60 euro in aghaidh na huaire neamhdhearbhaithe. Mar sin baineann cuideachtaí teagaisc úsáid as seirbhísí mac léinn fochéime nó máistreachta 1 go príomha.

Ní féidir a rá mar sin gur le cánachas a chruthaigh an margadh teagaisc. Ar a mhéad, chuir sé ar chumas roinnt cuideachtaí speisialaithe a bheith rathúil , i margadh ar scála beag agus nach raibh rialaithe go dtí seo. An bhfuil rochtain níos fearr ag teaghlaigh ar ioncam íseal ar an teagasc? B'fhéidir go gceapfaí é sin, toisc go bhfuil na cuideachtaí éasca le rochtain dóibh siúd nach bhfuil aon teagmháil phearsanta acu i measc ardscoláirí nó múinteoirí. Laghdaíonn an buntáiste cánach praghsanna beagán freisin, ar choinníoll go n-éiríonn tú as múinteoir cáilithe a fhostú.

Tá tábhacht ar leith ag baint leis an rochtain seo ar thacaíocht do dhaltaí níos óige. Sa séú grád, de réir staidéar Jean-Paul Caille, baineann an t-éileamh ar theagasc leis na daoine is laige, ar de bhunadh measartha iad go minic. Tá cumas na dtuismitheoirí chun cabhrú le leanaí cinntitheach. Mar sin is iad na múinteoirí is lú a úsáideann é agus is mó a úsáideann inimircigh é ná an meán, fiú ag an leibhéal scoile céanna. Baineann na daoine is saibhre úsáid i bhfad níos mó as teagasc. Ach, mar sin, an rogha is boichte dó beagán níos mó ná na meánranganna. Is léiriú é seo ar an imní atá ar theaghlaigh nach bhfuil an-threalamh orthu chun deacrachtaí scoile a bpáistí a bhainistiú agus ar mhinicíocht deacrachtaí níos minice. Dá bhrí sin tá an smaoineamh ar theagasc in áirithe do na saibhir bréagach. Mar sin féin, níl an méid atá fíor sa séú grád fíor ag gach leibhéal. Maidir le daltaí scoile ard agus, thar aon rud eile, cóitseáil, tá tionchar an ioncaim riachtanach.

Níl an buntáiste cánach d'aon toil. Mar gheall ar leasú ar an mbille airgeadais 2010, imíonn sé. Cuireadh ar ais é níos déanaí, faoi bhrú ón rialtas. Nuair a bheidh sé i gcumhacht, níor cheistigh an taobh clé, a vótáil i gcoinne an buntáiste cánach a athbhunú, é go dtí seo. Bhain tacaíocht scoile leas freisin as ranníocaíochtaí leasa shóisialaigh ar ráta comhréidh, a dearbhaíodh amhail is gur íocadh an t-íosphá leis an bhfostaí. Nuair a cuireadh deireadh leis an mbuntáiste seo in 2013 bhí ceachtanna príobháideacha níos costasaí thart ar dhá euro in aghaidh na huaire.

Is léir argóint na n-aghaidheanna ar an mbuntáiste cánach a thugtar don teagasc: cosnaíonn sé 300 milliún euro in aghaidh na bliana, go príomha ar mhaithe leis na cuideachtaí is pribhléidí agus is teagascóirí. An méid a dúirt Leas-UMP Lionel Tardy in 2009: "Úsáidtear an creidmheas cánach, is é sin le rá airgead poiblí, go bunúsach chun brabúis na gcuideachtaí príobháideacha seo a inbhoilsciú. Ní raibh laghduithe praghais do theaghlaigh mar thoradh ar an gcúnamh cánach seo ná chun soláthar ardchaighdeáin a ghiniúint [8]. Tuigtear freisin argóint lucht tacaíochta an bhuntáiste seo: is ceist í an ghníomhaíocht seo a ghairmiú agus í a thabhairt amach as an neamhdhleathacht, ar mhaithe le Slándála Sóisialta. Tugann siad le fios freisin go ndéanann an t-ioncam ó ranníocaíochtaí leasa shóisialaigh a chothaítear a fhritháireamh go páirteach costas an bhuntáiste cánach. Ar an iomlán, shíl mé go bhféadfainn a thaispeáint go raibh rath ar an margadh teagaisc do na daoine is pribhléidí mar gheall ar an mbealach éalaithe cánach a chruthaigh an Stát. Tá an réaltacht i bhfad níos nuanced.

An Dlí agus na hEolaíochtaí Imirt cheilt agus a lorg leis an earnáil phríobháideach

Tarlaíonn teagasc freisin tar éis an bhac. Tá samhail an staidéir leighis, a chuirtear i láthair sa réamhrá, scaipthe go réimsí eile. Cuireann go leor cuideachtaí príobháideacha cúrsaí, intéirneachtaí agus scrúduithe bréige ar fáil sa dlí, chomh maith leis na cúrsaí a chuireann an ollscoil ar fáil. Mar atá sa leigheas, cuirtear na hullmhúcháin seo in oiriúint do shainiúlachtaí gach ollscoile. Is minic a leagtar béim ar na hollscoileanna is creidiúnacha agus is roghnaíoch, amhail Paris-II agus Aix-en-Provence. Mar a tharlaíonn i gcúrsaí leighis, cuirtear tús le fógraí do na hullmhúcháin seo trí bhéim a chur ar an mac léinn agus ar a theaghlach ("72% de mhic léinn a gcéad bhliain arís"), sula ndíoltar seirbhísí éagsúla leo.

Cén fáth ar an dlí? Toisc gurb é, leis an leigheas, an t-aon réimse nach dtugann (nó is beag) dúshlán don ollscoil ag scoileanna móra. Mar sin meallann sé, i líon níos mó ná cúrsaí eile, mic léinn ó chúlraí saibhre atá sásta infheistíocht a dhéanamh ina gcuid staidéir. Tá tuismitheoirí feidhmiúcháin ag 36% de mhic léinn dlí, i gcomparáid le 25% de mhic léinn eacnamaíocht, mar shampla. Mar sin tá éileamh tuaslagóir ann. Ina theannta sin, tá na heasnaimh chéanna ag baint le scoileanna dlí agus atá sa leigheas, más rud é nach bhfuil siad níos measa: maoirseacht mac léinn an-lag, bliain an-ghearr, ualaí oibre droch-dháilte, scrúduithe droch-eagraithe, dodhéanta ceisteanna a chur nó filleadh ar ghné den chúrsa. boulevard fíor le haghaidh teagaisc.

Maidir leis an Institiúid um Staidéir Pholaitiúla Pháras (ar a dtugtar níos fearr faoin mbranda Science Po Paris) earcaíonn sí formhór a cuid mac léinn tar éis an bhac. Ag cur san áireamh roghnaíocht an chomórtais (is mic léinn mhaithe iad formhór na n-iarrthóirí, ach ní cheadaítear ach duine amháin as gach deichniúr), tá cúrsaí ullmhúcháin, poiblí agus príobháideach, tar éis forbairt le himeacht na mblianta. Ba mhór an trua leis an bhforbairt seo ag Sciences Po, toisc go raibh níos mó agus níos mó iarrthóirí ag déanamh bliana ullmhúcháin sula ndeachaigh siad isteach i mbliain ullmhúcháin Eolaíochtaí Po, a bhí dírithe den chuid is mó ar na bunghnéithe agus na comhdhálacha modh. Ar deireadh, in 2010, chinn an institiúid an comórtas a chur in áirithe do shealbhóirí baccalaureate na bliana, chun an sliocht seo tríd an ullmhúchán9 a sheachaint·

De réir mar a bhíonn an comórtas ar siúl i mí Mheán Fómhair, cuireann na prépas intéirneachtaí samhraidh ar fáil freisin. Dá bhrí sin tá an comórtas curtha siar ag Science Po go dtí Meitheamh... agus thairg na mic léinn ullmhúcháin intéirneachtaí le linn na laethanta saoire gearra. Ar deireadh, in 2013, tugadh an comórtas ar aghaidh go dtí Márta na bliana deiridh, rud a éascaíonn na nósanna imeachta treoshuímh agus tá na cúrsaí ullmhúcháin dírithe anois ar mhic léinn na chéad bhliana, gan faillí a dhéanamh in intéirneachtaí agus cúrsaí le linn na bliana deiridh. Cibé dáta an chomórtais, ós rud é go bhfuil éileamh ann, beidh tairiscint ann.

Toisc gurb é ullmhú do chomórtais an réimse teagaisc is dinimiciúla. Tá a thairiscint méadaithe go mór ag comhlacht speisialaithe mar IPESUP. Ullmhaíonn sé don ard-dioplóma sa chuntasaíocht ghinearálta (DSCG), as a leanann ansin chuig cuntasaíocht chairte, scrúduithe iontrála comhthreomhara chuig scoileanna gnó, scrúduithe iontrála chuig Eolaíochtaí Po, ag an leibhéal fochéime agus ag an leibhéal máistreachta, scrúduithe iontrála do ENA (An Scoil Náisiúnta Riaracháin) agus institiúidí réigiúnacha riaracháin, CELSA (Scoil Ard-Léinn na nEolaíochtaí Faisnéise agus Cumarsáide) agus scoileanna iriseoireachta, scrúduithe iontrála chuig scoileanna innealtóireachta, scoileanna gnó agus scoileanna innealtóireachta iar-baccalaureate. Déanaim dearmad cinnte ar roinnt. Cuireann ISTH an Ecole du Louvre agus dosaen comórtas riaracháin leis. Gan a bheith ag iarraidh a bheith díspeagadh ar na comhlachtaí státseirbhíseach seo, ba cheart a mheabhrú go dtosaíonn cigire cánach a ghairm bheatha thart ar 1,450 euro glan in aghaidh na míosa lena n-áirítear bónais agus cúntóir altranais thart ar an íosphá. Léiríonn ullmhúcháin phríobháideacha íoctha do na comórtais seo nach n-éalaíonn aon duine ón bhfeiniméan, ar choinníoll go mbíonn fostaíocht mar thoradh air.

Ar ndóigh, is toisc go bhfuil éileamh ann, arna spreagadh ag an leibhéal an-ard dífhostaíochta, a bhfuil rath ar an soláthar. Ach cruthaíonn soláthar éileamh freisin. Mar atá feicthe againn maidir le leigheas, is é an rud is mó i gcomórtas a bheith ullmhaithe is fearr. Ós rud é go dtéann roinnt iarrthóirí i muinín ullmhúchán príobháideach breise is beag nach mór do na hiarrthóirí eile titim isteach.

Cén earnáil inar féidir, sa Fhrainc, gnólacht nuathionscanta a bhunú a luaithe a chríochnaíonn tú do chuid staidéir agus láimhdeachas de dhá mhilliún euro a bhaint amach cúig bliana ina dhiaidh sin? Mar ullmhúchán do chomórtais. Is léiriú breá é Cap enseignement supérieur, a bhunaigh beirt chéimithe de chuid na scoile gnó, ar ghnóthachtáil gan blas. Cuireann an eagraíocht cúrsaí costais oideachais agus iniúchta baile ar fáil roimh na trialacha roghnúcháin do scoileanna deartha, coláistí gnó, Eolaíochtaí Po, agus mar sin de.

Is é ceann de na trioblóidí ná cóistí a bhfuil cumais cheannródaíocha acu agus boinn tuisceana cúitimh neamhfheiceálach a rianú síos. Ina dhiaidh sin liostálann Cap enseignement supérieur mic léinn atá ag críochnú a ngnó nó ag dearadh scoile, agus tairgeann sé cúiteamh níos airde dóibh ná gnáth an mhargaidh (30 euro glan gach uair an chloig le haghaidh léaráidí baile). Is minic a bhíonn airgead de dhíth ar na daoine óga seo nach bhfuil céim bainte amach acu go fóill (go háirithe sa choláiste gnó!) agus déanann siad na comórtais go maith. De réir na staidéar, tá siad insealbhaithe.

Gearrtar thart ar 60 euro in aghaidh na huaire ar na cúrsaí, costas atá le roinnt mar gheall ar an laghdú ar dhleacht. Tugtar isteach na cúrsaí mar shuimiúil: tá láthair na gceartúchán atá inrochtana do na mic léinn coigeartaithe go foirfe don tréimhse ríthábhachtach seo: an Château de Méridon, pálás sa naoú haois déag i bpáirc seacht heicteár, i gcroílár choillearnach Chevreuse. . Baineann na mic léinn leas as "ullmhacht mheabhrach i bhfianaise na bunsraitheanna le haghaidh iomaíochta don leibhéal suntasach. Is léir go bhfuil an plean gníomhaíochta seo éifeachtach.

Idirlíon: cabhrú nó caimiléireacht?

Ba mhaith le go leor scoláirí go ndéanfadh duine éigin a gcuid obair bhaile dóibh. Níl sé an-morálta, ach tá sé daonna. Ach is í áilleacht an gheilleagair mhargaidh ná, nuair a bhíonn éileamh ann, ní fada go dtiocfaidh an soláthar i láthair. Tháinig sé chun cinn in 2009, ar líne, faoin ainm follasach fairemesdevoirs.com. Arna sheoladh ag céimí scoile gnó, chuir an bunaitheoir an suíomh seo i láthair mar "comhairle straitéise" a dhíoltar gach cineál obair bhaile a dhéanamh, ón gcoláiste go dtí an t-ardoideachas, i seacht ndisciplíní éagsúla. Clóscríobh an mac léinn an teideal nó scanadh an topaic agus fuair sé an tasc lá nó trí lá ina dhiaidh sin. Bhain cleas an tsuímh thar aon rud eile ina mhodh íocaíochta: thug SMS formhuirear agus clostel deis do dhaoine óga, fiú daoine an-óg, nach raibh cárta bainc acu, tasc a cheannach gan a dtuismitheoirí a chur ar an eolas. [10] » [sic]. Is mian leis an bhfoireann "a chinntiú go mbeidh na glúnta atá le teacht níos fearr ná na cinn roimhe seo, agus ní bheidh fairemesdevoirs.com in ann aon rud a chur leis seo". Deireadh an eachtra don fhiontraí oilte, imithe chun a chuid buanna a fheidhmiú i réimsí eile.

Ach amháin, sa rogha is mó, cruthaíodh suíomhanna eile den chineál céanna níos déanaí. Mar shampla, tairgeann expertdevoirs.com aon chineál taisc a dhéanamh, in ábhair éagsúla, ó aistí go haistriúchán, ar shuim bheag de 18.99 euro in aghaidh an leathanaigh. Comhoibríonn scoláirí agus múinteoirí agus cuireann siad na freagraí ar fáil. Is léir gur cliaint iontacha iad mic léinn François Quesnay. Go deimhin… Arna ionadh faoi cháilíocht thascanna áirithe obair bhaile, rinne múinteoir fealsúnachta infheistíocht in aiste a cheannach ar an ábhar a thug sí dá scoláirí. Mar sin féin, tugann an suíomh ainmneacha na ndaoine a cheannaigh an t-ábhar céanna: a mhic léinn. Atmaisféar ráthaithe ar an lá a seachadtar na cóipeanna…

Is ábhar iontais é go ndéanann an láithreán oifigiúil a bhainistíonn seirbhísí poist tairiscintí fostaíochta a athsheoladh ón suíomh femontaf.com (beidh muid buíoch as subtlety an ainm fearainn seo). Tugtar cuireadh go háirithe do mhúinteoirí obair bhaile a dhéanamh, an luach saothair ag brath ar an marc a ghnóthaíonn an dalta (www.emploi.services.fr/faismes-devoirs-femontaf). Idir an earnáil phoiblí mhorálta agus tacaíocht fostaíochta, is léir go bhfuil seirbhísí stáit beagán caillte.

Foirmle beagán difriúil is ea díol na dtascanna críochnaithe, a chomhbhailítear i leabharlann aistí, bileoga léitheoireachta, cur i láthair agus tráchtais a athdhíoltar do mhic léinn eile. Tá sé dírithe go príomha ar ardoideachas. Ceannaíonn suíomhanna mar oboulo.com, AcaDemon.fr nó touslesdocs.com obair bhaile, agus faigheann soláthraithe 50% den láimhdeachas a ghineann díol a gcuid obair bhaile. Mar sin, ar AcaDemon, gearrtar 5.95 euro (ráthaithe gan bradaíl!), TPE [11] ar chur i láthair ar "thíortha atá ag teacht chun cinn". ar "Staidéar ar radaíocht leictreamaighnéadach ó mheaisín Wimshurst", 8.95 euro. Tá tráchtais mháistreachta sa dlí ann chomh maith le hanailís ar shaothair liteartha nó tuarascálacha iniúchta cuideachta timpeall daichead leathanach.

Cuireann na suíomhanna seo comhartha dothuigthe chuig daltaí agus mic léinn: is féidir gach rud a cheannach, ní fadhb í caimiléireacht. Thuig na mic léinn láithreach freisin rialacha nua an chluiche agus mhalartaigh siad comhairle ar fhóraim ar líne: "Cé atá díolta ar shuíomh dá leithéid cheana féin? ", "Tá cuimhneachán agam agus go leor bileoga léitheoireachta le díol: cá bhfaighidh mé an t-airgead is mó? ", etc. Cruthaíonn an cleachtas seo fadhb thromchúiseach a bhaineann le cothroime sa mheastóireacht ar mhic léinn. Tá bogearraí ceannaithe ag go leor institiúidí chun bradaíl a bhrath. I go leor ollscoileanna, léiríonn an tuarascáil anailíse go bhfuil sciar na n-iasachtaí níos lú ná 10% nó 15% den ní mór téacs a cheangal leis an tráchtas roimh an gcosaint.

Ní uile-íoc iad na cláir seo, áfach. Cinnte, cuireann siad an téacs i gcomparáid lena bhfuil ar fáil ar an Idirlíon agus i mbunachar sonraí na hinstitiúide. Ach tá sé sách éasca iad a mhealladh, mar shampla trí bhánna ó chlónna eile nó focail straitéiseacha áirithe a chur in ionad spásanna le comhchiallaigh. Ar deireadh, ní oibríonn na bogearraí ach i dteanga amháin. Mar sin is féidir i gcónaí tasc scríofa a fháil i dteanga eile agus é a bheith aistrithe ag an ríomhaire (trí sheiceáil an aistriúcháin go han-dáiríre ina dhiaidh sin!). San aois dhigiteach, tá todhchaí gheal chun tosaigh ag trácht obair bhaile.

Tá na féidearthachtaí a bhaineann le cúnamh a cheannach chun go n-éireodh leat ar scoil gan teorainn mar sin. Ar ndóigh, ní dhéanann ceachtanna príobháideacha an mac léinn mediocre agus leisciúil a thiontú ina ainmhí iomaíoch. Ach is féidir leis na tacaíochtaí seo an difríocht a dhéanamh, go háirithe nuair a scarann cúpla deichiú de phointe rath agus teip. Léiríonn a iomadú na heasnaimh atá ag scoileanna poiblí, intleacht an tionscnaimh phríobháidigh agus ag dul in olcas na hiomaíochta scoile.

Is príosúnaigh iad tuismitheoirí leis an loighic ifreanda seo: conas a d'fhéadfaidís an cúnamh seo a dhiúltú dá leanaí má tá na hacmhainní acu é a thairiscint dóibh? Nuair a bhí an seic sínithe, rinne siad an méid a d'fhéadfaidís, d'úsáid siad a staid airgeadais phribhléideach ar mhaithe lena leanaí. Tá sé seo intuigthe agus is léir nach féidir linn an milleán a chur orthu. Tá siad níos toilteanaí fós é sin a dhéanamh mar tá laghdú tagtha ar an mbuntáiste a bhí ag leanaí ó chúlraí pribhléideacha san am a chuaigh thart mar gheall ar ollchóiriú na n-ardscoileanna.

Tá formhór mór ann fós, iad siúd, leis an toil is fearr ar domhan, nach féidir leo na cúrsaí seo agus na cúrsaí breise seo a mhaoiniú, nach mbeadh fonn ar a gcuid leanaí iad a iarraidh fiú.

Caibidil 3 Nótaí

1. Fógraíocht Acadamh, feachtas 2013.

2. XERFI, " Tacaíocht scoile an mhargaidh", 2011.

3. John Paul C.AIL, "Ceachtanna príobháideacha sa chéad bhliain den mheánscoil: faigheann duine as gach deichniúr de na daltaí sa séú grád teagasc íoctha", Oideachas & foirmíochtaí, u ^{79}, 2010.

4. CAS, Nóta Anailíse, ní ^{ó} 315, Eanáir 2013.

5. SCOLARAMA, "Conas cabhrú leis a bheith rathúil i kindergarten".

6. Michael HAJDENBERG, "Léarscáil scoile: "Bhí orm rogha a dhéanamh idir mo leanbh agus mo phrionsabail"",

Mediapart, 5 Iúil, 2014.

7. Anne-Claudine OLLER, "Traenáil scoile sa Fhrainc. Teacht chun cinn margadh oideachais nua",

Oideachas comparáideach, ní ^{ó} 6, 2011, lch. 181-202.

8. Idirghabháil os comhair an Chomhthionóil Náisiúnta, 13 Samhain, 2009.

9. Tá bealach isteach chuig bac + 1 fós indéanta i bhformhór na nEolaíochtaí Cúige Po. Chuir an t-athrú a chinn IEP Pháras díomá freisin ar hypokhâgnes poiblí áirithe, a bhí ag troid i gcoinne creimeadh an

lucht oibre trí ullmhúchán a thairiscint do Sciences Po.

10. "Tá Faimesdevoirs.com ag dúnadh a dhoirse cheana féin", *Eisiúint*, 7 Márta, 2009.

11. Obair phearsanta faoi mhaoirseacht, comhaireamh tástála don bhac, comhdhéanta de léiriúchán agus de chosaint béil.

4

Fionnachtain an domhain

"Is dócha gur rugadh milliún leanbh do lánúineacha Erasmus ó 1987 [1]. »

P cén fáth a bhfaigheann an oiread sin mac léinn a bhfuil deacrachtaí staire nó matamaitice acu meán ginearálta onórach ag François Quesnay? Toisc go bhfuil siad go maith ag teangacha. Agus tá siad go maith ag teangacha mar tá a dteaghlaigh go maith as.

Déanann Daniel iarracht dul i bhfeidhm orm trí chomhrá saothairmhar i mBéarla a sheoladh lena mhac cúig bliana d'aois. Nuair a bhí sé ag ullmhú, bhí na scoileanna ab fhearr caillte aige mar gheall ar an mBéarla. Agus, ós rud é gur cheannaigh grúpa Meiriceánach an chuideachta ina n-oibríonn sé, fulaingíonn sé mairtíreacht le linn na gcruinnithe. Mar sin ghlac sé leis an mBéarla agus chinn sé go mbeadh a leanbh dátheangach. Faoi láthair, tá an ceann seo i kindergarten ag Beautiful Minds, scoil Montessori i Courbevoie atá ina fhothrach dá thuismitheoirí, ach atá fíor-álainn. Ina dhiaidh sin, is é Coláiste Meiriceánach Pháras a bheidh ann ar an Satharn agus cúrsaí teanga le linn na laethanta saoire. Toisc nach i scoil na Poblachta a fhoghlaimíonn duine Béarla. Tá an meánleibhéal ann ar cheann de na leibhéil is measa san Eoraip agus tá sé ag dul in olcas.

I ngeilleagar domhandaithe, bíonn tábhacht ag

baint le heolas ar nuatheangacha. Tá áit speisialta ag teanga Shakespeare ón taobh seo de: ní bhíonn cruinnithe bainistíochta cuideachtaí móra Francacha áirithe ar siúl ach i mBéarla, an teanga a bhíonn uaireanta ag tromlach na scairshealbhóirí; Foilsítear irisí eolaíocha na Fraince i mBéarla, toisc go dteastaíonn ó thaighdeoirí iad a léamh agus a lua; is i mBéarla a bhíonn na cúrsaí i roinnt scoileanna, chun mic léinn ón iasacht a mhealladh agus chun mic léinn Francacha a ullmhú le haghaidh gnó. Lasmuigh den Fhrainc, tá an Béarla uileláithreach, cibé acu sna tionscail chultúrtha, i ngnó nó in institiúidí.

idirnáisiúnta . Nach n-úsáideann clár Erasmus, atá ceaptha éagsúlacht na malartuithe teanga a mhéadú, an Béarla mar theanga oibre in dhá thrian de na cásanna? Is é an t-aon réimse a thagann ina choinne ná an ollscoil Fhrancach.

Chuir dlí Toubon i 1994 cosc ar chúrsaí Béarla i bhforais phoiblí agus phríobháideacha, ach amháin nuair a bhí an cainteoir ina eachtrannach. Ní raibh meas uirthi i gcónaí. Bhí a éifeacht teoranta i scoileanna gnó, a bhfuil a gcuid múinteoirí thar lear den chuid is mó (dhá thrian, i gcás HEC - École des Hautes Etudes Commerciales), nó i scoileanna innealtóireachta (ag Centrale Paris, tugtar 25% de chúrsaí eolaíochta agus teicniúla i mBéarla.). Mar sin féin, nuair a fógraíodh scriosadh na forála seo i ndlí 2013, spreag éirim, in ainm chosaint na Fraincise. Rinne Acadamh na Fraince agóid, d'fhoilsigh roinnt acadóirí cáiliúla fóraim sa phreas. Arís eile tá an mhurascaill a scarann an Fhrainc gnó agus an Fhrainc acadúil le fios. Arna cheapadh ag leasuithe parlaiminte, tá an beart rite fós. Tá sé dlíthiúil anois múineadh i dteanga iasachta san ardoideachas sa Fhrainc. Is dócha go n-úsáidfear an fhéidearthacht seo thar aon rud eile ar mhaithe leis an mBéarla.

Treisíonn an fhorbairt seo carachtar straitéiseach leibhéal oilteachta an Bhéarla, rud a bhfuil tábhacht bainte amach aige i scrúduithe agus i gcomórtais. Leibhéal an Bhéarla atá faoi réir measúnuithe caighdeánaithe, go príomha an TOEIC (Tástáil ar Bhéarla don Chumarsáid Idirnáisiúnta), an TOEFL (Tástáil ar an mBéarla mar Theanga Iasachta) agus an IELTS (Córas Idirnáisiúnta Tástála Béarla), atá níos déine. Cuireann scoileanna innealtóireachta íosleibhéal TOEIC i bhfeidhm anois (scór 750 go ginearálta). Sna scrúduithe iontrála chuig scoileanna innealtóireachta, ní beag an meáchan atá sa Bhéarla: meáchan sé thart ar 11% ag Polytechnique agus ag Centrale nó ag Mianaigh. Do scoileanna gnó, tá sé beagán níos mó: thart ar 13%, ag brath ar na cosáin agus comórtais, ceadaithe ag scríofa agus ó bhéal. Go deimhin, tá Béarla i ngach áit, lena n-áirítear i gcomórtais d'altraí, ó 2009, agus do mhúinteoirí scoile, ó 2006, fiú amháin más féidir é a chur in ionad teanga bheo eile.

Tá an triail Bhéarla ar an gceann is mó a dhéanann leatrom sóisialta i gcomórtais earcaíochta scoile gnó. Go dtí an pointe go raibh measta ag Valérie Pécresse, an tAire Ardoideachais ag an am, a fuair tuarascáil ón gcigireacht ghinearálta ar idirdhealú sóisialta i gcomórtais, go mbeadh sé riachtanach an meáchan a laghdú [2] agus nádúr na tástála a athrú. Ag an ENA, áit a bhfuil an t-aicmiú imeachta cinntitheach i gcónaí, tá ról ríthábhachtach ag an triail teanga.

Agus tá ceangal láidir idir scór na teanga agus tús sóisialta. Mar a d'admhaigh an enarque: "Is acmhainn shuntasach iad na canúintí maidir le héifeacht a bheith acu ag ENA, agus is léir go bhfuil an-spraoi ag na tréimhsí foghraíochta éagsúla a thug mo theaghlach dom ó m'óige is luaithe3. »

Ag leibhéal na saineolaithe, de réir athbhreithniú a rinne an Coimisiún Eorpach, measann 66% de na ceannairí Eorpacha gur riail shuntasach nó ríthábhachtach é cumas i gcanúintí anaithnide chun céimithe a liostú. Ina measc, is iad na Francaigh is mó míshásta le cumas teanga a gcuid earcaithe4. De réir comhchruinnithe de chuid gnólachta rollaithe, ní dhéanann ach 15% de na ceannairí AD tástáil ar a gcumas Béarla agus is amhlaidh a dhéanann a bhformhór ón bpríomhchruinniú. Tá a fhios ag ionadaithe faoi na heasnaimh seo. Mar an gcéanna is é an Béarla an speisialtacht is coitianta san ullmhúchán gairmiúil, chun tosaigh ar fhéinfheabhsú agus ar TF.

Is sinne na dunces

Foghlaimíonn beagnach gach mac léinn Béarla sa Fhrainc. Sa bhunscoil, bhí 76% de dhaltaí ag déanamh staidéir ar an mBéarla sa bhliain 2000; inniu tá siad 93%, rud a dhéanann dochar don Ghearmáinis. Sa choláiste, fiú mura bhfuil an Béarla éigeantach, roghnaíonn 95% de na daltaí é mar chéad teanga iasachta agus roghnaíonn na daltaí a roghnaíonn teanga eile (Gearmáinis go príomha) an Béarla mar dhara teanga.

Ach ní léirítear tábhacht an cheachta seo sna modhanna a úsáidtear. I rith na 2000í, laghdaíodh amanna teagaisc nuatheangacha sna hardscoileanna agus tá feidhmíocht leanaí scoile na Fraince i dteangacha lag. Don chéad uair, rinneadh measúnú idirnáisiúnta ar scileanna teanga i dtíortha Eorpacha in 2011. Rinneadh caoga míle dalta ag deireadh an naoú grád nó a choibhéis ar thrí scil sa chéad nó sa dara teanga nua-aimseartha. Sa Fhrainc, ba iad Béarla agus Spáinnis na teangacha a ndearnadh measúnú orthu. Tá torthaí an staidéir chomparáidigh seo oiliúnach: maidir leis na trí scil a ndearnadh measúnú orthu, tá leibhéal na Fraince i bhfad faoi bhun an mheáin sna trí thír déag a tástáladh. [5]. Cáintear córas na Fraince go hiondúil as gan dóthain spáis a thabhairt don fhocal labhartha agus as tosaíocht a thabhairt don ghramadach. Is sa léiriú scríofa go deimhin a bhíonn an leibhéal is lú go dona. Ach tá sé i bhfad níos ísle fós ná mar atá ag Eorpaigh eile. Méadaíonn an bhearna nuair a bhogaimid ar aghaidh go dtí an léamhthuiscint agus éiríonn sé dothuigthe sa chaint, níos lú ná 15% de na daltaí a bhfuil leibhéal sásúil acu.

Sonraítear i dtreoracha oifigiúla 2008 "ag deireadh CM2, ní mór go mbeadh na scileanna riachtanacha do chumarsáid bhunúsach arna sainiú ag leibhéal A1 faighte ag daltaí". Mar sin socraíonn an Aireacht mar chuspóir ag deireadh na bunscoile leibhéal nach bhfuil bainte amach go fóill ag thart ar 40% de dhaltaí meánscoile ag deireadh na tríú bliana, ag leanúint den nós cuspóirí a leagan síos gan a bheith buartha faoina réalachas. Maidir leis an "bonn scileanna coitianta" atá ceaptha an bunleibhéal a theastaíonn ó gach mac léinn coláiste a shocrú, ní dhéantar é a bhaint amach ach ag ceathrú de na mic léinn, agus na cinn eile fágtha ag bun an bhoinn.

Suirbhé eile [6] Ceadaíonn comparáid, in am an uair seo. Ag deireadh an naoú grád, ceistíodh na daltaí faoi scileanna éagsúla i 2004 agus 2010. Mar gheall ar fhoghlaim teanga a bheith ginearálaithe sa CM1, agus ansin chuig an mbunscoil ar fad go luath sna 2000í, ba chóir go mbeadh dul chun cinn suntasach déanta. Mar sin féin, breathnaíonn muid beagnach a mhalairt sa chluastuiscint (teagmhaíonn muid le níos mó scoláirí a bhfuil deacrachtaí acu agus níos lú scoláirí maithe). Maidir le máistreacht na scríbhneoireachta, is beag éabhlóid atá ann, ach méadaíonn na bearnaí sa leibhéal idir na daltaí atá i gcruachás agus an chuid is fearr.

Ní phléifimid anseo na cúiseanna atá leis an drochfheidhmíocht seo, rud nach bhfuil inchurtha i leith na scoile amháin. Mar shampla, tá ról tábhachtach ag an bhfíric go ndéantar scannáin agus sraitheanna Meiriceánacha a chraoladh ina mbunleagan i go leor tíortha. Ach ba chóir a thabhairt faoi deara go bhfuil méadú tagtha ar an mbearna idir torthaí na mbunaíochtaí poiblí agus torthaí na mbunaíochtaí príobháideacha, chun leas a bhaint as torthaí na mbunaíochtaí poiblí. Is é is cúis leis seo go príomha ná gur chlis ar scileanna teanga san oideachas tosaíochta. Mar sin féin, má tá réimse amháin ina mbíonn tionchar ag meánleibhéal na scoile ar dhul chun cinn na ndaltaí, is teangacha iad, toisc go bhfuil an teagasc bunaithe go mór ar an bplé sa rang. Míníonn an bealach ar tugadh isteach foghlaim an Bhéarla sa bhunoideachas go páirteach an éagothroime feidhmíochta.

Tuigeann tuismitheoirí go maith nach mbaineann teagasc na teanga amach na cuspóirí atá leagtha amach dó, agus an tábhacht a bhaineann le scileanna teanga. Go háirithe ós rud é, ina saol gairmiúil, is minic a bhíonn deacrachtaí ag daoine fásta iad féin a chur in iúl i mBéarla agus ní dhéanann siad meastachán ar a leibhéal, mar a léiríonn go leor suirbhéanna. Féachfaidh siad, mar sin, taobh amuigh den scoil ar bhealaí chun leibhéal maith teangacha a thabhairt dá bpáistí, go háirithe sa Bhéarla.

Is fusa teangacha a fhoghlaim agus tú óg, go háirithe an fuaimniú. "Cuireann ár scoil timpeallacht dhátheangach ar fáil agus cuireann sé dhá theanga ar fáil do leanaí i ngach rang gach lá", sonraítear comhad cur i láthair Beautiful Minds, scoileanna Montessori atá ag feidhmiú i Courbevoie agus

Puteaux, i réigiún Pháras. Tuismitheoirí atá sásta an oiliúint is fearr agus is féidir sa Bhéarla a thabhairt ón tús dá sliocht chuig an scoil seo, a chuireann fáilte roimh pháistí ó dhá bhliain go sé bliana d'aois. Is innealtóir tionsclaíoch é Daniel. Tuilleann sé slí bheatha mhaith, ach tá an infheistíocht trom: 585 euro in aghaidh na míosa thar dhá mhí dhéag. Rinne sé féin agus a bhean an íobairt seo toisc go mbraitheann siad lag sa Bhéarla agus go bhfuil siad cinnte go bhféadfadh máistreacht na teanga seo difríocht a dhéanamh dá leanbh. Ní hiad na cinn amháin: léiríonn staidéar ar theagasc sa séú grád, nuair a cheannaíonn tuismitheoirí daltaí laga nó meánranga teagasc dá bpáiste, is i bhFraincis agus sa mhatamaitic a dhéantar é go hiondúil. Ach déanann tuismitheoirí scoláirí maithe nó sármhaithe infheistíocht thar aon rud eile i dtacaíocht an Bhéarla [7], ábhar a bhraitear go maith mar bhealach chun difríocht a dhéanamh.

Níos fearr fós, is féidir do leanbh a chlárú i gcoláiste dátheangach. Tá deich gcoláiste agus ardscoil dhátheangach phríobháideach i bPáras, timpeall fiche san iomlán i réigiún Pháras. Tosaíonn foghlaim go ginearálta i kindergarten. Is minic gur institiúidí neamhchonarthacha iad agus dá bhrí sin costasach.

Luaimis Scoil Mheiriceánach Pháras, le praghsanna iontacha: is ionann na táillí teagaisc agus 30,000 euro in aghaidh na bliana sa mheánscoil agus sa scoil ard, agus ní mór ranníocaíocht 10,380 euro a chur leis le cothabháil an champais, gan íoc ach uair amháin, de 10,380 euro in aghaidh na bliana. leanbh, táillí clárúcháin tosaigh de 1,070 euro agus táillí slándála, a bailíodh ó ionsaithe an 11 Meán Fómhair, 2001, de 700 euro. Tá an praghas fíor-ard seo don Fhrainc nasctha leis na háiseanna, fairsinge agus ceannródaíoch na teicneolaíochta, leis na seirbhísí (áiseanna spóirt, bia roghnaithe, gníomhaíochtaí iomadúla ealaíne), ar mhaithe le teagasc a leanann úsáidí curaclaim Mheiriceá. . . Mar sin féin, is féidir feabhas a chur ar do chuid Béarla ó kindergarten, trí chúrsa seachtainiúil a dhéanamh ar 1,280 euro in aghaidh na bliana.

Ar ndóigh, tá cur chuige níos measartha ag bunaíochtaí eile agus costais níos ísle ag baint leo, agus iad ag cur leibhéal maith oiliúna teanga ar fáil do mhic léinn. Tá ceann de na cinn is saoire, an scoil ghníomhach dhátheangach Jeanine Manuel i bPáras, mar shampla, costas 1,800 euro in aghaidh an téarma, ón séú go dtí an bhliain deiridh. Tá forlíonadh chun pas a fháil sa Baccalaureate Idirnáisiúnta. Is fiú an dara ceann a stopadh ag. Murab ionann agus an t-ainm a d'fhéadfadh a bheith i gceist, is dioplóma príobháideach é an Baccalaureate International, arna chruthú ag fondúireacht. Ní aithnítear i gcónaí sa Fhrainc ar chúiseanna riaracháin, tugann sé rochtain ar an Grandes Ecoles mar sin féin. An-bhunúsach, éilíonn sé tráchtas a tháirgeadh, staidéar criticiúil ar tháirgeadh eolaíoch agus obair i dteangacha éagsúla. Faoi láthair, 3,400 bunaíochtaí ar fud an domhain lena n-áirítear ullmhú, lena n-áirítear aon cheann déag de scoileanna ard sa Fhrainc (institiúidí príobháideacha ar chaighdeán an-mhaith, go minic an-daor). Ba chóir a thabhairt faoi deara, áfach, gurb iad na coláistí poiblí amháin atá i measc an caoga is fearr ná dhá fhoras dhátheangach, a roghnaíonn na mic léinn, trí scrúdú i gcás an choláiste Franc-Ghearmánach Buc agus ar chomhad nó ar thástáil ag an idirnáisiúnta. coláiste Saint-Germain-en-Laye.

Cén fáth a bhfuil mic léinn Quesnay go maith ag teangacha? D'fhág mé ar lár an freagra is simplí, rud a chuireann duine de mo mhic léinn i gcuimhne dom i ton fianaise:

— Tá mo chairde go léir a bhfuil a dtuismitheoirí tar éis au pair Béarla a fhostú dátheangach. Ní gá do au pair ach Béarla a labhairt le páistí agus faoin am a shroicheann siad ocht nó naoi mbliana d'aois tá ag éirí go han-mhaith leo.

— An é seo do chás, a Labhráis?

— Níl, a fhreagraíonn sí, a chagrin beag. Thóg mo mháthair Afracach, Colóime… agus d'athraigh sé gach dhá bhliain.

Mar sin tá Laurence faoi mhíbhuntáiste mar gheall ar thrópaiceacht Tríú Domhan a muintire. Lig dúinn a chur ar a suaimhneas don léitheoir go léir mar an gcéanna: tá Béarla den scoth ag an mac léinn seo, atá iontach freisin, agus tá sí ag déanamh foirfeachta i gCeanada faoi láthair.

An au pair, mar atá in úrscéalta an am atá caite. Tar éis an tsaoil, sé

" go leor " chun seomra saor a bheith aici ina hárasán, suite i mbaile mór ollscoile, chun béal breise a bheathú agus chun ar a laghad 80 euro d'airgead póca a sholáthar don mhac léinn in aghaidh na seachtaine. Is léir go bhfuilimid i bhfad ó na modhanna a chuireann an tOideachas Náisiúnta ar fáil do dhaltaí: cuirtear dhá nó trí huaire an chloig de cheachtanna in aghaidh na seachtaine ar staidéar gach teanga, cuid de b'fhéidir le cúntóirí máthairtheanga Béarla, a dhéanann comhrá le cúig dhalta déag. .

Féadfaidh turais scoile a dhéantar mar chuid den bhunaíocht forlíonadh measartha a sholáthar. Is ar éigean gur féidir leo dul thar cúpla lá le linn am scoile, ach uaireanta síneadh suas le dhá sheachtain, ag cur thar maoil isteach sna laethanta saoire. Le roinnt blianta anuas, tá eagrú na dturas seo tar éis teacht aníos in aghaidh rialacha teoranta dlí maidir le maoiniú. Gearánann múinteoirí teanga freisin nach dtugtar aitheantas ar dhóigh ar bith don dianobair ullmhúcháin agus maoirseachta a bhaineann leis na turais seo. Ar a mhalairt, cuireann a gcomhghleacaithe cúisí orthu as cur isteach ar dhul chun cinn na ranganna. Mar sin déantar gach rud a dhéanamh lena chinntiú go bhfanann na turais seo ina n-eisceachtaí. Ar a mhéad is féidir leo blas a thabhairt ar chultúr na tíre ar tugadh cuairt uirthi.

Fanann cúrsaí agus teanga go leor

Téigh ar shiúlóid i Londain nó tóg an Eurostar i mí Iúil féachaint go bhfuil borradh faoi thurais teanga go Sasana. In ainneoin pá an-íseal, is foinse thábhachtach ioncaim freisin do go leor teaghlach ar ioncam íseal i gceantar Londan a chuireann tithíocht ar fáil d'Eorpaigh óga, go minic Francach. Fanann na tréimhsí seo, tumtha i dteaghlach nó i ngrúpa, costasach: is gá thart ar 1,500 euro ar a laghad a chomhaireamh sa Ríocht Aontaithe ar feadh dhá sheachtain, níl iompar san áireamh. Cosnóidh fanacht den tréimhse chéanna sna Stáit Aontaithe 4,000 euro go héasca.

Tá infheistíocht den sórt sin in áirithe do theaghlaigh a bhfuil na hacmhainní acu, ach freisin a bhraitheann a thábhachtaí agus a bhfuil a fhios acu conas é a chur in iúl dá leanaí. Nuair a bhíonn siad óg, is ar éigean a aontaíonn siad dul ina n-aonar. Chun cabhrú le tuismitheoirí iad a chur ina luí, an "Béarla + sport" nó "Béarla

+ eachtra" a chuireann saineagraíochtaí ar fáil, rud a mhéadaíonn costas an chúrsa agus a laghdaíonn a éifeachtúlacht. Is iad na teaghlaigh is buntáistí go háirithe a chuireann a bpáiste chuig an tumoideachas, an fhoirmle is éifeachtaí. Is riachtanas dóibh Béarla foirfe a labhairt; ní ábhar díospóireachta iad na bealaí chun é seo a bhaint amach. Toisc gur disciplín speisialta é an Béarla . Is fiú an oiread sin nó fiú níos mó ná cúrsa bliana trí seachtaine le teaghlach. Aontaímid go mbeadh sé an-deacair a leithéid de thoradh a atáirgeadh sa mhatamaitic nó sa tíreolaíocht. Ní haon ionadh mar sin go bhfágann teanga ag méadú go mór na bearnaí in inniúlacht an Bhéarla i measc daoine óga, chun leasa na ndaoine is mó buntáiste.

Ar ndóigh, tá sé níos éifeachtaí fós cónaí agus oideachas a fháil i dtír Angla-Shacsanach. Is é an cás is minice ná daltaí a bhfuil a dtuismitheoirí imithe ar imirce le cúpla bliain ar chúiseanna gairmiúla. Is minic gur feidhmeannaigh (seachtar as gach deichniúr eisimirceach) nó ceannairí gnó iad. Baineann an t-eiteachas go príomha le fostaithe óga, go háirithe má chuirimid san áireamh obair dheonach idirnáisiúnta i gcuideachtaí, atá in áirithe do dhaoine faoi 20 bliain d'aois.

ocht mbliana. Níl sé neamhchoitianta, mar sin, go mbuaileann eisimircigh lena gcéile thar lear, a "tháirgeann" leanaí atá dátheangach agus déchultúrtha go minic. I scoil ard mar François Quesnay, tá an líon ard daltaí dátheangacha buailte linn freisin, toisc gur eachtrannach duine dá dtuismitheoirí nó toisc gur tógadh go páirteach thar lear iad, an chuid is mó ama i dtír ina labhraítear Béarla. De réir an staidéir a dhéanann tairseach eisitheachais Mondissimo go tráthrialta (www.mondissimo.com), bhuail 56% de na heachtrannaigh leis an duine a bhfuil cónaí orthu le linn a n-imeachta. Déanann Chance rudaí go maith mar sin, rud a mhéadaíonn leibhéal idirnáisiúnú na scothaicme agus an buntáiste iomaíoch a bhaineann leo. Mar a chanann Gérard Manset: "Deir siad go bhfuil grá dall, ach caithfidh tú a chreidiúint go bhfeiceann sé. »

Mar sin tá máistreacht na nuatheangacha, go háirithe an Béarla, ina thoisc riachtanach idirdhealaithe de réir chúlra sóisialta agus airgid. Is fearr le leanaí ó chúlraí pribhléideacha an Béarla, a bhuíochas leis na buntáistí a thugann a dteaghlach dóibh feabhas a chur ar an ábhar seo. I gcomhthéacs ina bhfuil an tOideachas Náisiúnta ag streachailt le hoiliúint teanga a chur ar fáil, áit a bhfuil inniúlacht sa Bhéarla ag dul i dtábhacht maidir le roghnú scoile agus le teacht ar fhostaíocht, tá tionchar an bhuntáiste seo ag méadú i gcónaí.

Le linn agallaimh le máthair dalta, chuir sí in iúl dom gur thóg a hiníon bliain saor idir an naoú agus an dara háit in Albain, toisc gur traidisiún teaghlaigh é: rinne a hathair, a uncail, a deirfiúr mhór mar an gcéanna agus rinne gach duine. go maith. "Is mór an sásamh é," a deir sí. Ag éisteacht leis, ní féidir liom cabhrú ach smaoineamh ar Bourdieu. Caipiteal cultúrtha, scríobhann an socheolaí, "cosnaíonn sé am agus am a chaithfear a infheistiú go pearsanta [8] ". Cén timpeallacht shóisialta, i ndáiríre, beidh muid aontú a shíneadh ama scoile de réir bliana chun teacht amach as é níos fearr armtha, mar gheall ar oscailt cheana féin don domhan mór?

Le linn mo chéad bhliain ag Lycée François Quesnay, líon mé níos mó iarratas ar iontráil chuig ardoideachas i gCeanada, sna Stáit Aontaithe nó sa Ríocht Aontaithe ná mar a bhí le linn an chuid eile de mo ghairm bheatha. Tá mé éirithe mar speisialtóir in UCAS (Seirbhís Iontrála na nOllscoileanna agus na gColáistí), tá a fhios agam go garbh cé na mic léinn is dócha a thógfar chuig HEC Montreal nó Scoil Ghnó

Warwick agus scríobhaim litreacha molta i stíl na tíre, ag moladh an tiomantais dhomhain ("rannpháirtíocht mhór") agus sár-fheidhmíocht acadúil ("léirithe acadúla den scoth") de mo chuid mac léinn maithe, mar is hyperbole an riail i litreacha molta Angla-Shacsanach. Go ginearálta, molaim dóibh triail a bhaint as an eachtra nuair a mheasann siad é, mar beidh siad fós in ann an chéim mháistreachta atá in easnamh a fháil ar fhilleadh dóibh mura leor a dioplóma Angla-Shacsanach, agus beidh buntáiste soiléir acu sa teanga. , i mbainistíocht an chaidrimh idirchultúrtha agus beidh siad tar éis foghlaim conas dul tríd i gcomhthéacsanna i bhfad ón timpeallacht an-chosanta inar fhás siad aníos. Dearbhaíodh an ciontú seo nuair a tháinig roinnt daoine ar ais chugam tar éis bliana a chaitheamh thar lear: níos aibí, níos cinnte díobh féin, fuair siad amach cé hiad féin agus cad ba mhian leo a bheith. Díoltar an ceathrú cuid de tháirgeadh na Fraince lasmuigh de na teorainneacha. Os a choinne sin, ceannaímid thar lear an ceathrú cuid den mhéid a ídímid. Cuideachtaí arna mbunú thar lear nó atá glactha ar láimh ag gnólachtaí eachtracha. Tá comhdhálacha eolaíocha beagnach gach idirnáisiúnta. Tagann leath dár ndlíthe ó threoracha Eorpacha, a glacadh tar éis caibidlíochtaí fada... i mBéarla. Tagann ochtó milliún turasóirí ón iasacht go dtí an Fhrainc gach bliain. Dá bhrí sin, tá ár ngníomhaíochtaí, ár ngairmeacha, ár dtodhchaí nasctha go dlúth leis an gcuid eile den domhan.

Tá an ceann seo éagsúil. Tá an smaoineamh ar shochaí domhanda aontaithe bréagach, fiú amháin más rud é go bhféadfadh na príomhchathracha móra, a fheictear trí aerfoirt, siopaí só agus óstáin, breathnú araon. Coinníonn gach tír a cultúr, a traidisiúin, a córas sóisialta. Tá eolas, ní hamháin ar an teanga, ach ar thíortha iasachta tábhachtach mar sin i líon gairmeacha atá ag dul i méid agus beidh sé mar sin i gcónaí. Mar sin féin, ní féidir an t-eolas seo a fháil ach trí dhul ann.

Scoileanna domhandaithe agus Erasmus chun tarrthála

Is iad na chéad scoileanna gnó a thuig é seo. Tá intéirneacht amháin ar a laghad thar lear – dhá cheann i scoileanna áirithe – riachtanach chun do dhioplóma a bhailíochtú. Is féidir beagnach i gcónaí bliain iomlán staidéir a leanúint ag scoil chomhpháirtíochta, nó fiú bliain bhearna thar lear . Go deimhin tá scoileanna ag méadú comhpháirtíochtaí le scoileanna i dtíortha eile chun na malartuithe seo a éascú agus chun dioplómaí dúbailte a bhaint amach. Mar sin eisíonn HEC seacht gcéim dhúbailte dhéag, naoi gcinn acu i gcomhpháirtíocht le bunaíochtaí eachtracha. Saibhríonn na dioplómaí dúbailte seo curriculum vitae na mac léinn agus cruthaíonn siad a gcumas oiriúnú do thimpeallacht iasachta.

Bíonn na scoileanna san iomaíocht freisin san obair dheonach ina leith seo: dearbhaíonn gach ceann acu gurb é an t-idirnáisiúnta a láidreacht, a sainiúlacht, a féiniúlacht, a "DNA". Is minic a d'oscail na cinn is mó campais thar lear. Tá ESSEC (Ardscoil na hEacnamaíochta agus an Ghnó) i láthair i Singeapór; Feidhmíonn ESCP Europe ar chúig champas (Páras, Londain, Beirlín, Torino agus Maidrid); Tá EM Lyon bunaithe i Shanghai, EDHEC (Ecole des Hautes Etudes Commerciales) i Londain agus i Singeapór, etc.

Tá scoileanna innealtóireachta tar éis a leithéid a leanúint ní gan mhoill áirithe, ach uaireanta le díograis. D'oscail Centrale Paris campas i mBéising, a chuireann oiliúint ar innealtóirí trítheangacha i gceann sé bliana, ceann eile i Hyderabad (India) agus tá École Centrale Casablanca le oscailt go luath. Tá intéirneacht sheimeastar thar lear éigeantach agus foghlaimíonn gach mac léinn dhá theanga ar a laghad. Ag Polytechnique École, fanann 85% de mhic léinn thar lear (naoi mí ar an meán) agus caitheann beagnach leath díobh a gceathrú bliain ar fad in ollscoil thar lear.

Tá na IEPanna (Institiúidí Staidéir Pholaitiúla) agus na hinstitiúidí Caitliceacha tar éis dul i mbun idirnáisiúnaithe freisin: intéirneacht éigeantach thar lear, dioplómaí dúbailte, comhpháirtíochtaí. Bhí ról ceannródaíoch ag Science Po Paris sa réimse seo. Nuair a bheidh an t-aistriú ó thrí go cúig bliana de scolaíocht dosheachanta. Ag tús na scoilbhliana 2000, tugadh isteach bliain thar lear (rud a d'fhág go bhféadfaí acmhainní teoranta fáiltithe rue Saint-Guillaume a leathnú).

Is féidir freisin a dhéanamh ar an domhan teacht chugat. I scoileanna gnó, cuireann tionchar na mac léinn ón gcoigríoch chun cinn an teaglaim le cultúir eile. Mar sin, is eachtrannaigh iad 12% de mhic léinn na Fraince, ach 20% de mhic léinn Grandes Ecoles, nó 48,000 mac léinn. Ag Sciences Po Paris, sroicheann céatadán na n-eachtrannach fiú 42%. Is i mBéarla a thugtar cuid de na cúrsaí, chun go mbeifear in ann freastal ar na scoláirí iasachta seo agus toisc go bhfuil múinteoirí áirithe, nuair nach é an tromlach é,. Fanann an ollscoil, fós beagán iompú i dtreo an taobh amuigh. Tá féidearthacht an-suimiúil ann le cúig bliana is fiche trí Erasmus, a bhfuil rochtain ag mic léinn air freisin ó na Grandes Ecoles nó in STS (rannóg na dteicneoirí níos airde). Tá sé beartaithe ag an gclár intéirneachtaí nó tréimhsí staidéir a chur chun cinn i dtíortha eile den Aontas Eorpach agus, ó 2014 i leith, lasmuigh den AE. Gach bliain, baineann sé le beagán níos mó ná 30,000 mac léinn Francach, a théann go príomha chun na Spáinne agus an Ríocht Aontaithe. Déanann duine amháin as gach cúigear post leibhéal iontrála ansin agus déanann ceathrar as gach cúigear athbhreithniú ansin. Is léir gur uimhir neamhfheiceálach í seo: tugann sé aghaidh ar níos lú ná 1.3% de na tearc- staidéir, ráta atá i bhfad níos ísle ná ráta na bhfoirne ó na Grandes Ecoles a thaistealaíonn chuig tír eile. Ag súil go bhfanfaidh gach duine mar fho-staidéar ar feadh tréimhse an-fhada ar an iomlán, ní fhágfaidh ach duine as gach seachtar déag, seimeastar nó bliain, taobh istigh de struchtúr Erasmus... lena n-áirítear go leor fostaidéir ó Grandes Ecoles. Is léir nach bhfuil gach fostaidéar coibhéiseach ar an mbealach sin. Tagann difríocht eile ó phróifíl na mbunscoláirí a thugann cuntas ar Erasmus. Is é an fo-staidéar coiteann "fo-staidéar sa tríú bliain d'oideachas ceithre bliana coláiste i rialachán nó socheolaíochtaí nó daonnachtaí, le rud éigin cosúil le tuismitheoir amháin tar éis díriú ar san ardoideachas agus a bhfuil a theaghlach beagán saibhir", léiríonn suirbhé nua.9. Íocann maoiniú Eorpach gannmheas ar stipín ó 100 go 300 euro gach mí (ó 130 go 350 euro in aghaidh na míosa le haghaidh post sealadach). Tá siad fós ar an aer ag bord rogha iontaobhaithe, go sonrach de réir rialacha sóisialta. Ar aon nós, agus na treoracha seo á gcur san áireamh (le laghdú mór), breathnaítear ar Erasmus mar rud róchostasach i gcás 55% de na fostaidéir a dtugtar aghaidh orthu. Mar an gcéanna is iad riachtanais airgeadaíochta an príomhmhíniú a thugtar ar gan taisteal go tír eile. Chuir an méadú 40% ar phlean airgeadais Erasmus+ don tréimhse 2014-2020, nuair a bhain teorainneacha airgeadaíochta an bonn den chlár, isteach ar an méid dámhachtainí.

Ar deireadh, do mhic léinn saibhre, is bealach brabúsach agus taitneamhach é cúpla seachtain samhraidh a chaitheamh sna Stáit Aontaithe ag déanamh cúrsaí sula bhfilleann siad ar an bhFrainc le dioplóma Meiriceánach chun a gcuid ama saoire a úsáid. Ceadaíonn na cláir samhraidh é. Ní mór a admháil, is beag seachmaill atá ag earcaitheoirí faoi luach na dioplómaí a eisítear tar éis tréimhse oiliúna chomh gairid sin. Cabhraíonn siad fós le CV a líonadh le céim ó Stanford nó Berkeley a fuarthas ar chostas íseal (mar a chéile) agus chun tír a aimsiú. Tá an-tóir orthu. Os a choinne sin, cuireann Grandes Ecoles na Fraince fáilte roimh go leor mac léinn eachtracha sa chomhthéacs seo, toisc go leathnaíonn an fhoinse suntasach ioncaim bhreise seo tréimhse úsáide a gcuid trealaimh.

An imeacht mór (agus costasach).

Tá céatadán na mac léinn ardscoile a fhágann don ardoideachas thar lear i bhfad níos airde sna comharsanachtaí upscale. I ngach rang, leanann triúr nó ceathrar mac léinn ar aghaidh lena n-oideachas in áiteanna eile, go háirithe in ollscoileanna na Breataine agus Cheanada, go ginearálta bíonn an buntáiste ag an dara ceann acu ligean do mhic léinn a gcuid scrúduithe sa Fhraincis a dhéanamh an chéad bhliain, an t-am le dul i dtaithí. Freastalaíonn daoine eile ar scoileanna óstáin den scoth na hEilvéise. Ina ionad sin, breathnaítear ar ollscoileanna mór le rá Mheiriceá le haghaidh céim mháistreachta nó iarchéime. Deimhnítear é seo i suirbhé a rinne an IFOP (Institiúid na Fraince um Thuairim Phoiblí) in 2013: tá sé beartaithe ag 77% de mhic léinn a bhfuil tuismitheoirí acu ar feidhmeannaigh nó gairmithe idirmheánacha iad, i gcomparáid le 49% ar an meán, staidéar a dhéanamh go páirteach thar lear ar a laghad.

Ag fágáil, tá sé fíor, nach bhfuil sé éasca. Ní mór duit smaoineamh, ag ocht mbliana déag, tú féin a aimsiú i d'aonar, go gcaithfidh tú teanga iasachta a labhairt, lena n-áirítear le linn scrúduithe, a bheith in ann máistreacht a fháil ar chóid chultúir eile. Bíonn diongbháilteacht agus muinín ag teastáil, chomh maith le tacaíocht a mhuintire. Faightear na comhábhair seo níos éasca i gciorcail is fearr leo, mar aithris ar an meánaicme uachtarach. Bhí an domhan ina chlós súgartha don ghrúpa sóisialta seo i gcónaí. Níl col ceathracha ar an taobh eile den Atlantach, an

Mhuir nIocht nó na Réine neamhchoitianta. Cinntíonn láithreacht nannies eachtracha agus au pair máistreacht luath ar theangacha iasachta agus cur amach ar chultúir áirithe, go háirithe ar an gcultúr Angla-Shacsanach. Uaireanta déantar staidéar tánaisteach thar lear, i gcoláistí na hEilvéise nó i Sasana. Bhí na bunaíochtaí príobháideacha ag fáiltiú roimh an meánaicme uachtarach, mar an École des Roches sa Normainn, an-cosmapolitan freisin.

Tá an tsamhail seo ag leathnú de réir a chéile go dtí na meánranganna uachtaracha. Is minic a bhíonn taithí fhairsing ag na teaghlaigh ann ar thíortha iasachta, a shaothraítear le linn malartuithe teanga, intéirneachtaí nó aistrithe gairmiúla. Go ginearálta dearfach, cuireann an taithí seo ar thuismitheoirí dul ar imirce i bhfianaise fhabhrach agus é a dhídhrámaíocht. In ionad a gcuid leanaí a choinneáil siar, ar eagla na n-aithnid, an achair, nach féidir leo cabhrú leo, arb é an t-athfhillteach é i bhformhór na dtimpeallachtaí, spreagann tuismitheoirí ó chúlraí pribhléideacha iad a fhágáil nó, ar a laghad, an imeacht seo a bhreithniú. ar bhealach níos dearfaí. Mar thoradh air sin, is minic a théann leanaí ó chúlraí faoi phribhléid chuig an deoraíocht le muinín nach bhfuil ag daoine eile. Is é Feabhra an mhí a shocraítear intéirneachtaí tríú bliana thar lear ag Eolaíochtaí Po agus i scoileanna gnó. Cuireann na hiar-mhic léinn a dhéanann staidéar ann a gceann scríbe ar Facebook: Tóiceo, Nua Eabhrac, Deilí ... ní chuireann aon rud eagla orthu, go háirithe ós rud é go mbíonn teagmhálacha teaghlaigh acu ann go minic, daoine nach gá dóibh a lorg, ach a shlánaíonn.

Sna tíortha a bhfuil tóir ag mic léinn orthu, bíonn an t-ardoideachas níos daoire go ginearálta ná mar atá sa Fhrainc, áit a gcoinníonn an tsamhail in aisce neart áirithe agus nach bhfuil na meicníochtaí chun staidéar íoctha a mhaoiniú, dá bharr sin, tearcfhorbartha. Mar sin féin, ní mór an costas breise a mheas maidir le hullmhúchán atá beagnach comhionann. Ní ráthaítear go gcosnóidh foghlaim ag HEC Montréal níos mó ná coláiste gnó sa Fhrainc, mar gheall ar na socruithe reatha i Québec agus sa Fhrainc. Is é 10,200 euro gach bliain costais oideachais ag an London School of Financial gnéithe ag an leibhéal fochéime, rud nach bhfuil mórán mar a chéile leis an méid a dhéanann an BBA (duine aonair in eagraíocht gnó) agus scoileanna éagsúla le costas pleanála comhordaithe. Ina theannta sin, tá mic léinn ón bhFrainc cáilithe le haghaidh deontas cosúil leis na Sasanaigh.

Ansin arís, tá saineolaithe na heolaíochta, a thugann céim a fheictear go huilíoch in aon bhliain amháin, costasach: os cionn 60,000 euro ag an gcoláiste Gnó Londain, áit éigin sa raon 20,000 agus 40,000 euro gach bliain le haghaidh deimhniú innealtóireachta bogearraí ag MIT (Massachusetts). Fondúireacht na Nuálaíochta), 40,000 euro gach bliain ag Scoil Chliniciúil Harvard. Tá sé seo níos mó ná na bosses is costasaí a thugann scoileanna Francacha isteach. Coinnítear scoileanna lóistín na hEilvéise freisin do mhic léinn a bhfuil go leor acmhainní acu: cosnaíonn sé 122,750 euro le tamall maith i Lausanne agus 149,000 euro i nGlion ar feadh seacht seimeastar; uimhreacha

" cuimsitheach ", gan amhras, atá fós ina mhearbhall. Is féidir leis na Francaigh an tionscal taistil a cheannairí a liostáil as measc alumni an Grandes Ecoles a lean speisialtóireacht ar an mbord ósta, arna chur i láthair mar shampla ag EM Lyon. Dá bhrí sin is é an buntáiste bunúsach a bhaineann le dul tríd an Eilvéis fanacht amach ón idirghníomhaíocht rogha ag an iontráil chuig an Grandes Ecoles, agus teastas clúiteach á thabhairt duit. Ní mór an costas maireachtála ar an láthair agus costas na dturas a chur leis na táillí teagaisc. Go ginearálta bíonn deiseanna maoinithe níos airde ná sa Fhrainc; cabhraíonn scoileanna go gníomhach lena gcuid mac léinn chun iad a shlógadh.

Tabhair faoi deara: uaireanta is bacchúrsa é fios a bheith agat cé mhéad a chosnaíonn scoil Fhrancach. Is minic a bhíonn ort bileog eolais a líonadh chun nasc a sheoladh nó bróisiúr snasta a chuireann tú ar an eolas faoi tháillí teagaisc, nó fiú teagmháil a dhéanamh leis an scoil go díreach. Os a choinne sin, foilsíonn formhór na n-institiúidí eachtracha sceideal táillí beacht agus iomlán a bhfuil rochtain air in aon chlic amháin do gach cúrsa. Léiríonn sé seo dearcadh i bhfad níos suaimhní i leith chostas an oideachais i dtíortha Angla-Shacsanach nó san Eilvéis.

Taithí brabúsach

Cén fáth saoire? Tá leibhéal na staidéar sa Fhrainc go maith, go háirithe in oiliúint roghnaíoch. I measc mo chuid mac léinn a bhfuil seimeastar nó bliain caite acu ag staidéar thar lear, creideann go leor go bhfuil na cúrsaí ar chaighdeán níos fearr sa Fhrainc. Tá an Fhrainc rangaithe go han-mhaith freisin i measc na n-áiteanna chun staidéar a dhéanamh, mar gheall ar éagsúlacht na gcúrsaí oiliúna ardleibhéil agus dea-thuairim na bhfostóirí maidir le dioplómaí Fraincise. Ag déanamh comparáide idir na cathracha ar féidir staidéar a dhéanamh orthu, cuireann an gnólacht taighde Briotanach Quacquarelli Symonds Páras chun tosaigh, chun tosaigh ar Londain agus Bostún - le do thoil! Tá Lyon agus Toulouse i measc na caoga cathair is fearr ar domhan.

Mar sin féin, má théann tú thar lear is féidir leat do scileanna teanga a fheabhsú agus comhtháthú isteach i ndomhan aisteach na scoileanna idirnáisiúnta. Ar ndóigh, tá an domhan seo go láidir Angla-Shacsanach, ach tá níos mó agus níos mó Asians ann, go háirithe sa Ríocht Aontaithe agus san Astráil. Is minic gur mic léinn iad seo a chuaigh trí scoileanna cónaithe. D'fhág siad a dteaghlach agus uaireanta a dtír i bhfad ó shin, taisteal idir chultúir éagsúla agus tomhas ar an tábhacht a bhaineann le dlúthpháirtíocht idir piaraí. Cruthaíonn sé seo cultúr agus meon atá an-difriúil le cinn na scoileanna Fraincise, go háirithe ós rud é go bhfágann ollscoileanna Angla-Shacsanach go leor spáis le haghaidh tionscnamh agus freagracht aonair.

Ag leibhéal an mháistir, tarraingíonn Grandes

Ecoles na Fraince mórán inspioráid ón tsamhail seo. Ar ais sa Fhrainc chun ullmhú dá chéim mháistreachta, beidh an mac léinn a bhfuil céim bhaitsiléara déanta aige i dtír Angla-Shacsanach eolach ar an timpeallacht chosmopolitan seo, leanfaidh sé na cúrsaí i mBéarla gan an deacracht is lú, agus úsáidfidh sé an líonra idirnáisiúnta a beidh siad tógtha suas. . .

Is minic a bhaineann siad siúd a chríochnaíonn a n-oideachas iomlán thar lear tairbhe as tosú ar a ngairm bheatha ansin. Tá go leor cuideachtaí bunaithe i roinnt tíortha, toisc gurb ionann malartuithe idir cuideachtaí a bhaineann leis an ngrúpa ilnáisiúnta céanna agus 40% den trádáil dhomhanda. Éiríonn ceist na bainistíochta idirchultúrtha lárnach mar sin; tugann barr dúbailte buntáiste suntasach.

Ní mór sonraí síceolaíochta doláimhsithe a chur leis an anailís oibiachtúil seo a chuaigh go mór i gcion orm. Is minic gur mian leo siúd a fhágann go n-éalóidh siad ó thimpeallacht teaghlaigh agus shóisialta atá beagán suffocating, in áiteanna marcáilte de ghrúpa sóisialta srianta. Athraíonn aer na farraige oscailte iad ar bhealach dearfach i gcónaí agus uaireanta iontach. D'iarr mé ar Amélie feidhmiú mar fhaisnéiseoir agam ar an saol ar champais Bhéarla, mar tá muinín agam ina breithiúnas. Faighim claochlú uirthi ag a bliain ar deoraíocht. Tá stíl discréideach coinnithe aici , ach tá féinmhuinín iontach faighte aici agus cuireann sí í féin i mbun oibre le diongbháilteacht agus fonn mór. Tá a thaobh beagán hesitant imithe go hiomlán. Téann sí i bhfeidhm orm nuair a mhíníonn sí dom go bhfuil geallta aici eolaire de mhuintir na Fraince a chuaigh tríd an ollscoil a chur le chéile agus iad a thabhairt le chéile,

Ar deireadh, má théann tú thar lear le linn do chuid staidéir, beidh buntáiste iomaíoch agat ar an margadh saothair, ar a laghad rochtain a fháil ar phoist oilte. I bhfeidhmeanna feidhmiúcháin cuideachtaí móra, tá an buntáiste suntasach. Tugann fíor-thumoideachas, a mhaireann roinnt blianta, rochtain i bhfad níos fearr ar mhargaí saothair eachtracha freisin. Baineann mic léinn ó Grandes Ecoles leas i bhfad níos mó ná iad siúd as ollscoileanna. Is feidhm de chúlra sóisialta é an buntáiste seo freisin. Tá sé costasach fágáil: ní féidir ach le mionlach beag den daonra íoc as an gcineál seo scolaíochta dá bpáistí. Teastaíonn leibhéal maith teanga uait, rud atá feicthe againn ag brath go mór ar thimpeallacht an teaghlaigh. Caithfidh tú seoladh isteach san anaithnid freisin, rud atá i bhfad níos éasca nuair a bhí taithí agat air, ós rud é go bhfanann óige, laethanta saoire agus teanga thar lear agus nuair a spreagann tuismitheoirí imeacht. Ar gach suíomh speisialaithe, cuirtear staidéar thar lear i láthair mar infheistíocht; tá sé riachtanach fós acmhainn infheistíochta a bheith agat.

Caibidil 4 Nótaí

1. AN COIMISIÚN VSEUROPEAN, Meán Fómhair 2014 (preaseisiúint).

2. Agallamh in L'Express, 28 Meán Fómhair, 2010.

3. Agallamh i Jean-Michel EYMRI, La Fabrique des énarques, Economica, Páras, 2001, lch. 189.

4. AN COIMISIÚN VSEUROPEAN, Dearcadh Fostóirí ar *Infhostaitheacht na gCéimithe* , Flash Eorabharaiméadair, Samhain 2010.

5. SurveyLang ", i Nóta Faisnéise, u 12.11, an Aireacht Náisiúnta Oideachais, Meitheamh 2012).

6. DEP, "Scileanna na mac léinn i dtuiscint ar nuatheangacha iasachta ag deireadh na meánscoile", Nóta faisnéise, n^{oh} 12.05, Aibreán 2012.

7. John Paul C.AIL, "Ceachtanna príobháideacha sa chéad bhliain den choláiste", loc. cit.

8. Peter BOURDIEU, "Trí stát an chaipitil chultúrtha", Imeachtaí taighde ar eolaíocht shóisialta, uimh. ^{ó} 30, 1979.

9. Annick BONNET, "Soghluaisteacht mac léinn Erasmus. Ranníocaíochtaí agus teorainneacha na staidéar reatha", CIEP, Márta -25-years-erasmus.pdf.

5

Tar éis an baccalaureate, TSF (gach rud seachas an ollscoil)!

"Is iad na buntáistí a bhaineann le muintearas le grúpa bunús na dlúthpháirtíochta a fhágann gur féidir iad. [1]. »

Conas a leanann **tú vs** de na agus udes s níos fearr cé mise nt ag a Bhuel em post nuair a bhíonn leibhéal oideachais leochaileach agat? Chonaic muid ag tús an leabhair seo go raibh sé indéanta uaireanta dul timpeall ar an rogha fíochmhar atá i ndisciplíní áirithe mar gheall ar an slí thar lear, ar choinníoll go bhféadfaí an réiteach an-chostasach seo a mhaoiniú. Tá sé níos fusa fós scoileanna príobháideacha a chomhtháthú, le táillí arda teagaisc, a chuireann srian láidir ar líon a n-iarrthóirí agus ar a roghnaíocht.

Nuair a bhí mé ag obair i scoil ard lucht oibre, is ar éigean a chuala mé trácht ar na scoileanna seo. Ós rud é go raibh mé ag Lycée Quesnay, thug mé faoi deara gurb iad na scoileanna gnó a bhfuil ullmhúchán comhtháite acu, nach bhfuil an-roghnach, ach as a dtagann ceithre nó cúig bliana chuig dioplómaí a bhfuil glactha go maith ag fostóirí leo, an chéad asraon do mhic léinn SB. Is asraon réamhshocraithe é fiú dóibh siúd nach bhfuil cinnte cad ba mhaith leo a dhéanamh. Ar scála níos lú, is féidir an treocht chéanna a fheiceáil i scoileanna innealtóireachta.

Ní dhéanann na mic léinn tagairt choíche don ghnóthachtáil ag cabhrú, ábhar an chostais shuntasach a bhaineann leis na scoileanna seo. Go minic ní bhíonn aon leid acu faoin gcostas nó fiú measann siad gur dócha nach mbeidh an rogha ag a muintir an costas a íoc. Le linn comhráite treorach, is iondúil liomsa a ardaíonn an t-ábhar ar dtús... go minic le cúnamh dochreidte na gcaomhnóirí, ar léir gur comhpháirt shuntasach é, ach nach mbeadh fiú ag imirt leis an bhféidearthacht tagairt a dhéanamh dó, ionas nach cosúil go bhfuil siad ag dul i gcoinne dhul chun cinn a gcuid daoine óga don gheilleagar.

Ar an eolas, is minic a bhíonn leisce ar chaomhnóirí an cinneadh seo a dhéanamh, mar go bhfuil a fhios acu faoi leibhéal íseal scoláireachta na scoileanna seo. I gcás understudies láidir (níl na cinn den scoth go ginearálta fonn ar na scoileanna), a spreagadh chun díriú ar na scoileanna is fearr agus chun dul chun ullmhú i gcás nach bhfuil siad tógtha i roinnt is fearr. A mheán-fhoghlaimeoirí, níl aon rud le rá agam, ar an bhforas nach dtugann aon ullmhúchán eile laistigh díobh cead isteach chomh mór sin dóibh chun oibre agus na scoileanna seo, fiú suite ag an gcuid íochtair den suíomh.

Cad iad na daltaí as a bhfuil scoileanna?

Is rúndiamhair é: gach bliain, téann mic léinn le heasnaimh thromchúiseacha, go háirithe i léiriú scríofa agus béil, isteach i scoileanna creidiúnacha mar ESSCA (Ecole Supérieure des Sciences Commerciales d'Angers), ESG (Scoil Bainistíochta Iarchéime) nó an BBA ó ESSEC, in ainneoin is ar éigean a fuair sé an baccalaureate. I mbliana arís, bhí meán de 8.8 sa bhliain deiridh agus 10.2 sa bhaclaíocht ag na mic léinn ba laige a tháinig isteach sa ESG. Is féidir linn a rá go bhfuil an scrúdú seo éirithe ag siúl sa pháirc, do roinnt, tá sé níos deacra a fháil ná an scrúdú iontrála scoile. Léiríonn na sonraí fíor-thromchúiseacha a d'fhoilsigh L'Étudiant, áfach, go bhfuil an meán i mbaccalaureate dhaltaí na scoileanna seo sách maith: 12.77 do ISTEC (Ardscoil Tráchtála agus Margaíochta), 13, 25 do IPAG (Institiúid Ullmhúcháin Ginearálta Riaracháin), 13.37 do EBS (Scoil Ghnó Eorpach), 13.7 do ESSCA, 13.74 do ESCE (Ardscoil na Trádála Eachtraí) , 13.95 don ESG, 14.56 don IESEG (Institiúid na hEacnamaíochta agus na Bainistíochta Eolaíoch). Conas é a mhíniú?

I 2010, bhí plé fada agam le mac léinn agus a mháthair. Bhí sé ag iarraidh pas a fháil sa scrúdú Rochtana chun IESEG a chomhtháthú. B'fhearr léi go ndéanfadh sé ullmhúchán , rud a bhí sé d'acmhainn aige a dhéanamh. Is léir gur bhain an mháthair cháilithe seo luach foirmitheach leis an ullmhúchán, lena caighdeáin arda, lena déine, leis na bunanna soladacha den chultúr ginearálta a fhaigheann duine ann. Go drogallach, d' ardaigh sí an cheist faoi chostas scoile i gceann cúig bliana.

"Tá acmhainn agat le híoc," a dúirt a mhac go ciúin. "Ach níl tú i d'aonar. Tá do bheirt deartháireacha ann freisin," a mheabhraigh sí. Bhuaigh sé a chás agus rith sé a chomórtas. An chuid eile den scéal ? Chonaic mé mo mhac léinn le déanaí i siopa, áit a raibh sé ag díol bróga, chun é féin a áitiú roimh intéirneacht. Tar éis seimeastar a chaitheamh i Mumbai agus céim Indiach a bhailíochtú, bhí sé ag ullmhú chun MBA a chríochnú i Peiriú. "Ar an mbealach sin, dúirt sé liom, beidh dioplóma agam sa Fhraincis, ceann i mBéarla agus ceann sa Spáinnis. Is léir nach raibh a chuid ama caillte aige. Chosnódh sé beagán níos lú ar a thuismitheoirí dá mbeadh sé tar éis dul tríd an scoil ullmhúcháin agus is dócha go bhfaigheadh sé scoil le rátáil níos airde. Shábháil sé dhá bhliain de dhianobair agus strus agus an baol ann go gcaillfeadh sé a chuid comórtais, atá fós ann. Bhí a fhios aige gur tógadh é fiú sular rith sé an baccalaureate agus dá bhrí sin bhí gach seans aige dul go dtí an máistir gan stró. Is féidir linn slí bheatha mhaith a thuar dó, ach is dócha nach raibh sé chomh maith sin dá mbeadh sé tar éis dul isteach i HEC nó ESCP Europe.

Mar sin tá dhá chineál mac léinn i scoileanna príobháideacha iar-bhaictéaracha: mic léinn measartha meánacha, nach mbeadh mórán seans acu dul isteach i scoileanna tar éis cúrsa ullmhúcháin, agus an deacracht is mó acu le céim san eacnamaíocht agus sa bhainistíocht a bhaint amach. Roghnaíonn siad na scoileanna seo de réir réamhshocraithe. Déanann daoine eile, ar leibhéal maith, é ar mhaithe le compord. Conas a éiríonn le daltaí meánacha na scoileanna seo a chomhtháthú? Is é an chéad choinníoll a bheith in ann 8,000 go 9,000 euro a íoc in aghaidh na bliana ar feadh cúig bliana, a bhfuil costais éagsúla curtha leo; ie buiséad de 40,000 go €50,000. An coinníoll seo deireadh a chur le tromlach mór na ndaltaí, is é an rogha scoile de na scoileanna seo lag gá, más mian leo a líonadh a gcuid ranganna. Tá sé éasca é a thaispeáint.

Glacann scoileanna a bhfuil ullmhúchán comhtháite acu cead isteach idir 20% agus 30% de na hiarrthóirí a chuireann iad féin i láthair. Tá sé i bhfad níos mó ná HEC, ar ndóigh, ach fós roghnach, rud nach dteipeann ar na scoileanna a chur in iúl. Mar sin féin, níl sé seo ach cuma. Déanann formhór na mac léinn iarratas ar go leor scoileanna, rud is fusa fós ós rud é go mbíonn na comórtais i bpáirt i bpáirt. Samhlaigh go ndéanann iarratasóirí iarratas chuig cúig scoil ar an meán agus go gceadaítear gach ceann díobh i gceann amháin acu. D'fhéadfadh gach scoil a éileamh gur ghlac 20% de na hiarrthóirí isteach, gan na comórtais a bheith deacair. Is gnách go laghdaítear an roghnúchán freisin mar thoradh ar an laghdú ar líon na n-iarratasóirí. Níl baint aige ach oiread le bunús sóisialta an iarrthóra. Éistfimid le fianaise Sarah, iarrthóir rathúil ag ESPEME (Ardscoil na Bainistíochta Gnó i gceithre bliana, den ghrúpa EDHEC), a thug chuig eagraíocht chomhairliúcháin staidéir: "Bhí mé an-sásta le mo bhéal. Bhí an giúiré, comhdhéanta de bheirt bhan, gafa leis an méid a bhí le rá agam, go háirithe le mo thréimhse dhá mhí go leith i Melbourne na hAstráile. [2]. Tá sé níos suimiúla ná cósta Shasana.

Is mistéir eile é an fhíric gur minic a fhaigheann na mic léinn seo post bainistíochta go héasca go héasca . Mura bhfuil leibhéal acadúil níos airde acu ná leibhéal na hollscoile, conas a mhínítear rogha choibhneasta cuideachtaí do chéimithe scoile?

An chéad mhíniú: líonraí. Cosúil lena ndeirfiúracha móra le rá, tá buntáiste mór ag na scoileanna seo naisc a chruthú le fostóirí agus iad a chothabháil, trí intéirneachtaí agus cumainn alumni. Cuireann na Grandes Ecoles an-tábhacht le cothabháil na ngréasán: imeachtaí a bhaineann le alumni agus le mic léinn, arb é an sampla is fearr díobh ná Bal de l'X, eolairí d'iarscoláirí, a bhfuil d'fheidhm ag irisleabhair pobal a nascadh le chéile. Sa tSín, tairgeann scoileanna gnó táillí teagaisc MBA do pholaiteoirí, chun feidhmeannaigh shinsearacha ar mian leo a líonra a shaibhriú a mhealladh. Go ginearálta bíonn cuimhní maithe ag céimithe ar a mblianta scoile agus is minic a fhaigheann siad cabhair ó sheanóirí, rud a spreagann iad chun cabhrú leis na glúnta nua. Tuigeann siad go bhfuil a gcéim níos luachmhaire fós nuair a bhíonn poist mhór le rá acu siúd a bhfuil an chéim acu, tá fonn orthu iarscoláirí a fhostú dá scoil. Is sócmhainn luachmhar iad intéirneachtaí freisin. Cuidíonn siad leis an gcéimí a bheith ag feidhmiú níos tapúla agus ag leathnú a líonra caidrimh, arb é an bealach is éifeachtaí chun post a fháil, go háirithe d'fheidhmeannaigh.

An dara míniú: is gnách go ndéanann ollscoileanna faillí ar eolas neamhacadúil. Múineann scoileanna gnó, chomh maith le scoileanna ullmhúcháin áirithe, ar a mhalairt, a gcuid mac léinn chun iad féin a chur i láthair. "Is réada agus cuspóirí foghlama iad cuma fhisiciúil, go háirithe éadaí, agus heicsidheacht coirp. [...] Go deimhin is éascaíocht, nó in áit a léirithe seachtracha, is ábhar do shaothar suntasach," a scríobh an socheolaí Muriel Darmon faoi ullmhúchán tráchtála [3]. Ag dul go dtí deireadh an phróisis, úsáideann an scoil bhainistíochta ESG, chun oiliúint a chur ar a cuid mac léinn i gceannaireacht (?), scileanna an chúrsa Florent, atá mar chuid den ghrúpa céanna ó 2012. Tá macalla ar na hábhair imní seo an cur síos a thug an Coiste. na socheolaithe Michel Pinçon agus Monique Pinçon-Charlot ó oideachas an bourgeoisie i gcoláistí chic: "Ní fhágtar cur i láthair an duine féin faoi dhea-thoil na ndaltaí. Má tá cosc ar cháir faillíoch, cuireann an lá scíthe áirithe ar fáil: sa chuid is mó de choláistí na hEilvéise nó ag an École des Roches, níl an comhionannas vótaí éigeantach chun freastal ar ranganna. Tá sé difriúil don dinnéar atá ina nóiméad dian sociability bourgeois. [4]. »

I bhfocail eile, faigheann mic léinn ar scoil ghnó, mura bhfuil sé déanta acu cheana féin ina dteaghlaigh, meonta a thug an socheolaí Pierre Bourdieu ar chaipiteal cultúrtha corpraithe. Ag múnlú íomhá an duine, an-luachmhar le linn agallaimh earcaíochta agus sa saol gairmiúil i gcoitinne, is minic a dhéanann an caipiteal seo an difríocht. Cumas chun an t-achar ceart a aimsiú maidir le do idirghabhálaithe, ag seachaint barraíocht eolais nó obsequiousness, cumas an ton ceart a ghlacadh, cumas chun luí go fabhrach: deacair a thomhas, is mór an chabhair iad na scileanna seo do chéimithe an Grandes Ecoles a chur ina luí. a lucht éisteachta agus a chur ina luí orthu go ndéanann siad feidhmeannaigh inchreidte.

Tá na mórscoileanna trí bliana ag lorg na scileanna seo freisin. Seo, mar shampla, an chaoi a gcuireann ESSEC (www.essec.fr) an t-agallamh aonair i láthair, agus é curtha ina leith go bhfuil comhéifeacht an-ard aige: "Cumasaíonn an cruinniú suirbhé a dhéanamh ar charachtar an duine atá le teacht: cur amach ar thaispeántais agus briathartha; glacacht; solúbthacht cairdiúlacht; mothú oibleagáide Maidir le ESSEC, ní mór go mbeadh a fhios ag iomaitheoirí conas: iad féin a chur in aithne; ciall a bhaint as a ghairm agus a ghealltanais; a dteagmhálacha a phlé; a gcuid claontaí a roinnt Duine aonair ón ngiúiré don triail seo, ceannaire gnó, nuair Dúirt sé liom go hiomlán go mb'fhéidir go raibh fiche nóiméad ag teastáil uaidh a bheith feasach ag glacadh leis go raibh carachtar ceannaire réasúnta ag fo-staidéar. Ceardaíocht chruthaithe Bíodh sin mar atá, an bhfuil sé fíor-thábhachtach, chomh fada agus go bhfuil na cáilíochtaí riachtanacha go léir ag an iomaitheoir?Beidh sé léirithe aige go n-imríonn sé an cluiche, go roinneann sé spriocanna agus luach na heagraíochta Sea, go n-oibríonn sé lena stíl agus lena chóid.

Ní bheadh sé ag teastáil, ar aon nós, neart na bhfostaidéar seo a theorannú do na tréithe seo. I mbliana, chomhordaigh understudies mo mheánscoil cóisir. Chuala muid mic léinn ag canadh, ag seinm léirithe agus ceoil, ó veidhlín aonair go dtí an miotal is neamhthrócaireach. Tháinig an t-uafás ó na fiche mac léinn a ghlac freagracht as an gcumann. Go minic díothaithe nó achrannach sa rang, is ceannródaithe cumhachtacha nó modhnóirí leath-líofa iad. rinne siad cruinniú le cathaoirleach na cathrach agus fuair siad seomra aoibhinn, shocraigh siad ceadú eagraíocht na scoile, dhéileáil siad le hoifig na dticéad, na héisteachtaí, an riarachán, an grúpáil taispeántais; gan nóta bréagach. Léirigh siad cumas tionscnaimh, cumarsáide, idirbheartaíochta, obair foirne nach ndéanann ár gcóras scoile measúnú orthu, ach atá tábhachtach i saol na hoibre. Beagnach gach ceann acu i teirminéal ES, beidh an chuid is mó acu sa scoil ghnó an bhliain seo chugainn; tá tús curtha lena n-oiliúint cheana féin.

Tuiscint ar éagóir

Cruthaíonn an rath seo, atá nasctha chomh dlúth le cumas airgeadais na dtuismitheoirí, mothú láidir éagóir i measc roinnt mac léinn agus múinteoirí. Is féidir linn é a thuiscint. Glacaimis ógánach a chuireann é féin in iúl i gceart agus a bhfuil, tríd an oideachas a fhaightear i dtimpeallacht teaghlaigh an-fhabhrach, le cur i láthair maith agus éascaíocht áirithe sa tsochaí. Ní hionann na tréithe seo, a d'fhéadfadh cuma fánach a bheith orthu, dóibh siúd atá cleachta le bheith ag obair le daoine óga a mbíonn leisce orthu idir ciúnas agus ionsaitheacht. Cé mhéad duine óg de chúig nó sé bliana déag a bhfuil a fhios acu conas lámha a chroitheadh le duine anaithnid agus iad féin a chur in aithne go sober, gan cúthail nó barraíocht? Samhlóimid go bhfuil suim mhór ag an déagóir seo ina chuid staidéir. Ag deireadh an dara ceann, tar éis dó fanacht thart ar an meán, roghnaíonn sé (nó sí) an sruth ES, mar is eol go bhfuil "gá oibriú" i S. Tar éis mediocre ar dtús, a dhúnann aon fhéidearthacht a ligean isteach ar prep nó ceadúnas dúbailte, toisc go mbeidh a thaifead scoile iompróidh an rian, tagann an bhliain deiridh, cinntitheach. Tá ár ndéagóir ag luasghéarú, ag obair beagán don bhac agus go leor do na comórtais Nasc, Foireann, Sesame nó Rochtana, a bhuíochas sin earcaíonn na scoileanna gnó a bhfuil ullmhúchán comhtháite acu. Iontas (toisc nach bhfuil mórán seachmaill aige faoina leibhéal acadúil): ligtear isteach é i roinnt scoileanna. a bhuíochas do na scoileanna gnó a earcaíonn ullmhúchán comhtháite. Iontas (toisc nach bhfuil mórán seachmaill aige faoina leibhéal acadúil): ligtear isteach é i roinnt scoileanna. a bhuíochas do na scoileanna gnó a earcaíonn ullmhúchán comhtháite. Iontas (toisc nach bhfuil mórán seachmaill aige faoina leibhéal acadúil): ligtear isteach é i roinnt scoileanna.

Bhí oideachas taitneamhach aige ansin, idir sheimineáir sciála agus intéirneachtaí thar lear. Tá an cocún órga inar chaith sé a ógántacht fós. Tá aonchineálacht shóisialta níos suntasaí fós ná mar atá sa scoil ard. Is féidir an t-ualach oibre a iompar fós. Mar a admhaíonn mac léinn go neamhbhalbh ar fhóram: "Seo m'ainm Lionel, táim i mo chéad bhliain ag ESSCA agus ceapaim go bhfuil aiféala orm... Go deimhin, is é ESSCA an fhaireog … mise, is oibrí crua mé agus is oibrí crua mé. a thuiscint nach bhfuil mé chun mé féin a mharú ag ESSCA [5]. Níl an t-atmaisféar ró-strusmhar, toisc go gcríochnaíonn formhór na mac léinn a gcúrsa gan roic. Ag deireadh na gcúig bliana seo, aimsíonn siad post i gceann cúpla mí agus tuilleann siad an oiread agus a shaothraíonn siad S baccalaureate, tacaíocht mata agus scoil mhaith innealtóireachta. Táimid i bhfad ón gcúrsa constaicí a gcuirtear síos orthu go minic sa phreas. Cad é an t-oideas míorúilteach chun an tráth ríthábhachtach seo a chaibidil ar an mbealach seo? Airgead, ar ndóigh.

Deimhníonn an anailís ar cad a tharlaíonn i scoileanna innealtóireachta an t-ualach a chinnfear ar mhéid na dtáillí teagaisc. Tá fás ag teacht ar scoileanna iar-baccalaureate innealtóireachta. Mar sin féin, tá a n-roghnaíocht an-athraitheach. Cé go bhfuil an INSA (Institiúidí Náisiúnta na nEolaíochtaí Feidhmeacha), scoileanna poiblí a chosnaíonn 600 euro in aghaidh na bliana, an-roghnach – thart ar 2,000 áit do 13,000 iarrthóir agus tromlach sealbhóirí baglachta a bhfuil ard-onóracha acu – na scoileanna príobháideacha a chosnaíonn ó 6,000 go 8,000. euro in aghaidh na bliana, ar fáil do mheán-bhaitsiléir eolaíochta gan ró-deacracht. Tá meán baccalaureate a gcuid mac léinn, inchomparáide leis an meán do dhaltaí scoile gnó iar-baccalaureate, ceithre phointe níos ísle ná meán na mac léinn INSA.

Ní haon ionadh é go n-eascraíonn oideachas a chuirtear i gcrích faoi na coinníollacha seo go mothaítear éagóir. Cloisimid é i mbéal na mac léinn prep. Maidir le fóraim mac léinn, nuair a thugann mac léinn mí-ámharach na bliana deiridh le fios go bhféadfadh dioplómaí scoileanna iar-bhaictéaracha áirithe dul san iomaíocht le hiar-scoileanna ullmhúcháin, cuirtear trí thine é. Is í an teachtaireacht i gcónaí ná: "Oibríonn na hullmhúcháin go dian, bíonn leibhéal acadúil níos fearr acu agus aithníonn na fostóirí é. Bheadh sé sin morálta gan dabht. Ach, seachas na scoileanna is fearr, níl sé chomh soiléir, mar is léir ó na tuarastail tosaigh atá an-ghar. Is cinnte nach bhfuil rochtain ar phoist bhainistíochta cuideachtaí móra na Fraince ach ag céimithe na scoileanna is mó le rá, ach cuireann FBManna (fiontair bheaga agus mheánmhéide) deiseanna iontacha ar fáil,

Uaireanta bíonn sé dearfa ar mhúinteoirí an rath seo a fheiceáil chomh beag sin nasctha le fiúntas acadúil, i dtéarmaí iarrachta agus torthaí. Go háirithe ós rud é go bhfuil claonadh acu, éilíonn dífhoirmiúchán gairmiúil, fiúntas acadúil a dhéanamh mar thomhas ar gach rud. Searbhas a chuir an díspeagadh a léirigh roinnt scoláirí ar na ceachtanna a múineadh dóibh chun suntais. Go deimhin tá na comórtais ar chláir i bhfad ó na cinn sa rang deiridh agus is deacair an bac a chur amú. Dá bhrí sin beidh dunce míchlúiteach den sórt sin in ann filleadh ar an láthair choire bliain ina dhiaidh sin agus a mhíniú go macánta go bhfuil sé ar scoil ghnó. Déanfaidh sé cur síos ar a intéirneacht i ngníomhaireacht chomhairleach mhór i straitéis, arna phiocadh suas ag caidreamh, agus sonróidh a phróifíl LinkedIn go bhfuil sé anois ina bhainisteoir pobail, fiú ina chomhpháirtí sa chuideachta is ar éigean a chruthaigh sé le beirt chairde.

Méadaítear ar mhothú na héagóra seo nuair a dhéanaimid comparáid idir na coinníollacha atá ag fanacht le mic léinn i scoileanna agus na coinníollacha atá i réim san ollscoil.

Tarraingteacht ollmhór na hollscoile

Má théann níos mó ná leath de na sealbhóirí baglachta ginearálta chun na hollscoile, tá an céatadán seo i bhfad níos ísle ag an ardscoil François Quesnay, mar atá i ngach ardscoil phribhléideach. I ranganna eolaíochta, as 140 mac léinn, téann 45 chuig an leigheas, 40 chuig ranganna ullmhúcháin, 35 chuig scoileanna innealtóireachta nó gnó iar-baccalaureate. Cuir imeacht thar lear agus scoileanna ailtireachta leis agus níl ach 5 go 10 mac léinn ann a roghnaíonn dul chuig ceadúnas nó IUT (Institiúid Teicneolaíochta na hOllscoile). Sna ranganna eacnamaíocha, tá an dáileadh níos éagsúla: prépas, Eolaíochtaí Po, fáilte roimh ollscoileanna eachtracha thart ar 30 mac léinn, scoileanna gnó iar-baccalaureate thart ar 30, scoileanna ealaíne 10. Dá bhrí sin tá fós thart ar cúig déag dalta, a roghnaíonn go príomha le haghaidh dlí nó IUT. San iomlán, ní théann ach mac léinn amháin as gach ochtar chuig an ollscoil,

Cén fáth? Féachann mo mhic léinn ar an ollscoil mar dhubhóg ina gcaithfidh siad aghaidh a thabhairt orthu féin agus iad féin a spreagadh. Is annamh a bheadh na dioplómaí a bhfuil meas orthu ar mhargadh an tsaothair ann. Imríonn eagla na cruinne drochrialaithe, a bhfuil rialacha an chluiche doiléir agus a aimsítear de réir a chéile, ról freisin ag aineolas na dioplómaí agus na poist a bhfuil siad mar thoradh orthu . Ní mheallann ach cúrsaí dlí agus cúrsaí roghnacha, amhail ceadúnais dhúbailte. An bhfuil údar leis na boinn tuisceana seo? Chuaigh mé sa tóir ar teistiméireachtaí chun iarracht a dhéanamh a thuiscint cén fáth go seachnaíonn mic léinn an príomhoiliúint saor in aisce san ardoideachas.

Ní mic léinn ardscoile François Quesnay na cinn amháin a thréigeann an ollscoil. Tarlaíonn níos lú agus níos lú staidéir tar éis an bhaclais san ollscoil agus marbhántacht san IUT, agus tá méadú faoi thrí tagtha ar an líon i scoileanna gnó le trí bliana déag agus méadaithe faoi dhó i scoileanna innealtóireachta. De réir INSEE, le deich mbliana anuas, tháinig an fás ar líon na mac léinn ó scoileanna gnó (atá freagrach as 33% den mhéadú), ó scoileanna paraimhíochaine agus sóisialta (27%) agus ó scoileanna innealtóireachta (17%). Glacann scoileanna príobháideacha sciar an leon.

Os a choinne sin, chláraigh 32% de shealbhóirí baglachta in 2013 san ollscoil an bhliain acadúil dár gcionn, i gcomparáid le 39% sa bhliain 2000. Tá an titim go háirithe soiléir i measc mac léinn a bhfuil baccalaureate ginearálta acu, cé go méadaíonn rolluithe coláiste i measc sealbhóirí baccalaureate gairmoideachais, fós neamhullmhaithe chun staidéar a dhéanamh ann. . Treisíonn an fhorbairt seo an smaoineamh gur rogha réamhshocraithe é clárú san ollscoil. Mar sin titim ar thorthaí nach bhfeabhsóidh clú na hinstitiúide. In 2012, níor bhain ach 43% den 146,000 mac léinn ollscoile sa chéad bhliain go dtí an dara bliain é agus tharraing 28% siar. Gan dabht tá na torthaí seo mar gheall ar an easpa maoirseachta, ach thar aon rud eile don phobal a fhaigheann na hollscoileanna, is iad sin na cúrsaí neamhroghnacha amháin san ardoideachas.

Ar an meán, is ionann sealbhóirí bagláis ghairme agus 5% de mhic léinn na chéad bhliana agus sealbhóirí baglachta teicneolaíochta 15%. Ach tá na comhréireanna seo i bhfad níos airde sna hollscoileanna leis na torthaí is ísle. Mar sin, is ionann sealbhóirí baglachta teicneolaíochta nó gairmiúla agus 31% díobh siúd atá cláraithe in Le Havre (27% de na pasáistí sa dara bliain)... agus 60% díobh siúd atá cláraithe i bPáras-XIII (25% de na pasáistí)! Ní fhaigheann ach 5% de shealbhóirí an bhaitsiléara ghairmiúil céim bhaitsiléara, i gcomparáid le beagnach leath de na sealbhóirí baglachta ginearálta. Maidir leis na mic léinn a bhfuil sé beartaithe go teoiriciúil dóibh, níl an ollscoil tubaisteach dá bhrí sin, go háirithe má chuireann duine san áireamh nach meallann sé na céimithe is fearr, ach amháin sa leigheas nó sa sruth roghnach. Ach tá na sonraí amh a scaoiltear don phobal scanrúil.

Ina theannta sin, tá modhanna na n-ollscoileanna, go háirithe daonna, an-leordhóthanach. Léiríonn an meánchaiteachas in aghaidh an dalta an ganntanas seo. Tá sé measta ag 10,770 euro san ollscoil, i gcoinne 13,740 euro i STS, 15,080 euro sa rang ullmhúcháin agus thart ar 17,000 euro sa scoil ghnó. Arís, is meánmhéid é seo ag cur san áireamh gach leibhéal agus gach oiliúint. Is lú i bhfad na chéad timthriallta endowed. Ina theannta sin, tá céimeanna dúbailte á dtairiscint ag ollscoileanna le roinnt blianta anuas, ag comhcheangal dlí agus eacnamaíocht, eolaíocht agus stair, na healaíona agus na heolaíochtaí sóisialta nó eolaíocht agus eacnamaíocht. Roghnach, cóipeann na cúrsaí sár-rathúla seo modhanna áirithe scoile: cumainn ghníomhacha mac léinn, deireadh seachtaine lánpháirtithe, líon ard uaireanta an chúrsa, comhpháirtíochtaí idirnáisiúnta. Ós rud é go bhfuil an Stát ag tarraingt siar ó thaobh airgeadais de, ainneoin focail mhaithe a chuid airí comhleanúnacha, ní thabharfaidh sé acmhainn choíche d'ollscoileanna chun go n- éireoidh le tromlach a gcuid mac léinn sa chéad bhliain dá gcéim bhaitsiléara, a bhuí le heagrú na hoiliúna i ngrúpaí beaga. , toisc go bhfuil uathachas ag an Stát, ní mór d'ollscoileanna poiblí gealltanas a thabhairt go ndéanfar an chéad bhliain den chéim bhaitsiléara a chur ar fochonradh d'ardoideachas príobháideach agus cáin a ghearradh air agus é ag dul ar aghaidh chun L2 agus L3 a mhaoiniú ar bhealach níos ceart [6].

Mar thoradh ar an mbochtaineacht seo, ní leor na rátaí maoirseachta, go háirithe sa chéad timthriall. Seachas staidéar teanga, bíonn ceachtanna i ngrúpaí beaga teoranta go ginearálta do thrí nó ceithre sheisiún uair go leith in aghaidh na seachtaine, agus an chuid eile de na ceachtanna á dtabhairt i hallaí móra léachta ina bhfuil sé deacair fanacht dírithe agus dodhéanta ceist a chur. cheist nó chun teacht ar ais go dtí sliocht míthuiscint. Is iad mic léinn ardtaithí nach bhfuil taithí acu is minice a chuireann ranganna teagaisc ar fáil, atá dírithe ar a dtráchtas a chríochnú níos mó ná ar a gcúrsaí agus gan aon oiliúint oideolaíoch. Earcaíonn an ollscoil múinteoirí meánscoile freisin, a bhfuil oiliúint i bhfad níos fearr acu, ach ní bhíonn siad tarraingteach agus is beag an líon post.

Tá roinnt disciplíní go háirithe faoi mhíbhuntáiste. De réir an dlí, bíonn léachtaí san amfaitéatar ag mic léinn go príomha. De réir achoimre ón gCúirt Iniúchóirí, "cé go bhfuil ollamh amháin ar an meán do 30 mac léinn sna disciplíní eile, titeann an cóimheas seo go 1 in aghaidh 55 sa dlí [7]". Is é an ráta maoirseachta timpeall 26 múinteoir-taighdeoir do 1,000 mac léinn, agus is é an meán, gach disciplín le chéile, 36 in aghaidh 1,000. Tá caiteachas in aghaidh an dalta an-íseal freisin ansin, tugann an Chúirt faoi deara. Go deimhin, le 248 euro in aghaidh na bliana agus in aghaidh an dalta i bPáras-Ouest-Nanterre-La Défense, mar shampla, tá acmhainní na scoile dlí an-teoranta.

Mar gheall ar an easpa acmhainní rúnaíochta, is annamh a chuirtear in iúl do na mic léinn nach bhfuil na hOllúna ar an eolas, bogann siad timpeall gan ghá agus go bhfanann siad os comhair na seomraí folmha nó na hallaí léachta sula gcinneann siad imeacht. Lasmuigh de chásanna ina bhfuil teagasc curtha i bhfeidhm i ndáiríre, ní rianaíonn aon duine oideachas mac léinn fochéime, rud a bhíonn gan ainm de ghnáth ag an riarachán agus ag formhór na dáimhe. Tá an turraing foréigneach mar sin do mhic léinn ar gnách leo, sa scoil ard, obair leantach beacht a dhéanamh (SMS seolta chuig an teaghlach i gcás neamhláithreachta, plé ar threoshuíomh leis an bpríomhoide, is minic a bhíonn teacht ag múinteoirí ar theachtaireachtaí). Mar thoradh air seo eisíonn coláistí rialacha maol, amhail "níos mó ná trí neamhláithreacht agus dearbhaítear an mac léinn mar mhainneachtain", beag beann ar na cúiseanna.

Tá sé níos casta físteilgeoir a fháil chun múineadh ag La Sorbonne ná mar a bheadh i gcoláiste sna bruachbhailte; Tá taithí agam air. Níl na hacmhainní ag ollscoileanna a thuilleadh freastal orthu siúd a thagann chucu. Tá go leor mac léinn a ndiúltaítear do chúrsaí nach bhfuil fós roghnach, agus tá iachall a roghnú ollscoil eile nó cúrsa eile. Tá oifigigh ag iarraidh a chur ina luí ar mhic léinn clárú le rialú teirminéil, is é sin, ceachtanna grúpa beaga a fhágáil faoi smacht leanúnach, chun líon na múinteoirí atá le híoc a laghdú, a bhfuil sé deacair dóibh a fháil freisin.

Mar gheall ar an easpa acmhainne, is fearr léachtaí in éisteachtaí. Nuair a bhíonn siad ar fáil ar líne, is cosúil go bhfuil an cineál seo teagaisc as dáta. Ní ligeann sé do mhic léinn idirghníomhú, a dtuiscint ar rudaí a thástáil, an cheist a cuireadh a phlé. Imíonn fiú an teagmháil fhisiciúil, de réir cuma, gluaiseachtaí, modhnuithe an ghutha, a dhéanann go leor chun aird an lucht féachana a choinneáil, nuair a bhíonn na huimhreacha ró-mhór agus an múinteoir seamaithe chuig a dheasc ag an ngá atá le labhairt isteach. micreafón seasta.

Is minic a bhíonn an Ollscoil leadránach. Níl na cúrsaí deartha chun spéis a chur ar mhic léinn, ach chun oiliúint a chur ar mhic léinn dochtúireachta amach anseo a éireoidh i gcomharbacht ar na múinteoirí a bheidh ann. In Le Monde, dearbhaíonn Pierre Alary, a mhúineann san ollscoil tar éis trí bliana a bheith ag obair i scoil ghnó, an méid seo: "Tá loighic na scoile gnó difriúil ó loighic na hollscoile. [...] Tá imní ar na scoileanna príobháideacha seo faoi aiseolas ó mhic léinn, caithfidh na cúrsaí iad a shásamh, suim a bheith acu iontu. Ach cuireann an geilleagar a mhínítear trí mhúnlaí matamaitice go mór leo agus níl aon rud níos fearr ná na hallaí léachta a fholmhú! Cloisimid an cineál céanna cáineadh san eolaíocht nó i dteangacha. Ag tabhairt aghaidh ar chúrsa soporific nó ró-theoiriciúil, is féidir le gach mac léinn a dhéanamh gan freastal, nach bhfuil aon iarmhairtí láithreach. agam freisin,

Déanann mic léinn ollscoile intéirneachtaí i bhfad níos lú ná in áiteanna eile. Ina theannta sin, is beag a dhéanann an institiúid chun cabhrú leo é a fháil.

Dúirt mac léinn a fuair intéirneacht trí chaidreamh pearsanta liom go raibh sé an-deacair dó a fháil amach conas an comhaontú intéirneachta a bheith faofa ag an ollscoil. Mar sin féin, is minic a thagann deireadh leis an mbliain ollscoile ag deireadh mhí na Bealtaine, rud a fhágann go leor ama chun intéirneacht a dhéanamh, agus saoire á ghlacadh agat. Is léir go bhfuil pionós ag baint le heaspa intéirneachta nuair a bhíonn a fostaíochta, i dtéarmaí taithí agus caidrimh. Is fíor go bhfuil dul isteach i bhfostaíocht chomh casta sin sa Fhrainc go bhfuil intéirneacht nó post samhraidh mar chomharthaí seachtracha saibhris anois. Seachas oifigí scoláirí an Grandes Ecoles, faightear poist shuimiúla trí chaidreamh pearsanta, rud a thugann buntáiste do dhaltaí a bhfuil a dtuismitheoirí in áit mhaith.

Béarla páirteach in ollscoil san Ile-de-France. Tháinig na céadta mac léinn san eacnamaíocht, sa bhainistíocht agus sa mhatamaitic fheidhmeach ar an amfaitéatar. Dáileann an triúr múinteoirí atá i bhfeighil na heagraíochta na hábhair, a bhíonn éagsúil de réir na hoiliúna a leantar, agus maoirsíonn siad an triail chomh maith agus is féidir, ós rud é go bhfuil siad róbheag agus nach féidir leo scaipeadh go héasca sna bánna. Ag deireadh na trialach, téann na hiarrthóirí i líne chun a bpáipéar a thabhairt ar ais. Téann duine acu i dteagmháil leis an maoirseoir, a díríonn ar a liostú agus a dhéanann cóip de: "Cac! Tá tú san eacnamaíocht agus tugadh an t-ábhar a bhí beartaithe don mhatamaitic fheidhmeach duit. Shrugs sé. " Go maith. Gheobhaidh muid réiteach."

Is minic a bhíonn eagrú na scrúduithe easnamhach san ollscoil. Gné eile é seo den easpa acmhainní. Tar éis dom iarscoláirí a chloisteáil ag gearán faoi, rinne mé mionstaidéar ar na hábhair a bhí ann ag deireadh na chéad bhliana san eacnamaíocht, disciplín a bhfuil aithne agam air. Chuir an méid a chonaic mé iontas orm. I micrea-mar atá sa mhaicreacnamaíocht, san ollscoil seo [8], is i bhfoirm ceisteanna ilroghnacha (MCQanna) is mó a bhíonn scrúduithe. De réir dealraimh úsáideadh é le déanaí, tá buntáiste soiléir ag baint leis an gcineál seo scrúdaithe ó thaobh am ceartúcháin de: tógann sé cúig déag go fiche nóiméad ar an meán chun tráchtas a cheartú, ach ní thógann sé ach tríocha soicind le haghaidh MCQ. Mar sin chuir eacnamaithe an coincheap de ghnóthachan táirgiúlachta saothair a mhúineann siad i bhfeidhm!

Leis na MCQanna is féidir sealbhú an eolais a sheiceáil... agus sin mar gheall air: gan aon mhachnamh, gan scríobh, gan sintéis. Is féidir mar sin dul chun cinn a dhéanamh i do chuid staidéir eacnamaíocha gan oiliúint chun réasúnaíocht a scríobh agus a thógáil. Tá sé an-deacair máistreacht na n-uirlisí matamaitice a mheas le MCQ freisin: i gceist ríomha, tabharfar réasúnú dea-sheolta i gcrích ag earráid ríomh íosta ar an mbealach céanna le neamhábaltacht iomlán chun an cleachtadh a thosú.

Is í an fhadhb mhór le MCQs gur féidir i gcónaí pointí a thuilleamh trí fhreagra a sheiceáil go randamach. Go loighciúil, ba cheart go bhfaigheadh moncaí atá ag clóscríobh go randamach ar mhéarchlár an meán má tá an rogha idir dhá fhreagra agus 5/20 má tá ceithre rogha féideartha ann. Ar ndóigh, is féidir leat pointí diúltacha a thabhairt isteach i gcónaí chun pionós a ghearradh ar earráidí, de réir nós "álainn" na Fraince a spreagann tú gan freagra a thabhairt ar eagla go ndéanfaidh tú botún. Is é seo a thairgeann an ollscoil seo, agus is é an míbhuntáiste mór go bhfaighidh an mac léinn a n-údaraíonn go ceart agus go stuama botún sa ríomh deiridh níos lú pointí ná an té nach bhfreagraíonn na ceisteanna deacra.

D'fhéadfaí, áfach, dul ar aghaidh ar shlí eile. Ba cheart an nodaireacht a choigeartú chun a chur san áireamh go mbeidh cúpla freagra ceart dosheachanta ag duine a fhreagraíonn go randamach, go dtairgfidh sé ceithre rogha freagartha ar a laghad agus go ndéanfaidh sé foráil do líon mór ceisteanna (caoga ar a laghad), chun teorainn a chur le tionóisc. freagraí cearta. . Mar sin féin, ní chuireann MCQanna na hollscoile seo ach fiche ceist agus go minic ní thairgeann siad ach dhá nó trí rogha freagartha, ceann acu chomh grotesque uaireanta go bhfuil gá é a dhíchur (agus go mbraitheann an mac léinn go bhfuil sé tógtha mar amadán). Is minic go mbíonn botúin litrithe nó earráidí sna topaicí mar gheall ar chóipeáil/greamú ró-thapa. Ní shonraítear sna ráitis na boinn tuisceana is bun leis an réasúnaíocht nach mór a dhéanamh (a mhéadódh méid na ráiteas faoi dheich, i.e.

Is féidir leis an staid chúrsaí seo mothú go héasca a thabhairt do dhaltaí go bhfuil an mheastóireacht randamach agus thar aon rud eile eagraithe ar chostas níos ísle.

An "in ainneoin sinn": mic léinn de réir réamhshocraithe agus mic léinn bhréagacha

De réir suirbhé ón Aireacht, b'fhearr le 38% de mhic léinn na chéad bhliana treoshuíomh eile [9]. Ardaíonn an céatadán seo go 52% i measc sealbhóirí baccalauréat teicneolaíochta nó gairmiúla, rud nach bhfuil iontas i ndáiríre. Go minic, bíonn an dara ceann acu san ollscoil toisc nár lig a dtaifead acadúil lag dóibh rochtain a fháil ar STS. Ach conas is féidir linn a shamhlú go n-éireoidh le mic léinn a mheastar a bheith ró-lag chun go n-éireodh leo in oiliúint teagaisc an-choncréite atá dírithe ar chomhtháthú gairmiúil ag leibhéal bac + 2 ceadúnais ollscoile? Go háirithe ós rud é go dtagann siad ann i droch-choinníollacha síceolaíochta.

Is fíor go bhfuil gach foirm eile, ar bhealach amháin nó ar bhealach eile, roghnach. Is féidir le céimithe a iompaítear ar shiúl áit a fháil i gcónaí le fanacht sa choláiste, ach gan a bheith ag iarraidh; agus níl sé cinnte go bhfuil leibhéal oideachais imleor acu. Go teoiriciúil, tá leibhéal dóthanach ag gach céimí, ós rud é go gceadaíonn an scrúdú an cumas chun na ceachtanna a leanúint. Ní léiríonn an cur i láthair rudaí seo an réaltacht. Is ocsamóin é an nóisean de bhaitsiléir gairmoideachais freisin: ullmhaíonn an dioplóma seo do lánpháirtiú gairmiúil láithreach, agus bailíochtaíonn an baccalaureate an fhéidearthacht chun an t-ardoideachas a leanúint.

I bprionsabal, is iad na staidéir is faide na cinn is teibí agus go minic na cinn is deacra. Ach is minic a mheallann gearrchúrsaí mic léinn níos fearr ná staidéar ollscoile, mar gheall ar a roghnaíocht. Ar ndóigh, bíonn mic léinn dea-eagraithe neamhspleácha, atá in ann nótaí a ghlacadh go héifeachtúil, in IUTanna chun ullmhú do bhaclacht + 2 agus iad ag baint tairbhe as maoirseacht dhaingean (níos mó ná fiche uair an chloig in aghaidh na seachtaine i líon beag), agus na mic léinn nach bhfuil an oiread sin oilte acu. iarracht leas a bhaint as léachtaí agus seisiún teagaisc a ullmhú ina n-aonar as liosta cleachtaí nó leabharliosta. Go deimhin, roghnaíonn daltaí ardscoile maithe IUT. Ní théann siad ann chomh mór sin don DUT gur fearr maoirsiú a dhéanamh orthu ná ar an ollscoil agus ansin ullmhaíonn siad le haghaidh céime nó iontráil comhthreomhar chuig Grande Ecole. Míníonn Sandrine, duine de na mic léinn amháin atá agam ó chúlra measartha, dom, tar éis di bac a chur air (le honóracha), go ndeachaigh sí chuig IUT mar gur mhothaigh sí rud beag leochaileach don ullmhúchán. Tá áthas uirthi, oibríonn sí go leor agus tá sé mar aidhm aici ligean isteach comhthreomhar chuig scoil ghnó tar éis di dioplóma.

Go hachomair, i bhfianaise an phobail a bhfáiltíonn sí roimhe, ba cheart go mbeadh i bhfad níos mó acmhainní ag an ollscoil do mhic léinn na chéad bhliana ná mar atá ag cúrsaí eile agus iad a dhíriú ar an leibhéal seo. Go díreach a mhalairt atá ag tarlú. Damáiste.

I gcásanna áirithe, bíonn "mic léinn bhréagacha", daoine óga dífhostaithe ó chúlraí measartha a chláraíonn san ollscoil chun tairbhe a bhaint as scoláireachtaí agus as cosaint shóisialta, ag cur isteach ar na chéad bhlianta den chéim bhaitsiléara freisin. Tá an fhadhb seo comhchruinnithe in ollscoileanna na gceantar móréilimh, mar shampla i bPáras-VIII-Saint-Denis agus i bPáras-XIII-Villetaneuse i réigiún Pháras, Lille-III nó Toulouse-Le Mirail. Déanann tuarascáil ó Le Monde cur síos ar an gcás in Perpignan [10] : tá idir ceathrú agus leath de na páipéir a cuireadh ar ais le linn scrúduithe na chéad bhliana bán.

Cé nach bhfuil sé ar intinn acu na cúrsaí a leanúint, is minic a chláraíonn na mic léinn falsa seo i ndisciplíní a bhfuil an chuma orthu go bhfuil teacht orthu, sa tsocheolaíocht, sa tsíceolaíocht nó i AES (riarachán eacnamaíoch agus sóisialta), seachas sna clasaicí. , eacnamaíocht nó matamaitic. Dá bhrí sin, tá siad iomadúla. D'oibleagáid orthu teacht ar na codanna, fágann siad an seomra chomh luath agus is féidir, tar éis dóibh an bhileog tinrimh a shíniú agus cóip bán a sheoladh ar ais. Uaireanta cuireann siad isteach ar an tástáil. Ní mór dóibh freastal ar ranganna teagaisc freisin, toisc go ndéantar eisiamh uathoibríoch tar éis trí neamhláithreacht le linn an tseimeastair (a mhaireann i ndáiríre dosaen seachtaine). Cuidíonn a ndearcadh le mic léinn eile a dhíshlógadh agus cuireann siad as do mhúinteoirí: seiceálann siad a nguthán, coinníonn siad a gcluasáin ar siúl, codlata ar tháblaí , etc. [11] .

Ní fadhb nua í. Chuir cara múinteora i Lille síos dom cheana féin sna 1990í. Ach tá sé ag fás ó shin i leith. Míníonn an easpa fíorúil RSA (ioncam dlúthpháirtíochta gníomhach) dóibh siúd faoi bhun cúig bliana is fiche agus an leibhéal ard dífhostaíochta i measc na n-óg an staid seo, ach ní fhágann siad sin níos inghlactha. Tá scoláirí agus múinteoirí thíos leis an gcás, rud a chuireann síos ar atmaisféar na gcúrsaí agus ar na rátaí ratha. Spreagann sé seo freisin na hollscoileanna chun teorainn a chur leis na hacmhainní a chaitear ar mhic léinn na chéad bhliana, chun iad a chur in áirithe do mhic léinn "dáiríre". Mar sin féin, is iad daoine nua atá ag teacht isteach na cinn is mó a dteastaíonn tacaíocht uathu. D'fhéadfaí an fhadhb a réiteach trí íosghrád a éileamh chun rochtain a fháil ar an dara seimeastar nó, ar a laghad, athchraoladh. Leis an fhírinne a rá, is cosúil go bhfuil an Stát ag cur suas le cás a fhágann gur féidir, ar bheagán costais, déileáil le fadhb na ndaoine óga gan post nó cáilíochtaí, trí iad a bhaint de na staitisticí dífhostaíochta mar mhalairt ar chosaint shóisialta agus íosta. ioncam. Chun aimhleasa féinmheas na ndaoine óga seo agus coinníollacha oibre na hollscoile.

Déan machnamh ar feadh nóiméad ar chás na ndaoine óga seo. Cén fáth a gcláraíonn siad i ndisciplíní a bhaineann leis an mbaccalaureate a fuair siad, más rud é nach bhfuil toisc go bhfuil a rollú tromchúiseach i bpáirt? Arna cheistiú ag na hiriseoirí, dearbhaíonn siad nach bhfuil ann ach don sparán, nach bhfuil suim acu iontu seo

" staidéir buffoon " as a dtagann rud ar bith, etc. Ach d'fhéadfadh amhras a bheith ar dhílseacht na cainte ciniciúil scoite seo agus a shamhlú, a mhalairt ar fad, gur chláraigh na daoine óga seo ag súil le suim a fháil sna cúrsaí agus torthaí cearta a fháil. I ngleic le teagasc nach labhraíonn leo, bheadh siad, sa soicind amháin, tar éis an dioscúrsa cosantach seo a fhorbairt, rud a sheachnaíonn ceist a chur ar a gcumas rathúlachta. I mbeagán focal, bheadh siad níos lú brabúsaí as an gcóras ná íospartaigh a mífheidhmiú.

Le linn comhráite le daltaí scoile ard, tagann an cheist faoi chéannacht na sruthanna suas go seasta. Feiceann na daltaí go maith cad is scoil bhainistíochta nó innealtóireachta ann agus cén cineál gairme a bhíonn acu. Tá teidil ar leith ag BTS agus DUT. Ach cad as a leanann céim bhaitsiléara sa mhatamaitic nó san eacnamaíocht? Níl aon smaoineamh ag na daltaí agus bíonn sé an-deacair iad a fháil amach. Ar a mhéad is féidir leo teidil an mháistir a n-ullmhaíonn ceadúnas dóibh a fháil trí bhreathnú go cúramach. Os a choinne sin, meallann oiliúint le haghaidh (de réir dealraimh) deiseanna dea-aitheanta ar nós an dlí go leor mac léinn, in ainneoin rátaí arda teipe.

Mar gheall ar easpa straitéise soiléir, is minic a roghnaíonn mic léinn ábhar a bhfuil máistreacht mhaith acu air agus a thaitin leo sa scoil ard. Ach ní hé an rud céanna é grá a thabhairt don Bhéarla agus staidéar a dhéanamh ar an mBéarla agus ar an tsibhialtacht i gceadúnas, gan an iomarca a shamhlú cad is féidir a bheith mar thoradh air. Tá sé seo níos fíor fós san eacnamaíocht, áit a ndéanann mac léinn na chéad bhliana go príomha matamaitic fheidhmeach, gan aon bhaint aige le cúrsaí na bliana deiridh ar fhás nó ar dhífhostaíocht.

In ainneoin iarrachtaí dáiríre, is minic go dtógann ollscoileanna samhlacha dioplómaí de réir oiliúint na mac léinn PhD amach anseo agus leasanna áitiúla ("ní mór cúrsa ceadúnais a chruthú don Uasal Lefèvre"). Ní leor oiriúnú na dioplómaí don fhostaíocht agus is mall é, agus tá riachtanais an chórais eacnamaíoch ag athrú go tapa. Mar sin, chun freastal ar an éileamh láidir ar scileanna dé (TF agus bainistíocht, innealtóireacht agus dlí, etc.), ba cheart go mbeadh déchuraclaim mar phointe láidir na hollscoile, a bhfuil raon leathan scileanna aige. Ach cuireann tarraingt siar gach foirmithe isteach ann féin moill ar a bhforbairt. Mhínigh cara dom nach bhféadfadh sé an cúrsa dúbailte a bhí á mheas aige a chur ar bun toisc go ndiúltaíonn roinn an dlí díolúine a thabhairt dá cuid mac léinn, atá an-mhaith agus ar bheagán líon,

I ♥ Ollscoil Versailles-Saint-Quentin-en-Yvelines

Eascraíonn ceist na féiniúlachta freisin as an bhfíric nach bhfuil aon bhranda ag an ollscoil, le roinnt eisceachtaí. Mar sin féin, tá brandaí riachtanach chun bealach an duine a fháil i maquis na hoiliúna. Mar shampla, is deacair a rá cé na gairmeacha atá ina gcúis le hEolaíochtaí Po Paris, i bhfianaise ilroinnt na máistrí atá ar fáil ansin, gan a rá go bhfuil mearbhall orthu. Ach is branda láidir é Science Po, a chuireann an Institiúid ar aghaidh freisin chun aimhleasa ainm oifigiúil na hInstitiúide um Staidéar Polaitiúil, gan leisce a ghlacadh caingean dlí a ghlacadh i gcoinne ollscoileanna a úsáideann an t-ainm cláraithe seo gan chuimhneamh.

Déanann ollscoileanna iarracht brandaí a chruthú, ach ní chabhraíonn ainmneacha mar Bordeaux-IV nó Grenoble-II leo. Athainmníodh Paris-X Paris-Ouest-Nanterre-La Défense chun a ainm a cheangal le hainm an cheantair ghnó (ina dtugtar cúrsaí áirithe) agus chun Paris-Ouest a chur in ionad Nanterre, comhchiallach do go leor daltaí scoile ard. , leaba theasaíochta den chléireachas idirnáisiúnta agus bruachbhaile faoi mhíbhuntáiste atá ag cur isteach go mór air. Is léir go bhfuil bealach fada ón íomhá seo go dtí réaltacht na hearcaíochta sách bourgeois i Nanterre, go háirithe sa dlí agus san eacnamaíocht, ach tá cumhacht na híomhá i réim. Mar sin féin, tá an comhréiteach a roghnaíodh ró-mhearbhall chun cúrsaí a fheabhsú.

Fiú nuair a bhíonn ainm mór le rá ag an ollscoil, ní i gcónaí a bhainistíonn sí go maith é. Soláthraíonn an

Sorbonne sampla iontach. Ar a dtugtar ar fud an domhain, tá an branda "Sorbonne" á chaitheamh ag trí ollscoil éagsúla, rud nach spreagann é a úsáid ná a aithint. Arbh fhiú tuairim is billiún euro é ag Gníomhaireacht Oidhreachta Doláimhsithe an Stáit, díoladh go páirteach é le hOllscoil Paris-Sorbonne-Abou Dhabi. Rugadh sa bhliain 2006 de bharr comhaontú idir Páras-IV agus rialtas Abu Dhabi, agus tá monaplacht aige ar ainm Sorbonne sa Near agus sa Mheánoirthear. Is beag dul chun cinn atá déanta i bPáras-IV i ndáiríre, ós rud é go mbaineann an t-ainm de réir dlí le Seansailéir ollscoileanna Pháras. Ach nuair a rinne Páras-I iarracht tionscadail a bhunú le Catar agus le Bairéin, cuireadh bac orthu seo ag an leibhéal is airde sa Stát, ar chúiseanna taidhleoireachta: níorbh fhéidir an comhaontú a tugadh chun críche a cheistiú gan ceannairí Abu Dhabi a chiontú. Mar sin féin, bhí an baol ann go ndéanfaí íomhá an Sorbonne a smúlú in "ollscoil an ghainimh" nach bhfuil mórán mac léinn agus ollúna buan ann ach go raibh roinnt oifigeach ar athraíodh a ionad. Ar deireadh, tá buntáistí airgeadais an chomhaontaithe an-teoranta, murab ionann agus an Louvre Abu Dhabi (tá an branda "Louvre" díolta le tríocha bliain agus 400 milliún euro).

Tá ceist an roghnúcháin fós ann. Tá iomaíocht neamhshrianta san ardoideachas mar thoradh ar ollchóiriú an mheánoideachais. Is féidir le thart ar 80% d'aoisghrúpa a bheith ina mic léinn, i gcomparáid le 30% tríocha bliain ó shin. Tá an iomaíocht ag forbairt i gcomhthéacs mearbhall, atá marcáilte ag ardú tapa ar leibhéal cáilíochtaí daoine óga agus cruthú lag post oilte. Laghdaíonn na gluaiseachtaí contrártha seo luach na dioplómaí. Chun an seasamh sóisialta céanna a bhaint amach lena thuismitheoirí, ní mór ceann a bheith armtha le dioplóma i bhfad níos airde. Tuigeann leanaí agus tuismitheoirí araon é seo, go háirithe ós rud é go n-áitíonn margaíocht cuideachtaí tacaíochta agus oideachais deacracht na scrúduithe agus na gcomórtas, agus luann na meáin go míchúramach dífhostaíocht i measc na n-óg. [12], rud a chuireann isteach ar chéimithe ardoideachais i bhfad níos lú ná a chéile. Cothaíonn an comórtas seo éiginnteacht struis do dhaoine óga agus dá dtuismitheoirí. Seachas na mic léinn an-mhaith, a leanann an bóthar ríoga a théann go dtí an Grandes Ecoles, inniu mar inné, tá an baol íosghrádú fíor. Fiú le staid mhaith, is minice a fhaigheann tuismitheoirí tuarastal. Is féidir leo tacaíocht airgeadais, intleachtúil agus mhothúchánach a sholáthar dá leanaí, ach ní féidir leo fostaíocht a sholáthar dóibh. Mar sin níl aon chinnteacht acu go n-éireoidh lena bpáistí chomh maith nó níos fearr ná iad gan dioplóma an-mhaith.

Bíonn tionchar ag eagla an íosghrádaithe ar na meánranganna agus na meánranganna uachtaracha, ó innealtóirí táirgeachta go múinteoirí, ó theicneoirí go saoithe, ó altraí go rúnaithe, ó fhostaithe bainc go seoltóirí traenach. Tá [13] léirithe ag an socheolaí Louis Chauvel go raibh an teip ar an ardaitheoir sóisialta buan. Bíonn deacrachtaí ag giniúint daoine 25-35 bliain d'aois poist ghairmiúla na gcaogaidí a bhaint amach, is é sin le rá glúin a dtuismitheoirí.

Is é an dúshlán mar sin ná seasamh amach ó na

cinn eile, de réir an rud a dtugann eacnamaithe "teoiric na gcomharthaí air". Is é an ceann is soiléire ná cosán roghnach a ghlacadh, rud a léireoidh leibhéal áirithe scile. De na

Fanann sruthanna den scoth do scoláirí an-mhaith. Ach do na cinn eile, iad siúd go léir a bhfuil scileanna acadúla áirithe acu, ach ní rachaidh siad ar aghaidh chuig scoil ullmhúcháin, Polytechnique agus ENA? Tá sruthanna roghnacha ann ag gach leibhéal agus bíonn stoirm orthu nuair is cosúil go gcinntíonn siad rochtain ar fhostaíocht.

Is é an t-aon earnáil neamh-roghnach ná an ollscoil, a ndearnadh faillí uirthi mar thoradh air sin, ach amháin chun a thaispeáint féin a bheith roghnach: tá 20% de shealbhóirí baccalaureate S ag iarraidh leigheas anois, i gcomparáid le 12% cúig bliana déag ó shin. Níl aon fhadhb ag Ollscoil Teicneolaíochta Compiègne nó Paris-Dauphine le hearcú, ná le ceadúnais dhúbailte. Sa dlí, tá borradh faoi thionscnaimh chun oiliúint roghnaíoch a chruthú atá cosúil leis na Grandes Ecoles: cuireann Paris-II-Assas a céim mháistreachta sa dlí gnó i láthair mar "Grande Ecole laistigh den ollscoil". Tá táillí teagaisc an-ard ansin (15,000 euro in aghaidh na bliana)... agus tá tuarastail tosaigh strataisféir. Tá Toulouse-I ag ullmhú Scoil Dlí Eorpach agus taispeánann sé go bhféadfaí céimeanna ollscoile (DU) a íoc. Ach ní thugann na cúrsaí seo ach líon fíor-teoranta áiteanna,

Caibidil 5 Nótaí

1. Peter BOURDIEU, "Caipiteal sóisialta, nótaí sealadacha", Imeachtaí taighde ar eolaíocht shóisialta, uimh. ó 31, 1980.

2. http//Etudiinfo.com, 13 Eanáir, 2014.

3. Muriel DARMON, Ranganna *ullmhúcháin. Cruthú óige ceannasach* , Discovery, Paris, 2013, lch. 248.

4. Michael PINCON agus Monique P.INCON-VSHARLOT, Socheolaíocht an bourgeoisie, La Découverte, Páras, 2007 (3 agus eag.), lch. 86.

5. Peter DUBOIS, "Ceadúnas: ciniceas an SUP príobháideach", ar an bhlag Histoires d'universités, 2014, https://histoiresduniversites.wordpress.com.

6. CUNTAIS VSOUR, An Earnáil agus *áit oiliúna* , Meitheamh 2012. Mar chomparáid, is ionann an cóimheas seo agus múinteoir amháin do gach aon mhac léinn déag i scoil ard.

7. Is é seo Páras Thiar. Tar éis post ar an téama seo a fhoilsiú, fuair mé roinnt tuairimí ó lucht acadúil ag rá nach raibh sé seo amhlaidh ina n-ollscoil.

8. "Sealbhóirí baglachta nua atá cláraithe le haghaidh ceadúnais ag tús na bliana acadúla 2011", Nóta faisnéise, u 12.07 , Aireacht Ardoideachais, Iúil

2012.

9. Pascale KREMER, "Bhí sní isteach de mhic léinn scoláireachta "bréagacha" ag an ollscoil", Le Monde, 27 Bealtaine, 2013.

10. Tuairimí a chualathas maidir le Páras-XIII, arna dtacú ag suirbhé Le Monde (ibid.).

11. Agus an ráta dífhostaíochta i measc na n-óg ag 24%, is minic a chloiseann duine láithreoirí ag maíomh go bhfuil 24% de dhaoine óga dífhostaithe, rud is léir nach bhfuil fíor. I ndáiríre, tá 7.5% de na daoine óga go léir idir sé bliana déag agus fiche a ceathair (agus ní hamháin an daonra oibre) dífhostaithe.

12. "Bhí cliseadh fada ar an ardaitheoir sóisialta ag na glúnta nua", Revue de l'OFCE, n^{oh} 96, Eanáir 2006, lch. 35-50.

6

An chéim mhór chun tosaigh sna scoileanna príobháideacha

"Glacann Clárú do na Cours Molière glacadh neamhfhorchoimeádta le rialacháin inmheánacha na scoile: feisteas cuí de dhíth (toirmiscthe jogging agus caipín), [...] úsáid ríomhaire glúine/ipod/mp3… toirmiscthe go foirmiúil [1]. »

I I Fiche bliain ó shin, ghlaoigh mo phríomhoide isteach orm, a tháinig le déanaí ó ardscoil mhór i Rennes. D'iarr mé údarú carnach chun cúpla uair an chloig de cheachtanna a thabhairt mar ullmhúchán príobháideach, a deonaíodh go ginearálta gan fadhb. "Ní féidir liom é sin a shíniú ar do shon," a dúirt sé liom. An áit as a dtagann mé, goideann an earnáil phríobháideach na múinteoirí is fearr agus na mic léinn is fearr atá againn. Throid mé ina choinne sin mo ghairm bheatha ar fad. Mar sin ní féidir liom glacadh leis go bhfuil tú ag dul go príobháideach. Tá sé i gcoinne mo phrionsabail. Chuir sé ionadh orm mar, lasmuigh den Bhriotáin, is cosúil go mbaineann an choimhlint idé-eolaíoch idir scoil na Poblachta agus scoil na sagairt leis an am atá thart. Comhtháthaíodh na bunaíochtaí príobháideacha faoi chonradh leis an tseirbhís oideachais phoiblí ó shin. Ach tagann an choimhlint idir príobháideach agus poiblí i bhfoirm eile, i.e.

Tá níos mó agus níos mó daltaí ag bunaíochtaí

príobháideacha, ó kindergarten go ardoideachas. Déanann siad monaplacht inniu ar na chéad áiteanna ar chairteacha na gcoláistí agus na n-ardscoileanna. Cuireann siad in aghaidh ardcheannas na n-ardscoileanna móra sa scoil ullmhúcháin. An bhfuilimid ag bogadh i dtreo scoil dhá luas, sárnhaitheas á aithint agus scoil íocaíochta? Is mó an riosca sin ná riamh ós rud é, in éineacht leis an earnáil phríobháideach neamhbhrabúis, go bhfuil earnáil thráchtála phríobháideach ag dearbhú í féin, a bhfuil láithreacht láidir aici in ullmhú comórtas agus gairmoiliúint. Lasmuigh de roinnt scoileanna móra neamhbhrabúis ach costasacha, is é an príobháideacht tráchtála seo is mó atá i mbaol idirdhealaithe airgid.

Ó kindergarten

Tá an kindergarten ar cheann de na rudaí sin a bhfuil an domhan ar fad ceaptha a bheith in éad. Bíodh sin mar atá, is cinnte go gcothaíonn an luathscolaíocht an fhoghlaim. Laghdaíonn sé neamhionannais os comhair na scoile, léiríonn na staidéir go léir é. Teagmhasach, réitíonn sé fadhbanna áirithe cúram leanaí freisin. Sin é an fáth, fiú mura bhfuil an scoil éigeantach roimh sé bliana d'aois, tá an Stát tar éis a chinntiú, le fiche bliain, go dtéann gach leanbh trí bliana d'aois chuig naíscoil.

Mar sin féin, i go leor bardais, beidh iontas míthaitneamhach ag fanacht leat má dhéanann tú iarracht do leanbh dhá bhliain d'aois a chlárú. Thit an scolaíocht dhá bhliain go deimhin, ag titim ó 35% in 2000 go 11% ag tús na scoilbhliana 2012. Cad a tharla? Tháinig ardú tapa ar líon na leanaí idir dhá agus cúig bliana d'aois sna 2000í. B'éigean ranganna breise a oscailt chun freastal ar 350,000 páiste sa bhreis, méadú de

10%. Níl an iarracht seo déanta. Toisc go bhfuil an rialtas meáite ar fáiltiú roimh pháistí trí bliana d'aois, is é an scolaíocht ag dhá bhliain d'aois atá ag dul i laghad, chun áiteanna a shaoradh do leanaí níos sine. Go dtí 2005, níor mhéadaigh daonra na scoile a dhóthain. Ina dhiaidh sin, cuireadh stop leis an iarracht agus thit líon na leanaí a bhí ag freastal ar kindergarten.

Chomh maith leis an nganntanas seo tá éagothroime ollmhóra i ndáileadh acmhainní. Mar sin, tá áit ag

49% de leanaí dhá bhliain d'aois i kindergarten i Lozère, ach níl ach ... 5% i Seine-Saint-Denis, de réir tuarascála ón gCúirt Iniúchóirí. Páiste amháin as fiche! Sa chás go mbeadh an scolaíocht seo ar an gceann is mó riachtanach, mar is minic a bhíonn na teaghlaigh ann, go hábhartha agus go cultúrtha, is lú forbairt. Is féidir linn cumas lag na ndaoine is boichte tionchar a imirt ar roghanna poiblí a léamh, ach freisin éagothroime idir baile agus tír. Sa Fhrainc, tá caiteachas in aghaidh an linbh i bhfad níos airde i gceantair thuaithe. Tá sé deacair go polaitiúil go deimhin ranganna nó scoileanna a dhúnadh i gceantair thuaithe atá dídhaonraithe, agus iad i mbaol achair fhada iompair a chur ar leanaí scoile nó ar mhic léinn an choláiste.

Mar a bheifí ag súil leis, cuireann an géarú fioscach seo brú ar theaghlaigh dul chuig an earnáil phríobháideach. Cé go dtéann 11% de leanaí trí bliana d'aois chuig an earnáil phríobháideach anois, mar a bhí deich mbliana ó shin, tá an sciar príobháideach den scolaíocht dhá bhliain imithe ó 18% go 24%. Do theaghlaigh, is costas breise é seo. Ag an am céanna, ní mór dúinn béim a chur ar ról dearfach na scoileanna príobháideacha, a fhreastalaíonn ar riachtanas fíor, nach dtugann scoileanna poiblí aire chuí dóibh a thuilleadh. Teagmhasach, tabhair faoi deara go bhfuil an coigilteas buiséadach a bhfuil súil ag an Stát a bhaint amach trí laghdú a dhéanamh ar an soláthar atá aige, go páirteach, ós rud é go dtagann formhór chostais na scoileanna príobháideacha, is é sin luach saothair na múinteoirí, air.

Sa choláiste, is beag dul chun cinn atá á dhéanamh san earnáil phríobháideach. Cuireadh oideachas ar mhac léinn amháin as gach cúigear ann in 2013, arb ionann é agus 690,500 mac léinn, méadú beag ó 2000. Ag leibhéal ardscoile, mhéadaigh an earnáil phríobháideach ó 20% go 22% thar an tréimhse chéanna, méadú suntasach. Tá bunaíochtaí príobháideacha comhchruinnithe i gcúpla réigiún: cuireann siad oideachas ar níos mó ná trian de na mic léinn i bPáras agus níos mó ná leath díobh i Vendée. De ghnáth is leanaí ó chúlraí pribhléideacha iad: tá tuismitheoirí ar feidhmeannaigh, ceannairí gnó nó múinteoirí iad 36% de mhic léinn phríobháideacha sa choláiste agus 46% sa scoil ard. Ní nach ionadh, tugaimid faoi deara go bhfuil an tairiscint phríobháideach níos dírithe ar an tsraith S agus ES, an ceann is mó éileamh, ná ar an tsraith L nó STMG (eolaíochtaí agus teicneolaíochtaí bainistíochta agus bainistíochta). San earnáil phríobháideach, déantar staidéar ar an Laidin níos minice ná san earnáil phoiblí.

Tá dinimic na mbunaíochtaí príobháideacha bunaithe ar thorthaí maithe a gcuid mac léinn, rud nach bhfuil aon rud nua. Bhí traidisiún sármhaitheasa i gcónaí in ardscoileanna sainchreidmheacha áirithe. Ach tá sé thar a bheith suimiúil go bhfuil na bunaíochtaí seo i gceannas ar na rátálacha go mór. As na 50 coláiste a bhfuil an líon is mó céimithe acu, tá 48 acu príobháideach. Is iad na bunaíochtaí poiblí cróga atá fós ar an liosta ná dhá choláiste a bhfuil gairm idirnáisiúnta acu in Yvelines, coláiste Franc-Gearmáinis Buc agus coláiste idirnáisiúnta Saint-Germain-en-Laye. As na 156 ardscoil a raibh 100% de bhac acu in 2013, is ardscoileanna príobháideacha 143 acu. Agus ní fhágtar amach iad mar gheall ar an rud a dtugann an aireacht breisluach air,

Tá na bunaíochtaí sármhaitheasa príobháideacha seo beagnach ar fad faoi chonradh comhlachais leis an Stát: comhtháite sa tseirbhís oideachais phoiblí, ceanglaítear orthu meas a bheith acu ar chláir agus ar amchláir náisiúnta; mar chúiteamh, íocann an Stát tuarastail na múinteoirí, rud a fhágann go bhfuil scolaíocht inacmhainne. Is minic a bhíonn bunaíochtaí neamhchonarthacha, ar fíorbheagán díobh, ós rud é go gcláraíonn siad na mílte mac léinn a bheag nó a mhór, do mhic léinn atá míchompordach leis an oideachas traidisiúnta nó atá eisiata uaidh mar gheall ar leibhéal íseal a dtorthaí.

Mar sin féin, tá ardscoileanna príobháideacha lasmuigh den chonradh a bhfuil sé mar aidhm acu barr feabhais ag teacht ar an margadh. Sa lá atá inniu imeallach, d'fhéadfadh siad a bheith rathúil, ar a laghad ag an leibhéal deiridh, mar gheall ar an éabhlóid na struchtúr agus na gclár náisiúnta, in oiriúint go dona don ardoideachas. Mar shampla, tar éis sraith athruithe contrártha, laghdaíodh amchláir S-sraith Stair agus Tíreolaíocht. Ní fíor-dhoimhniú é speisialtacht matamaitice na sraithe ES a thuilleadh. Mar sin téann mic léinn i ngleic leis an ardoideachas le bearnaí. Iarrann na heasnaimh sin críochfort a bhunú a chomhcheanglaíonn an mhatamaitic, an eacnamaíocht agus na daonnachtaí, a fhreagraíonn do go leor cúrsaí ardoideachais agus nach bhfuil ann sna hardscoileanna reatha.

Cén fáth a n-aontaíonn feidhmeannaigh a bpáistí a chur i gcoláiste príobháideach, lena n-áirítear earcaíocht mhóréilimh? Toisc go mbraitheann siad go mbeidh a leanbh sábháilte ann, go gcuirfear a phearsantacht san áireamh agus nach gcuirfear bac ar a dhul chun cinn. Deimhnítear é seo le suirbhé: cibé an bhfuil eolas pearsanta ag tuismitheoirí ar oideachas príobháideach nó nach bhfuil, is iad na chéad cháilíochtaí a aithníonn siad ann ná obair leantach na ndaltaí agus cáilíocht an oideachais, agus neamhláithreacht níos ísle múinteoirí ina dhiaidh sin agus líon laghdaithe na mac léinn in aghaidh an ranga. . Tagann rath scrúduithe agus leibhéal na mac léinn i bhfad níos faide síos ar an liosta.

Is ábhar iontais é cáilíocht an oideachais a chuirtear ar fáil chomh minic sin. Go deimhin, earcaítear múinteoirí na scoileanna seo ag na comórtais chéanna agus a earcaítear ón bpobal… ach is lú a ndeimhnítear iad agus a dhéantar trí huaire níos lú a chomhiomlánú. Dá bhrí sin tá a leibhéal acadúil níos ísle. Ina theannta sin, tá sé beagnach chomh deacair d'institiúid phríobháideach agus d'institiúid phoiblí fáil réidh le múinteoir nach dtugann sásamh. N'fheadar mar sin cad iad na critéir a dhéanann na tuismitheoirí faoin measúnú seo. Ar dtús is cosúil go léiríonn sé tuiscint shuibiachtúil. I ndáiríre, is é láidreacht na hearnála príobháidí leas a bhaint as líon níos mó foirne neamhtheagaisc, i.e.

maoirseacht níos cruinne a cheadú ar na daltaí, a bheith in ann a gcuid daltaí a roghnú, chun deireadh a chur leo siúd nach bhfuil a leibhéal in oiriúint go soiléir, ach go háirithe chun a bheith in ann na trioblóideoirí a eisiamh.

Bíonn sé i bhfad níos deacra d'fhorais phoiblí pionós a ghearradh ar dhaoine suaiteacha nó iad a eisiamh. Mar sin tugann na reachtairí treoir chórasach do na meánscoileanna comhairlí araíonachta a sheachaint. Ní mór a admháil gur smachtbhanna láidir é eisiamh – agus scolaíocht i bhforas eile i gcónaí ina dhiaidh sin, ach is díol suntais é nach gcuirtear leas na ndaltaí eile beagnach san áireamh riamh. Faoin mbrú seo óna n-ordlathas, cuireann roinnt príomhoidí i gcoinne múinteoirí a mhaíonn go bhfuil siad in ann oibriú agus taitneamh a bhaint as údarás áirithe. Tá sé feicthe agam mar sin go bhfuil príomhoide ag iarraidh dalta a eisiamh a cheangail duine dá chomhdhaltaí chuig raca cóta agus, ar ócáid eile, a chaith cathaoir trasna an ranga, a tháinig ag tuairteáil anuas ar an mballa díreach os cionn ceann comrádaí. Mheas an príomhoide go raibh sé níos ábhartha múinteoirí an ranga a chlárú ar chúrsa dhá lá ar "bhainistiú scoláirí foréigneacha". Ní féidir leat dearcadh den sórt sin a shamhlú san earnáil phríobháideach.

Léirigh suirbhé a rinneadh in 2011 go raibh baint mhór ag an scoil leis na cúiseanna imní ba mhó a bhí ag tuismitheoirí faoina bpáistí: ba iad seo raicéataíocht, ionsaitheacht agus cluichí contúirteacha (cluiche cloigeann, srl.) [2]. Tugaimid faoi deara freisin an tábhacht a thugtar do tharchur na luachanna traidisiúnta, pointe láidir na scoile príobháidí don tríú cuid díobh siúd a chuireann a gcuid leanaí ar iontaoibh í. Sa mheánscoil, mar sin baineann iarratas na dtuismitheoirí go príomha le cúram agus breithniú a linbh. Tagann a fholláine, a oideachas, a shábháilteacht, an aird a thugtar ar a phearsantacht roimh an léiriú, go háirithe do leanaí óga. Is léir go bhfuil amhras ag dul i méid faoi chumas na mbunaíochtaí poiblí freagairt do na héilimh sin.

De réir mar a théann mic léinn in aois, cuireann an teagasc isteach ar oideachas. Bíonn bunaíochtaí príobháideacha an-aireach ar a gcuid torthaí; uaireanta an iomarca, mar a léiríonn an scéal seo a leanas. Bhí an-suim agam lá amháin, i ngiúiré baccalaureate a raibh mé i mo chathaoirleach [3], mar gheall ar an bhfíric go bhfuair roinnt iarrthóirí saora tagairt "mhaith". Mar sin féin, is mic léinn neamhspleácha de ghnáth ar theip orthu sa scrúdú arís agus arís eile agus a bhfuil leibhéal an-íseal acu. Mar sin chuaigh mé i gcomhairle le comhaid na n-iarrthóirí seo agus thug mé faoi deara gur tháinig siad go léir ó institiúid mhór le rá, an Maison d'éducation de la Légion d'honneur, arbh fhearr leis gan iad a chur i láthair faoina ainm ionas nach dtapódh siad seans leis an díomá tástála níos ísle a d'fhéadfadh a bheith tar éis dath a sheasamh. Tá an scéal sean agus tá cleachtais fhéideartha athraithe sa bhunús seo. Mar sin féin, déanann go leor meánscoileanna rúnda é seo; a dhéanann na torthaí iontacha a luadh cheana a choibhneasú.

Sanctúir mhóra na scoile coimeádaí, bhí na réamhranganna do na Grandes Ecoles mar phribhléid go deo ag na meánscoileanna poiblí ollmhóra, go háirithe i bPáras. Tá an neamh-inchomparáideacht seo á tréanáil faoi láthair. Ón suíomh arna dháileadh ag L'étudiant, dhírigh mé ar shítéis na ndeich réamhrang is fearr i ngach ceann de na sé réimse a spreag na comórtais shuntasacha in 20156. littéraires, sept des dix meilleures prépas scientifiques, entre deux et quatre des meilleures prépas commerciales. Mais le privé sous contrat lié à certains ordres religieux est en hausse. Lui aussi bénéficie d'une longue saincheaptha d'excellence et il a mholadh souvent des conditions d'encadrement sa bhreis ar aireacha à chaque élève que les grands lycées parisiens. Le lycée Sainte-Geneviève fête ainsi child centenaire avec une première place en prépa scientifique.

Cruthaíonn éileamh soláthar

San ardoideachas, tá an éabhlóid níos soiléire fós. Tá 80% den mhéadú ar líon na mac léinn le deich mbliana anuas ceangailte le hoiliúint phríobháideach [4]. Cláraíonn siad seo 18% de na mic léinn anois, i gcomparáid le 13% i 1990. San eolaíocht, idir 2004 agus 2012, thit líon na mac léinn ag an ollscoil lasmuigh den leigheas agus tháinig méadú 40% i scoileanna leighis. innealtóirí neamh-ollscoile agus, go háirithe, 45% san earnáil phríobháideach. Cruthaíonn laigí na hollscoile (féach an chaibidil roimhe seo) ionchais forbartha don earnáil phríobháideach freisin. Mar sin, shínigh cúrsa príobháideach Clapeyron comhaontú le Paris-Ouest i mí Iúil 2014 a cheadaigh a chuid mac léinn a ligean isteach go díreach chuig an dara bliain de bhainistíocht eacnamaíoch san ollscoil seo. Chun na cúrsaí seo a leanúint i ngrúpa beag, cosnaíonn sé 4,880 euro in aghaidh na bliana [5].

Bíonn rath ar scoileanna príobháideacha áit a bhfuil éileamh. Tá dhá spreagadh ar leith ag baint leis seo: rochtain ar fhostaíocht agus blasanna daoine óga.

Conas is fearr tarraingteacht na fostaíochta a léiriú ná i gcás na gcúramóirí? Tá an ghairm seo sách neamhoilte, ós rud é nach gá go mbeadh an baccalaureate chun é a fheidhmiú. Tá sí íoctha go dona: de réir INSEE, ní thuilleann ach an ceathrú cuid de na cúramóirí níos mó ná 1,500 euro in aghaidh na míosa, agus tá cion na gconarthaí neamhbhuana ard. Tá sé pianmhar: is éard atá sa obair ná cuidiú leis na breoite a nigh, iad a bhogadh, béilí a thabhairt leo, monatóireacht a dhéanamh ar a sláinte, faoi údarás na n-altraí. Déantar an earcaíocht i measc sealbhóirí dioplóma stáit, rud nach bhfuil an-éasca, i bhfianaise leibhéal tosaigh oiliúna na n-iarrthóirí. Mar sin féin, tá na ceithre chéad scoil a ullmhaíonn don dioplóma seo costasach (idir 2,000 euro agus 5,000 euro ar feadh sé go deich mí) agus iad lán. An cúis ? Meastar go bhfuil ráta dífhostaíochta níos lú ná 3% don ghairm seo "faoi bhrú" ag an suirbhé bliantúil ar riachtanais saothair, rud a chiallaíonn go mbeidh eagla roimh ghanntanas in 2015.

Is fiú ór rochtain ar fhostaíocht i sochaí atá suaite ag an dífhostaíocht. Tá na táillí teagaisc míréasúnta atá teaghlaigh ar ioncam íseal sásta a íoc i gcomhréir lena n-imní faoi thodhchaí a gcuid leanaí.

Is mar a chéile, a bheag nó a mhór, do lucht cúnta cúram leanaí, agus tá tarraingt bhreise ag baint le gairm atá dírithe ar leanaí. Tá scoileanna príobháideacha ag méadú chun ullmhú do chomórtais i ngach gairm paraimhíochaine, poist slán a bhfuil íomhá mhaith acu, mura n-íoctar go maith iad.

Le développement des STS privées s'inscrit dans la même logique de formations professionnelles donnant accès à l'emploi. Mais elles bénéficient d'une concurrence faussée avec leurs homologues publiqués, ce qui compense en quelque sorte leur coût élevé (autour de 4 000 euro agus do BTS informatique, mar shampla). En effet, les quotas introduits en 2014 par le ministère dans les STS publiqués en faveur des bacheliers professionnels et technologiques écartent les bacheliers généraux, qui, pourtant, sont souvent les meilleurs éléments de ces classes. N'étant pas Concernées par ces quotas, les STS privées récupèrent ces bons étudiants et obtiennent de très bons résultats.

Is díol suntais é traidisiún fada na mbunaíochtaí seo, idir phoiblí agus phríobháideach, go gcuirfí isteach go mór ar bhunaíochtaí príobháideacha gan conradh sa chlub an-dúnta seo. Cruthaithe le déanaí, gearrtar pionós ar na bunaíochtaí seo trí theagasc i bhfad níos costasaí (thart ar 8,000 go 9,000 euro in aghaidh na bliana) ná mar a chuirtear ar ardscoileanna príobháideacha faoi chonradh. Mar sin féin d'éirigh leo áit faoin ngrian a aimsiú, toisc gurb é IPESUP, le fada an lá, an t-ullmhúchán eacnamaíoch agus tráchtála is fearr sa Fhrainc. Sa réimse seo, tá ullmhúchán le haghaidh brabúis chun tosaigh sna rátálacha anois agus ní haon ionadh é dá ndéanfaí an fhorbairt seo

leathnaíonn ; go háirithe ós rud é gur minic a bhíonn uimhreacha beaga ar na cúrsaí ullmhúcháin costasacha is airde, rud a fhágann iad a eisiamh ó na rátálacha, a mbeidh ceannas acu nuair a bheidh a líon méadaithe acu.

Ba chóir a thabhairt faoi deara go bhfuil meáchan na hearnála príobháidí sna hearnálacha éagsúla comhréireach le brabúsacht na dioplómaí i dtéarmaí tuarastail tosaigh. Ach tagann sainiúlacht na n-ullmhúcháin eacnamaíocha agus tráchtála freisin as an bhfíric go n-íocann scoileanna iad. Mar sin tá cultúr na hearnála seo ag luí le táillí arda teagaisc le fada an lá.

Conas a éiríonn le hullmhúcháin phríobháideacha neamhchonartha a chur ina luí ar thuismitheoirí íoc as nuair a bhíonn tairiscint mhaith in aisce ann? Cén fáth a n-íocfadh mic léinn den scoth nuair a bhíonn seans an-mhaith acu dul isteach i scoil mhaith tríd an ullmhúchán saor in aisce is fearr? Is é an freagra simplí: caithfidh tú a bheith ar thús cadhnaíochta, áit atá bainte amach ag IPESUP san ullmhúchán eacnamaíoch agus tráchtála. Chun é seo a bhaint amach, fios a bheith agat nach scoileanna maithe a dhéanann mic léinn mhaithe ach a mhalairt, breathnaíodh IPESUP go córasach. Go dtí 1995, mhair ullmhú tráchtála bliain amháin. Bhí go leor scoláirí ag athdhéanamh i mbliana tar éis dóibh a bheith incháilithe agus teip sa bhéaltriail. Bhí seans an-mhaith acu mar sin, le bliain amháin eile agus taithí láidir acu, na scoileanna ab fhearr a chomhtháthú bliain ina dhiaidh sin.

Ní dheachaigh Cap Higher Education ar aghaidh ar shlí eile chun dul ó theagasc go heagrú na bliana ullmhúcháin. In 2013, sheol an chuideachta Cap Cube, ullmhúchán go sonrach le haghaidh athsheoltóirí dara bliain (an

" ciúbanna "). Tá an fhoirmle bunaithe ar an meascán de cheachtanna in áitreabh na scoile, i líon beag mar gheall ar a gcoinníollacha cramped, agus ceachtanna sa bhaile, foirmle an-rialaithe go maith a fhágann gur féidir imirt ar na buntáistí cánach agus mic léinn a lorg. sa scoil. , i bhfad níos saoire ná ollúna iomlána. Trína mic léinn a roghnú go maith, tá torthaí iontacha faighte ag Cap Cube óna chéad chur chun cinn, rud a thugann creidiúnacht dó a ligeann dó machnamh a dhéanamh ar a leathnú.

Autre stratégie mise en place standard les prépas privées, mais qui semble être parfois utilisée aussi standard certaines prépas publiques (!): le recrutement d'étudiants d'une autre filière que celle prévue standard les textes oifigigh. Depuis des années, certaines prépas réservées aux bacheliers ES ou STIDD (sciences agus nuálaíochtaí de l'industrie) accueillent (illegalement) des bacheliers S. Doirt maquiller cette entorse aux règlements, certaines prépas privées textual style repasser un

bac ES ar a gcuid staidéir airgeadais ó S, rud nach bhfuil mórán deacrachta ag baint leis, tar éis tréimhse ullmhachta agus gan acu ach na tástálacha matamaitice agus airgeadais agus socheolaíochtaí a bhrú. Cuireann an modh seo gan an cluiche a imirt cosc ar na bearta a dhéanann an Stát chun na réimsí a athchothromú agus na léirithe a athrú. Is léiriú réasúnta iad na pleananna petulant seo, fiú go soiléir neamhdhleathach, ar cad a thagann i gcreat réimsí láidreachta a d'fhéadfadh a bheith ag tarraingt ar staidéir mhóra intuaslagtha.

Gairmscoileanna

Tá na mórscoileanna príobháideacha gnó agus innealtóireachta ag fás go láidir freisin. Is í an fhadhb do na cuideachtaí seo ná an iomaíocht láidir ó scoileanna poiblí nó comhlachais ardfheidhmíochta. Déanann siad iarracht mar sin coinneáil suas le héilimh nua ó fhostóirí, nó a gcostas ard a fhritháireamh le níos lú roghnaíochta. Bíonn a ndul chun cinn iontach uaireanta: tá duine as gach triúr mac léinn innealtóireachta i scoil phríobháideach anois, in ainneoin go bhfuil scoileanna poiblí beagnach saor.

Murab ionann agus prépas agus lycées, is gnách go n-earcaíonn institiúidí ardoideachais príobháideacha a bhfoireann ó lasmuigh den stát. Tá a stádas dlíthiúil éagsúil: cumainn, cuideachtaí (go minic comhtháite i ngrúpaí), struchtúir atá cleamhnaithe le cumainn tráchtála. Is minic a bhíonn siad le brabús. Déantar iad a mhaoiniú trí tháillí teagaisc amháin, ach is féidir leo leas a bhaint freisin as leithdháileadh na cánach printíseachta ar scoileanna. Tá suim ar leith acu mar sin i gcothú a ndea-chaidreamh le cuideachtaí.

Cuireann na scoileanna príobháideacha seo oiliúint ghairmiúil ar fáil, a thugann rochtain mhaith ar fhostaíocht nó a fhreagraíonn d'aislingí déagóirí (píolóta, tréidlia, dearthóir cluiche físeáin, stylist, etc.). Tá oiliúint ríomhaireachta, mar shampla, dírithe ar an Idirlíon, toisc go bhfuil oiliúint phoiblí thraidisiúnta chun deiridh maidir le riachtanais a aithint agus toisc go meallann poist Idirlín daoine óga. Díríonn go leor scoileanna gnó ar shó, rud a ligfidh do dhaoine óga ó chúlraí an-mhaithe cur lena n-eolas pearsanta ar an ábhar, lena líonra sóisialta agus lena gcur i láthair den scoth.

Trí scoil ríomhaireachta a chruthú as a chuid airgid féin, léirigh an boss Free, Xavier Niel, go soiléir nach raibh an tairiscint reatha ag freastal ar riachtanais a chuideachta. Ar ndóigh, tá a fhios ag múinteoirí ríomheolaíochta in ollscoileanna go bhfuil sé riachtanach dearthóirí gréasáin, ailtirí gnó a oiliúint,

fóin chliste , speisialtóirí slándála TF, srl. Ach is minic a bhíonn cúrsaí ollscoile mall le hoiriúnú.

Léiríonn an dlí go maith an cumas atá ag scoileanna príobháideacha infheistíocht a dhéanamh i réimsí ina mbraitear easpa. Maidir leis an leigheas, is í an t-aon earnáil ghairmiúil mhór le rá nach bhfuil aon mhórscoil ann. Ach, le blianta beaga anuas, tá rath ar thionscnaimh de gach cineál chun é seo a leigheas. Spreagann HEAD (Scoil Ard-Léinn an Dlí Fheidhmigh) múinteoirí ó Pháras-I agus gairmithe i seirbhís na múinteoireachta ildisciplíneach. Ar 12,800 euro in aghaidh na bliana, cuireann an scoil seo cúrsaí leibhéal máistreachta ar fáil sa Fhraincis agus sa Bhéarla. Soláthraíonn sé LLM (dioplóma Angla-Shacsanach, comhionann le haghaidh dlí MBA). Tá sé ag fanacht le haitheantas oifigiúil agus is dócha go dtógfaidh sé cúpla bliain. Chruthaigh Science Po Paris scoil dlí freisin, sa dara agus sa tríú timthriall. Cuireann na mórscoileanna gnó máistreacht sa dlí gnó ar fáil freisin. Is ionann na tionscnaimh seo agus suthanna na scoileanna móra dlí atá le teacht, rud a fheicimid a bheidh an-chostasach, poiblí nó príobháideach. Is deacair an difríocht idir an dá rud a bhrath freisin.

Ní ceist í, mar sin, áisiúlacht agus éifeachtacht na scoileanna príobháideacha a shéanadh, ach is cúis aiféala é go bhfuil na cúrsaí oiliúna is fearr a chloíonn leis an margadh saothair chomh costasach do theaghlaigh.

Tá forbairt an-láidir freisin maidir le feidhmiú na ríomhaireachta san oideachas. Cuireann cumhacht poiblí an nuálaíocht chun cinn, agus tá an baol ann go gcuirfí isteach air. Mar gheall ar neamhábaltacht an Aireacht Oideachais Náisiúnta a thabhairt isteach, go dtí seo, tá an ríomhaire sa seomra ranga a mhalairt ar oscailt suas ascaill chuig tionscnaimh phríobháideacha. Mar sin féin, tá sócmhainní ag an bhFrainc chun barr feabhais a chur ar an réimse seo: tionscal iontach bogearraí, cluichí físeáin agus seirbhísí ríomhaireachta, maoiniú poiblí le haghaidh oideachas leanúnach, rannpháirtíocht gníomhaithe poiblí mar an Banc Infheistíochta Poiblí (BPI) nó ollscoil dhigiteach na Fraince (FUN).

Tá an chóineasú idir oideachas agus TF ag tarlú go tapa chun tairiscint oiliúna ar líne éagsúlaithe agus nuálaíoch a chruthú. Is cosúil go bhfuil éiceachóras de theicneolaíochtaí r-fhoghlama agus oideachais, na "EdTechs", ag gor sa Fhrainc, arna shiombail ag an abairt "Oideachas Tadhaill na Fraince" de réir analaí leis an t-aon ghluaiseacht ceoil Francach a d'éirigh le honnmhairiú ó Oileán Mhuirís. Knight nó beagnach. Léiriú maith den chóineasú seo a bhí sa chomhdháil a d'eagraigh LearnAssembly i mí na Nollag 2014:

cainteoirí ó mhórscoileanna (ESSEC, SKEMA [School of Knowledge Economy and Management], etc.), gnólachtaí nuathionscanta a thairgeann oiliúint ar líne (Openclassrooms, 360 Learning, etc.), deimhniú (Cocertify, ProctorU), cúrsaí tacaíochta (Acadamh). , cluichí oideachasúla (Magic Makers), apps oideachais le haghaidh fóin chliste agus táibléad (Myblee, EduPad, etc.), ach freisin institiúidí (BPI, FUN, etc.), IT (Microsoft, Codewire, etc.) nó earcaíocht (Link Humans) . Ionadh, bhí foilsitheoirí scoile as láthair.

Dhírigh cuideachtaí EdTech ar dtús ar an margadh oideachais leanúnaigh chorparáidigh, a bhfuil an tuillteanas aige a bheith fíor agus sócmhainneach. Ach chuir siad suim go tapa i gcluichí oideachais, a bhainistíonn gnólachtaí nuathionscanta na Fraince a onnmhairiú go dtí na Stáit Aontaithe. Tá nasc riachtanach fós in easnamh chun an scoil a infheistiú: trealamh ginearálta na ndaltaí i ríomhairí nó táibléad.

Dhíol siad cuid dá dtithe scoir faoi choinníollacha airgeadais maithe agus d'athinfheistigh siad an caipiteal i sealbhú scoileanna ríomhaireachta, ar an mbonn go bhféadfaí a gcuid scileanna i dtógáil agus i mbainistiú bunaíochtaí fáilteacha poiblí a chur i bhfeidhm go héifeachtach sa mhúinteoireacht. Agus an sprioc á leagadh amach acu féin a bheith i láthair i ngach cathair mhór chun branda a thógáil , rinne siad achomharc chuig ciste infheistíochta chun a bhforbairt a mhaoiniú.

Níor cheart a shamhlú go bhfanfadh TF lasmuigh den bhunsraith. Tá armada de 450 ríomhaire ag mo mheánscoil, mar shampla, le haghaidh 1,800 staidéar ar leibhéil éagsúla. Ar an mbealach seo is féidir grúpálacha oiliúnacha a thógáil ag baint úsáide as ríomhairí pearsanta, ós rud é go bhfuil seomra ar leith i seilbh agus gur féidir am a oscailt suas i gcláir a bhíonn cuimsitheach go minic. Mar sin féin, is difríocht uathúil é aistriú chuig ríomhaireacht aonair. Tugaim ar chumas mo chuid mac léinn den chéad bhliain agus an t-aon bhliain amháin nótaí a ghlacadh ar mheán ardleibhéil (ríomhaire pearsanta, táibléad, fón le consól seachtrach), ach is ar éigean a bhainfidh leath an leas is fearr as an doras oscailte seo, ar an bhforas nach féidir leo a dhéanamh i bhformhór na gcásanna éagsúla. cúrsaí - go deimhin, cuireann na treoirlínte inmheánacha cosc ar a n-úsáid - agus ar an mbonn go mbeadh ábhar léitheoireachta ríomhairithe i ngach formáid thar a bheith mearbhall. Cé go bhfuil roinnt bunsraitheanna rúnda tar éis dul isteach, ag déanamh staidéir ar fheisteas le meaisín sáite le gach ceann de na leabhair chúrsa i dtreo thús na bliana, is cosúil go bhfuil sé dúshlánach talamh a bhaint amach anseo gan tiomáint ó speisialtóirí comharsanachta nó ón Stát. . D'fhéadfaí é seo a dhéanamh go tapa, ag athrú céimeanna suntasacha na bpleananna caiteachais agus ag athdháileadh na gcártaí go hiomlán.

Cá as a dtagann an t-airgead?

Níos mó agus níos mó, agus scoláirí ardscoile á dtreorú i dtreo an ardoideachais, tá fóraim mhúinteoirí, cosúil le fóraim na mac léinn, lán de cheisteanna a bhfuil acrainmneacha poncaithe orthu: "Cad is fiú an ESIA? », « Cé a chuala faoin CSFMG? », « An bhfuil sé níos fearr dul chuig GEM nó ESC Rennes? » Tá an t-am nuair a bhí an treoshuíomh le roghnú idir na hullmhúcháin agus na hollscoileanna thart. Ach cad as a dtagann na scoileanna príobháideacha seo, nach raibh ann deich nó fiche bliain ó shin? Conas a d'fhéadfaidís éirí chomh gasta sin?

Is ionadh é gur ó chistí infheistíochta a thagann an t-airgead do na scoileanna príobháideacha seo ar dtús. Is cosúil gurb é an t-oideachas an Eldorado nua de chothromas príobháideach, na cistí infheistíochta ardleibhéil sin a d'infheistigh i gclinicí agus i dtithe scoir. Tá cuid dá dtithe scoir díolta ag grúpa Bordeaux Auvence freisin chun scoileanna ríomheolaíochta agus dearaidh a cheannach. Is ábhar iontais é seo mar, in ainneoin an ardú ar phraghsanna, is cosúil go bhfuil sé deacair corrlaigh bhrabúis shuntasacha a ghiniúint san ardoideachas. Is fianaise é an deacracht a bhaineann le brabúsacht ard a fháil ón oideachas toisc nach féidir le scoileanna consalachta ar nós HEC cothromaíocht airgeadais a bhaint amach ach amháin le rannchuidiú na gcumann tráchtála, ainneoin a mbrabúsacht. Ach b'fhéidir go bhfuil baint ag gradam le caighdeán costasach seirbhíse?

Soláthraíonn staidéar níos dlúithe ar ghrúpa

Auvence tuiscint níos fearr ar thionscnamh na gcistí agus ar loighic na n-infheisteoirí. Bhunaigh beirt iar-judokas ardleibhéil Auvence sa bhliain 2006 i réigiún Bordeaux a rinneadh gníomhairí eastát réadach. Cheannaigh siad tithe scoir leighis a raibh athshlánú de dhíth orthu agus ansin, ó speisialtóirí foirgníochta, rinneadh bainisteoirí ar na bunaíochtaí sin. Bhí tuairim is cúig bhunaíocht dhéag ina seilbh acu, agus mhaígh siad go raibh siad ag iarraidh suas le caoga a fháil. Mar sin féin, thuig siad nach mbeadh siad in ann an méid criticiúil a bhaint amach i bhfianaise na bhfathach a raibh beagnach dhá chéad ionad acu uaireanta. In 2010, chinn siad mar sin tarraingt siar ón earnáil.

cuideachta é 123venture , a thairgeann infheistíochtaí ardtoraidh nó imghabhála cánach do dhaoine saibhre. Na cistí a chruthaíonn an chuideachta seo a cheannach agus a athdhíol, ag luas measartha seasta, geallta i gcuideachtaí nach bhfuil liostaithe ar an stocmhalartán. Tugann siad airgead ar iasacht do chuideachtaí freisin trí bhannaí a cheannach, a d'fhéadfadh a bheith comhshóite ina scaireanna, a eisíonn na cuideachtaí seo chun a bhforbairt a mhaoiniú. Suim acu i gcuideachtaí beaga, atá leochaileach go bunúsach, glacann an ciste rioscaí suntasacha. Is féidir torthaí arda a thabhairt dóibh seo, toisc go bhfuil ardacmhainneacht fáis ag gnólachtaí beaga. Mar sin féin, is é an phríomhchúis leis na hinfheistíochtaí atá á n-oibriú ag 123venture ná a dtarraingteacht cánach. [7]. Léiríonn cuntais 123venture nach bhfuil brabúsacht a gcistí an-láidir le blianta beaga anuas. Cailleann go leor cistí airgead sula ndéantar sealúchais a athdhíol, rud a chiallaíonn go gcaithfidh siad ceannaitheoirí a aimsiú chun a staid a chothromú. Ach má chuirtear na buntáistí cánach san áireamh, tá an bhrabúsacht i bhfad níos fearr.

Ní gá go mbíonn infheistíochtaí san oideachas an-bhrabúsach sa ghearrthéarma. Ach tá luach na scoileanna bunaithe freisin ar a n-eastát réadach, rud a mhéadaíonn de réir mar a ardaíonn praghsanna agus a thugann cobhsaíocht airgeadais mhaith dóibh do FBManna. Is léir, d'infheisteoir, gur fearr cuideachta a bhfuil a luach bunaithe ar áitribh i lár na cathrach a cheannach ná meaisíní a bhfuil saolré teoranta acu nó scileanna foirne a bhfuil baol ann go scaipfear iad.

Níl caiteachas ar oideachas an-íogair do dhálaí eacnamaíocha. Thairis sin, tá margadh na scoile ag pléascadh, ionas go n-athdhíolfaidh an t-infheisteoir atá ag iarraidh a chuid cistí a thógáil ar ais go héasca. Mar fhocal scoir, is féidir linn glacadh leis go leanfaidh an t-éileamh ag fás agus, i bhfianaise an ama atá caite le déanaí, is féidir linn a bheith amhrasach faoi chumas an Oideachais Náisiúnta freastal air. Tá teacht na gcistí infheistíochta loighciúil dá bhrí sin. Thairis sin, tugaimid faoi deara gur speisialtóirí i dtionscal na n-óstán nó sa tsláinte de ghnáth iad siúd a bhfuil suim acu san oideachas, seirbhísí pearsanta a dteastaíonn punann mór réadmhaoine uathu.

Is léir go mbaineann rioscaí leis an loighic seo. "Tá lúcháir orm gur ar Apax Partners a thit an rogha, a roinneann fealsúnacht fhoireann bainistíochta INSEEC: tá cruthú luacha i réimse an oideachais bunaithe go príomha ar cháilíocht na hoiliúna [8]" a deir Catherine Lespine, bainisteoir ginearálta an Fhorais. Grúpa INSEEC, a thugann scoileanna gnó, bainistíochta agus cumarsáide le chéile go háirithe.

Déanta na fírinne, ní raibh aon duine ag súil go gcloisfeadh sé é ag rá go raibh straitéis an ghrúpa bunaithe ar chostais a ísliú. Mar sin féin, tá cáilíocht costasach agus tá praghsanna anois gar don uasmhéid atá ar fáil do theaghlaigh. Is fíor mar sin an temptation chun líon na bhfostaithe a mhéadú nó uaireanta ranga a laghdú chun brabúsacht ghearrthéarmach a mhéadú agus chun scairshealbhóirí a shásamh.

Ba é teacht na gcistí infheistíochta an t-aistriú chuig an dara glúin de scoileanna príobháideacha brabúsaí. Bhunaigh na bunaitheoirí a scoil le cabhair ó bhainc agus d'fhorbair siad go mall í, trí fhás inmheánach. Freagraíonn dul i muinín airgeadaithe seachtracha do mhian le fás na cuideachta a luathú nó comhfhreagraíonn sé don am tarchuir. Aistríonn sé go comhtháthú laistigh de ghrúpaí níos mó agus níos mó. Mar sin tá timpeall fiche scoil innealtóireachta, gnó, ríomhaireachta agus dearaidh ag Ionis. Is grúpa de cheithre scoil is fiche é Studialis, atá dírithe ar thrádáil agus ar chruthú, tá ceithre scoil déag ag INSEEC (lena n-áirítear Supsanté, an t-ullmhúchán leighis a bhuaileamar cheana [féach lch. 14]). Cúrsa Pigier, clú ar feadh na mblianta mar gheall ar a oiliúint rúnaíochta (bunaíodh é i 1850),

Ag an am céanna, spreagann an t-ús atá léirithe ag grúpaí móra cruthaitheoirí, ar féidir leo a bheith ag súil lena ngnó a dhíol agus dá bhrí sin bualadh ar an Pota Óir tar éis cúpla bliain, ar mhúnla an "gheilleagair nua" ag dul i ngleic leis an idirlíon. Cheannaigh an grúpa Meiriceánach Wiley Crossknowledge, cuideachta bheag in Suresnes a dhéanann sainfheidhmiú ar chianoideachas bainistíochta, ar $175 milliún in 2014.

Mar sin meallann an earnáil gnólachtaí nuathionscanta, bunaithe ag gairmithe gnó le taithí nó múinteoirí óga. De réir L'Express [9], tá titim 2014 sin le haghaidh tiomsaithe airgid: 900,000 euro do Lelivrescolaire.fr, 1.2 milliún euro le haghaidh Kartable chomh maith le haghaidh 360Learning, 3.2 milliún euro do Coorpacademy.

Sa chéad chéim seo den chomhdhlúthú, tugaimid faoi deara go bhfuil easpa fíorúil grúpaí dírithe ar oideachas amháin. Sheol iar-cheannaire ACCOR, fathach óstán domhanda, Montefiore . Sheol an milliúnaí Robert Zolade (85ú fortún na Fraince) ciste speisialaithe Octant. Taobh thiar de Studialis tá ciste na hEilvéise Bregal, a sheol an teaghlach Brenninkmeijer, úinéirí na siopaí C&A. Is dóigh linn go ndúirt na daoine seo leo féin go raibh sé in am smaoineamh ar oideachas cosúil le mearbhia nó dáileadh agus gur thug a scileanna deis dóibh infheistíocht a dhéanamh sa mhargadh seo.

Is é an dara céim den chomhdhlúthú seoladh cumaisc agus éadálacha móra, mar atá in earnálacha eile. Ag deireadh na bliana 2013, dhíol a úinéir INSEEC, an fathach Mheiriceánach Gairmoideachais Corporation, le Apax Partner, ar shuim slachtmhar 200 milliún euro. Is ciste infheistíochta cumhachtach é Apax, a bhfuil Altran Technologies agus Alain Afflelou ina shealúchais. Is féidir an chéim seo a mhíniú: "Is é láidreacht ghrúpa INSEEC a mhéid, a láithreacht láidir idirnáisiúnta, a raon leathan clár agus a líonra alumni", a deir Ms Lespine. [10]. Is léir go bhféadfaimis ainm aon ghrúpa eile a chur in ionad "INSEEEC".

Déanann na grúpaí iarracht a dhéanamh san oideachas cad a d'éirigh (ní i gcónaí) i ngníomhaíochtaí eile: dea-chleachtais a aistriú. Ba chóir a thabhairt faoi deara gur fíorbheagán cúrsaí oiliúna atá i... bhainistíocht forais oideachais . San earnáil seo, tá na h-oidis do rathúlacht fós thar a bheith eimpíreach, fiú neamhchinnte. An oiread sin go ndéanfaidh grúpa iarracht smaointe rathúla a scaipeadh ar a scoileanna, i dtéarmaí bainistíochta, oideolaíochta nó earcaíochta, trí fhaisnéis a scaipeadh nó trí aonad beag taighde a chruthú.

Ceadaíonn méid grúpa dó foirmíochtaí cosúil le Lego a thógáil, trí brící a chomhcheangal, de réir na speisialtóirí atá ar fáil sna scoileanna éagsúla. Fágann sé seo nach mbíonn ar mhic léinn speisialtóireacht ró-chúng a bheith orthu, nó cuireann sé ar a gcumas teacht ar mhargadh an tsaothair le sraith scileanna dé. Mar sin féin, níl sé éasca ag scoil ríomhaireachta cúrsaí dea-bhainistíochta a chur ar fáil. Beidh grúpa le sainscoileanna in ann é seo a dhéanamh i bhfad níos éasca. A bhuíochas leis an éagsúlacht oiliúna seo, is féidir fiú cúrsaí à la carte a thairiscint i scoileanna éagsúla an ghrúpa.

Láidreacht eile de chuid na ngrúpaí is ea a láithreacht i go leor tíortha, rud a chuireann eagrú intéirneachtaí agus soghluaisteachta chun cinn agus a fhágann gur féidir aithne a chur orthu lasmuigh de na teorainneacha, agus mic léinn eachtracha a earcú. Is é obsession na scoileanna, go deimhin, branda a thógáil.

Brandáil

Más rud é, ar na fóraim, go ndéanann na mic léinn argóint gan stad chun a fháil amach an bhfuil scoil amháin níos fearr ná scoil eile, is é ceartais na síochána go ginearálta an íomhá branda, a léirítear trí roghanna na mac léinn: i measc na mac léinn a ligtear isteach in dhá scoil, cé mhéad roghnaigh an chéad cheann agus cé mhéad an dara? Ceann de na dúshláin a bhaineann le grúpaí móra a bhunú ná brandaí láidre a chruthú, a éilíonn am agus acmhainní. Toisc gurb iad seo na brandaí a mheallann mic léinn agus a thugann údar le praghsanna arda. Cuirtear caoga rud a bhfuil rath gairmiúil iolrach orthu i láthair ar dtús mar "iar-mhic léinn an ENA",

"X-ENSAE", srl. Tá a fhios ag mic léinn go leanfaidh an branda a mbeidh baint acu leo le linn a ngairmréime. I bhfad i ndiaidh dóibh imeacht, is gnách go mbíonn siad ina lucht tacaíochta díograiseach dá scoil.

Os a choinne sin, i dufair na n-acrainmneacha a bhfuil cuma araon orthu, tá sé deacair imthacaí an duine a aimsiú. Go minic, deir mic léinn liom: "Tógtar chuig an ESCE mé. Tá sé go maith ? D'éirigh leo sa chomórtas agus chláraigh siad ar feadh cúig bliana gan a bheith in ann leibhéal agus sainiúlachtaí na scoile a mheas go cruinn. Is freagra é an branda ar an neamhchinnteacht seo. Dá bhrí sin tá an-tóir ar bhrandaí mór le rá.

Ach tógann sé am chun branda a thógáil. Tá grianghraif de shéipéil nua-Ghotacha, leabharlanna painéil, peidiméid maorga, céimithe i ngúna ar taispeáint fós ar shuíomhanna na mórinstitiúidí oideachais. Armas é a lógó atá maisithe le siombailí meánaoiseacha. Leath bealaigh idir Harry Potter agus The Name of the Rose, is dearbhú suntasach é an siombalachas seo ar fhírinneacht. Méadaítear an tagairt do chustam faoin titim anuas ar sheanóirí clúiteacha. Ní féidir le Parisians a bhfuil taithí acu ar an radharc scriosta de hallaí staidéir neamhullmhaithe agus ardáin reo den Sorbonne fórsa an ainm simplí seo a shamhlú sa saol scolártha.

Cuirtear pianbhreith ar eagraíochtaí nach bhfuil in ann leas a bhaint as an gcineál seo oidhreachta le hobair thromchúiseach a bhaineann le léiriú, diongbháilteacht, láithreacht sna léaráidí (rud a fheicfimid thar a bheith neamhghnách), ag tógáil struchtúir fhairsing agus eisceachtúla. Chun é a chur go soiléir, cuimsíonn ceist an bhranda tuairimíocht mheáchain. Is léir go spreagtar na cruinnithe chun scoil le branda a cheannach agus na buntáistí a shíneadh amach dá scoileanna i gcoitinne.

Le dúnadh, tá tromchúis na scoileanna neamhphoiblí ar an mbealach seo gan amhras ar an ardú, ag gach leibhéal den chóras scoile. An chainníocht understudies a mhúineann sé incrimintí, chomh maith lena staideanna in ord pecking na scoileanna. Mar gheall ar lagú na scoileanna státmhaoinithe ó lár na 2000í ar aghaidh tá deiseanna ann chun píosaí príobháideacha den phióg a leathnú, rud a chuireann ualach ar mhodh maireachtála na dteaghlach. Is é an rud is mó a chuir iontas air ná feabhas a chur ar eagraíochtaí príobháideacha, gnó, chun sochair i réimsí gairmiúla.

Dá bhrí sin tá na scoileanna seo i láthair go príomha san ardoideachas. Is díol spéise iad a n-inoiriúnaitheacht agus a gcumas chun cinn, go háirithe ós rud é go mbraitheann siad ar chumhacht airgeadaíochta suntasach.

Mar sin féin, níl tuismitheoirí na Fraince chomh toilteanach íoc as oideachas a bpáistí ná iad siúd san Áise nó i dtíortha Angla-Shacsanach. De réir suirbhé a rinne banc na Breataine HSBC i 2014 [11], tá siad ach 50% a thuiscint go gcaithfidh duine a íoc chun staidéar a dhéanamh, i gcoinne 75% go 80% in áiteanna eile. Tá siad i measc na ndaoine is lú cinnte gurb é an t-oideachas an infheistíocht is fearr is féidir leo a dhéanamh dá leanaí.

Bíodh sin mar atá, is cuid dhílis den chóras ardoideachais anois sainscoileanna príobháideacha, in éineacht leis an ollscoil agus leis na Grandes Ecoles. Ní féidir leis an athrú seo ach dlús a chur le díluacháil na hollscoile agus treisiú suntasach a dhéanamh ar na héagothromaíochtaí a bhaineann le hioncam teaghlaigh, idir mionlach na ndaoine a bhfuil rochtain acu ar na scoileanna seo agus iad siúd a fhanann lasmuigh dá ndoirse.

Caibidil 6 Nótaí

1. Léiriú Cours Molière ar a shuíomh Gréasáin , www.cours-moliere.com.

2. TNS SOFRES, "Na deacrachtaí agus ionchais na dtuismitheoirí", Samhain 2011.

3. An baccalaureate a thugann rochtain ar an ollscoil, tá na giúiréithe baccalaureate ina chathaoirleach go foirmiúil ag ollamh ollscoile. Ach is annamh a thagann sé agus, fiú sa chás seo, níl cur amach aige ar na nósanna imeachta. Dá bhrí sin ceaptar leas-uachtarán laistigh den ghiúiré, a ghlacann dualgais an uachtarán go héifeachtach.

4. INSEE, Tríocha Bliain den Saol Eacnamaíoch agus Sóisialta, INSEE, Páras, 2014 , www.insee.fr.

    1. Agus é ag tabhairt aghaidh ar an mothúchán, d'fhógair uachtarán Paris-Ouest in 2014, áfach, go raibh sé ag iarraidh an comhaontú seo a shéanadh.

2. Eacnamaíocht agus eacnamaíocht trádála (1) nó eolaíoch (2), fisic eolaíoch matamaitice

    (3) nó fisic-ceimic (4), litreacha liteartha agus eolaíochtaí sóisialta (5) nó litreacha (6).

    3. Mar sin féin, d'fhéadfadh éifeachtaí diúltacha a bheith ag uasteorannú na mbealaí cánach ó 2013 ar na cistí sin.

4. Preasráiteas APAX Partner, 24 Deireadh Fómhair, 2013.

5. Emanuel DAVIDENKOFF, " Múinteoirí is Fearr", www.lexpress.fr, 5 Nollaig, 2014.

6. Christine L.AGOUTTEagus Yann L.EGALES, "Tá an grúpa INSEEC ag iarraidh a bheith ar an gceannaire domhanda i gcúrsaí oiliúna só 27, 2014.

7. *Tuarascáil dhomhanda HSBC. Luach an Oideachais, Springboard for Success*, Meán Fómhair 2014.

7

An margadh faisnéise domhanda

"Nuacht spreagúil do na daoine a fheiceann athrú scoile mar mhodh chun airgead tirim a thabhairt isteach: measann tuarascáil eile go bhfuil an margadh oiliúna domhanda ag $5.4 trilliún gach 2015 [suas ó $27 billiún in 1995]1. »

VSandehasborn ,torthaí na n-ullmhúcháin a rinne na hullmhúcháin don scoil ardQuesnay haveandé dochreidte: chuaigh gar do leath de na mic léinn chuig scoileanna den scoth i gcoitinne, agus chuaigh dhá cheann déag acu go Polytechnique École. Ar aon chuma, leagann sé béim ar an duine aonair atá cuntasach as na hullmhúcháin, is iad na ranganna an bhliain is mó a bheidh neamháitithe as seo go bhfuil a fhios ag an bhfondúireacht. Déantar é seo a chiallú leis an iolrú ar éagmais déanacha fo-staidéir a reáchtáladh ag Quesnay, ach freisin a tugadh go McGill (Ceanada), Cambridge nó Londain agus atá i bhfabhar gaoth na farraige in aghaidh anacair na tacaíochta matamaitice.

Tá daoine á n-iomáint féin go hiomlán i gcríoch dhomhain an domhandaithe i bhfad níos éifeachtaí ná mar a bhí roimhe seo. Scoileanna chomh maith. Tá an pheculiarity seo réasúnaithe go soiléir ón méid thuasluaite. Lena n-áirítear ardú ar an réimse gnó príobháideach, an méadú ar ullmhacht teaghlaigh chun íoc, táirgeadh cruinnithe le bonn láidir airgeadaíochta, trom an Bhéarla agus an gá atá le teacht ar an domhan le linn scrúduithe duine, tátal duine go bhfuil an Fhrainc aibí chun páirt a ghlacadh. an margadh oideachais domhanda atá ag fás go tapa roimh ár súl. Mar sin insíonn an chaibidil seo scéal grúpaí móra airgeadais agus straitéisí pláinéadacha. Mothaíonn sé beagán cosúil le dul ó chogaí dóiteáin go cogaí réalta ach fós tá sé ag tarlú gar do bhaile.

An chéad domhandú

In ainneoin an mhíchruinnis a bhain leis an gcineál seo tomhais, mheas Unesco (Eagraíocht Oideachais, Eolaíoch agus Chultúrtha na Náisiún Aontaithe) go raibh ar a laghad 4.5 milliún duine ag staidéar thar lear in 2014, líon atá méadaithe faoi dhó le deich mbliana agus atá ag fás ag ráta níos tapúla. Tá leath díobh comhchruinnithe sna cúig thír aíochta is airde: na Stáit Aontaithe (19%), an Ríocht Aontaithe (11%), an Astráil (8%), an Fhrainc (7%) agus an Ghearmáin (6%). Tugann foinsí eile torthaí beagán difriúil, ag rangú na Fraince chun tosaigh ar an Astráil agus an Ghearmáin. Thar aon ní eile, déanann Unesco dearmad ar an tSín, atá sa tríú háit ag an Institiúid Oideachais Idirnáisiúnta, cumann Meiriceánach.

290,000 mac léinn "idirnáisiúnta" [2] » cláraithe i bhforais ardoideachais na Fraince in 2012-2013. Rinne siad ionadaíocht ar mhac léinn amháin as gach ochtar. Sa Ríocht Aontaithe agus san Astráil, i dtíortha atá speisialaithe san ardoideachas, tagann mac léinn amháin as gach cúigear ó thar lear. Ba chóir a thabhairt faoi deara gur éirigh leis an bhFrainc a "sciar den mhargadh" a choinneáil, chun úsáid a bhaint as léiriú an ECFE, fad is a tháinig titim ar na Stáit Aontaithe, ó tharla go raibh

28% in 2001. Tá na Stáit Aontaithe fós tarraingteach, ach tá iomaíocht i bhfad níos láidre rompu ná mar a bhí roimhe.

Is mar thoradh ar dhomhandú earcaíocht mac léinn a dhírítear. Fáiltíonn na hollscoileanna is fearr ar domhan sa lá atá inniu ann i bhfad thar theorainneacha náisiúnta. Is bealach an-mhaith iad Moocs (cúrsaí ar líne) chun braite tallainne a mhéadú. In 2013, bhí bean Pacastánach 12 bliain d'aois ina réalta ar fhóram Davos, a thugann fiontraithe agus polaiteoirí le chéile chun cúrsaí domhanda a phlé. Agus í faoi agallamh ag réalta na hiriseoireachta Meiriceánacha, deir Khadija gur chláraigh sí ag deich mbliana d'aois ar chúrsa ar líne ar hintleachta saorga, a thairgeann an chuideachta speisialaithe Udacity. Tar éis di an cúrsa a chríochnú go rathúil (!), chláraigh sí san fhisic agus fuair sí an mheastóireacht is airde. Fuair genius beag eile ticéad eitleáin chun leanúint lena chuid staidéir sna Stáit Aontaithe. Leis an gcineál seo scéala, is féidir le hollscoileanna Mheiriceá bolscaireacht a dhéanamh ar an smaoineamh go dtugann siad na meoin is gile ar domhan le chéile.

Ar ndóigh, tá an feiniméan carnach: dá mhéad a mhéadaíonn cáil na n-ollscoileanna áirithe, is amhlaidh is mó a bhíonn mic léinn mhaithe ó gach cúlra ag iarraidh dul ann, rud a mhéadaíonn an leibhéal a thuilleadh. Mar sin, tá Scoil Eacnamaíochta Londain beagnach do-rochtana do mo chuid mac léinn, in iomaíocht le go leor mac léinn Síneach agus Indiach, ar leibhéal an-ard ... agus a íocann táillí teagaisc i bhfad níos airde. Sna Stáit Aontaithe, tagann níos mó mac léinn dochtúireachta ó Ollscoil Tsinghua na Síne, rud nár chuala tusa, cosúil liomsa, trácht uirthi ná ó aon ollscoil Meiriceánach! Bronnadh níos mó ná leath de na dochtúireachtaí eolaíochta agus innealtóireachta a bronnadh ar ollscoileanna SAM ó 2006 ar mhic léinn idirnáisiúnta, go príomha Síneach, Indians agus Koreans.

Cúis eile leis an ardú meitéarach seo go beacht ná teacht chun cinn na dtíortha i mbéal forbartha. Áirítear ar na mionlach Síneach nó Indiach anois na mílte teaghlach a bhfuil acmhainn acu a gcuid leanaí a chur chun staidéar thar lear. Ar chúiseanna cultúrtha, is minic a bhíonn gradam an oideachais an-láidir. Mhínigh méara sráidbhaile mór i gCúige Sabah, ar oileán Borneo, dom lá amháin le bród go raibh an sráidbhaile ar fad clubáilte le chéile chun ligean d'ábhar iontach den sráidbhaile imeacht dá dhara timthriall. i gCalifornia. Is léir go bhfágann na hionchais airgeadais a d'eascair as infheistíocht oideachasúil na ndaonraí seo go bhfuil na cuideachtaí san earnáil saliva. Is ionann Asians anois agus leath de na mic léinn idirnáisiúnta ar fud an domhain, céatadán a bheidh le méadú. Tháinig méadú ar líon na mac léinn Síneach thar lear idir 2000 agus 2012 agus tá sé níos mó ná 700,000 anois; tá méadú sé huaire ar líon na Saudis go 60,000, níos mó ná na Meiriceánaigh!

Cosúil le táirgí eachtracha, tá ardghradam ag ollscoileanna móra an Iarthair. Díreach mar a d'úsáid brandaí Seapánacha ainmneacha Angla-Shacsanach a ghlacadh (Kenwood, mar shampla), úsáideann roinnt ollscoileanna na hÁise ainmneacha fuaime Angla-Shacsanach. Ach is beag duine a mheallann an fóirsteanach. Is iad na hinstitiúidí móra Angla-Shacsanach a mheallann mic léinn Áiseacha. Maidir le bourgeoisie Beijing, níl aon rud níos chic ná a gcuid leanaí a chur chun staidéar a dhéanamh in Eton, uaireanta chomh luath leis an mbunscoil. Ní fhaigheann an réimeas, atá cumannach go teoiriciúil, aon rud cearr leis: tá beagnach fiche bliain ann cheana féin ó bhí a céad méara a fuair oideachas ó Harvard i gcathair mhór na Síne. Ní haon ionadh é mar sin go mbíonn deifir ar mhic léinn na Síne ar dtús Tíortha Angla-Shacsanach. Tá siad 200,000 sna Stáit Aontaithe, 90,000 san Astráil agus beagnach 70,000 sa Ríocht Aontaithe. Tá an rud céanna fíor i gcás Indians, go háirithe ar chúiseanna eitimeolaíochta. Chomh fada agus a bhaineann leis, tugann an Fhrainc cuireadh don chuid is mó d'fhoghlaimeoirí ón Afraic agus ón tSín.

Ar ndóigh, ní ceist ghnó amháin é cuireadh a thabhairt do fhostaidéir choimhthíocha, ach ina theannta sin is gné shuntasach de chumhacht íogair, a bhfuil tionchar sóisialta agus polaitiúil aige. Dearbhaíonn an Fhrainc, mar shampla, go gcuireann bailiú na bhfostaidéir lena tionchar domhanda agus go dtacaíonn sé leis an bhFrancophonie. Thuig na náisiúin shóisialacha an méid seo ar an iomlán: is cuimhin linn go ndearna ceannairí iomadúla na náisiún atá ag teacht chun cinn breithniú ar na costais go léir a íocadh, sa Chomhlachas Sóivéadach nó sa tSín.

Arís eile, is ar an leibhéal polaitiúil a dhírítear ar thar lear is mó a bhíonn na bacainní, mar gheall ar na socruithe toirmeascacha víosa, a cuireadh ar bun sna SA tar éis an 11 Meán Fómhair, san Astráil nó sa Fhrainc. Is lú an mealladh atá ag na SA le déanaí ná ciall mhór a bhaint as na saincheisteanna seo. Sa

Fhrainc, cuimsíonn na trioblóidí a bhíonn ag mic léinn ar a bhfuil aithne acu an rogha a fháil chun iarracht a dhéanamh tacaíocht a thabhairt dá scrúduithe mar choscán. Is cosúil go bhfuil coinbhleacht idir stáit mar seo idir cumhacht íogair agus imní faoi dhaoine ón taobh amuigh. Léiríonn an neamhréireacht loighciúil idir a gcuid spriocanna, tá sé bailí,

Tá margadh suntasach i gceist le tearc-staidéir dhomhanda, is cuma an bhfuil an fhaisnéis a bhaineann leo beagán éiginnte. Is cinnte go gcuireann siad leis an ngeilleagar trí na costais oideachais a d'fhéadfadh siad a íoc, ach freisin trína gcostais leanúnacha. De réir mheastachán Sheirbhís Oiliúna Shasana, thug mic léinn ar fud an domhain 17 billiún euro chuig an Ríocht Aontaithe in 2009, ag cuimhneamh ar 2.6 billiún do chostais oideachais. Sna SA, tá 24 billiún euro á phlé againn. San Astráil, fágann an 13 billiún euro a bhaineann le mic léinn ar fud an domhain gurb é an tríú barrachas reatha is mó é. Ba cheart a thabhairt faoi deara mar an gcéanna go n-íocann mic léinn ar a bhfuil aithne acu níos mó go minic ná mar a bhíonn ag náisiúnaigh, ionas gur fíor-táirgiúil do choláistí iad a éascú.

Is é an príomh-thréimhse de dhomhandú na hoiliúna ná cuireadh a thabhairt d'fhoghlaimeoirí neamhaithnidiúla. Is seanchleachtadh é do náisiúin choilínithe ar nós an Ríocht Chomhthionóil nó an Fhrainc. Mar an gcéanna tá an Fhrainc mar áit ullmhúcháin do scothaicme na hAfraice ina labhraítear Fraincis. Mar sin féin, tháinig muid isteach sa dara aois de dhomhandú na staidéar, a cuireadh as a chéile ag feabhsú na gcóras. Faoi láthair níl na coláistí sásta fostaidéir a iompar chucu, nascann siad leo trí chéimeanna a chruthú ar an ngréasán agus, níos tábhachtaí fós, iad féin a dhaingniú thar lear.

Oideachas, tionscal domhanda

Is féidir oideachas ilnáisiúnta a thabhairt ar scoil nó ar ollscoil a bhfuil campais aici i dtíortha éagsúla. De réir an acadúla Rosa Becker [3], d'ardaigh líon na gcuideachtaí ilnáisiúnta seo ó 24 in 2002 go 82 in 2006 agus 162 in 2009. Ag an ráta seo, d'fhéadfadh timpeall 400 a bheith ann inniu. a bheith coitianta, ní mór cásanna éagsúla a idirdhealú. Téann roinnt scoileanna i gcomhaontuithe nó cruthaíonn siad fochuideachtaí chun áiteanna staidéir thar lear a sholáthar dá gcuid mac léinn. Déanann daoine eile iarracht forbairt thar lear, faoi loighic tionchair nó a láimhdeachas agus a mbrabús a mhéadú trí mhic léinn nua a earcú. Ar deireadh, tá cás na ngrúpaí airgeadais a cheannaíonn scoileanna i dtíortha éagsúla agus a dhéanann cuideachtaí oideachais ilnáisiúnta.

Sa Fhrainc, níl ollscoileanna eachtracha an-láthair. Ach tá na grúpaí airgeadais ag infheistiú le bhfeice. Is Angla-Shacsanach iad go leor cistí infheistíochta agus tagann siad ar mhargadh na Fraince le saibhreas taithí agus caipitil measúil. Is é spreagadh na gcistí seo ná infheistíocht a dhéanamh i margadh nua, agus a margadh baile gar do sháithiú. Ag an am céanna, toisc go bhfuil scoileanna príobháideacha ann le fada an lá, tá an margadh seo níos inrochtana ná mar atá i dtíortha ina bhfuil oideachas poiblí agus saor in aisce go bunúsach. Spreagadh eile chun infheistíocht a dhéanamh sa Fhrainc ag na grúpaí seo ná dul isteach, tríd an modh seo, i margadh na dtíortha i mbéal forbartha ina labhraítear Fraincis, ar mian le scothaicme éalú ó chóras oideachais náisiúnta atá ag teip.

Athraítear scála mar gheall ar theacht na ngrúpaí Angla-Shacsanach. Mar sin tá Pigier, ISCOM (Institiúid Níos Airde na Cumarsáide agus na Fógraíochta) agus na scoileanna gnó IPAC mar chuid de Eduservice, a bhaineann le Duke Street, ciste na Breataine a bhfuil níos mó ná 2 billiún euro i láimhdeachas bliantúil aige. [4]. Tá IFG, ESCE agus EBS, trí scoil ghnó, ceannaithe ag Ollscoileanna Idirnáisiúnta Laureate. Tá an grúpa ollmhór Meiriceánach seo (4 billiún dollar i láimhdeachas) i láthair i thart ar thríocha tír agus cuireann sé oideachas ar 800 ,000 mac léinn. I measc a scairshealbhóirí tá an ciste KKR, a bhfuil aithne air ar fud an domhain ar na margaí airgeadais as a chuid oibríochtaí stuama ar cheannacháin cuideachtaí arna maoiniú ag fiacha ... a aisíocann díol píosaí de na gnólachtaí ceannaithe. Ó cruthaíodh é, beagnach daichead bliain ó shin, tá an ciste seo bródúil as meántoradh 27% a fháil, rud atá neamhghnách.

Níl an chéim seo den domhandú in easnamh ar ghrúpaí Francacha. Mar sin, faoi cheannaireacht a úinéara nua, tá sé beartaithe ag grúpa INSEEC bunú sa tSín, sa Chóiré nó sa Bhrasaíl. Níl monaplacht ag grúpaí príobháideacha ar an treoshuíomh seo: mar atá feicthe againn, d'oscail ESSEC, Centrale agus go leor eile campais thar lear, a chuireann intéirneachtaí chun cinn dá gcuid mac léinn ón bhFrainc, ach freisin earcaíocht áitiúil. Mar atá i réimsí eile, is é margadh na hÁise an chéad sprioc. Cuireann Scoil Lárnach Hyderabad múnla suimiúil i láthair: tá sé maoinithe go hiomlán ag Mahindra, grúpa tionscail a fhéachann le ceannairí gnó a oiliúint seachas brabúsacht ar gach costas. Tugann an grúpa Indiach caipiteal, ach freisin cáil láidir . Tugann scoil na Fraince a fios gnó,

 Soláthraíonn na grúpaí idirnáisiúnta acmhainní airgeadais do na scoileanna príobháideacha faighte chun infheistíocht a dhéanamh agus feabhas a chur ar a seasamh agus le comhpháirtithe idirnáisiúnta a thugann buntáiste iomaíoch suntasach dóibh, ag am a bhfuil oscailteacht idirnáisiúnta ag éirí riachtanach. Tá grúpaí móra ag infheistiú i Moocs, rud a léiríonn fíor-réabhlóid eacnamaíoch. Go deimhin, is é srian an oideachais ná go dteastaíonn múinteoir uait os comhair na ndaltaí. Conas, sa chás seo, gnóthachain táirgiúlachta a fháil? Laghdaíonn méadú ar mhéid an ranga cáilíocht. Ar an láimh eile, má dhéantar an múinteoir a iolrú le físchomhdháil osclaíonn sé féidearthachtaí iontacha: le tuarastal múinteora aonair le híoc, is féidir leat líon gan teorainn a bhaint amach mac léinn.

 Mar sin, tá páirt glactha ag Ollscoileanna Idirnáisiúnta Laureate i Coursera, a tháirgeann cúrsaí ó Ollúna ó Stanford, Princeton, CalTech, Normale sup agus Polytechnique. Maidir le grúpa le scoileanna, tá sineirgí féideartha ollmhóra anseo: faigheann scoileanna cúrsaí ó Coursera, rud nach bhfuil costas mór orthu, ós rud é go ndéantar na cúrsaí seo a dháileadh go en masse. Os a choinne sin, éiríonn leo sna scrúduithe agus mar sin ceadaíonn siad na cúrsaí a sholáthraíonn Coursera a dheimhniú.

 Iarmhairt eile ar fhoirmiú grúpaí is ea caighdeánú

na gcleachtas bainistíochta. Is ceist é múnla a fhorchur ar an ngrúpa iomlán, le táscairí éifeachtúlachta, cuspóirí le baint amach, modhanna bainistíochta, etc.

Tagann an tsamhail seo ar an struchtúr deireanach leis na EMOanna nó cumainn riaracháin oiliúnacha atá á mbunú sna SA. Rinneadh an giorrúchán seo de bharr caidreamh le HMOanna, cumainn a chruthaigh sna Stáit Aontaithe i réimse na folláine. Idir an ghníomhaireacht árachais a thugann cúiteamh don chomaoin agus na clinicí éigeandála, na speisialtóirí drugaí nó na speisialtóirí a thugann é, cuireann na HMOanna seo i bhfeidhm na treoirlínte, amhail fad an ospidéil le haghaidh paiteolaíochta ar leith nó an branda cógas ar féidir le speisialtóir a fhormhuiniú.

I réimse na hoiliúna, déanann EMOanna dearadh (conas plean a leagan amach, é a mheasúnú, oideachasóirí a rianú, fostaidéir a roghnú, agus mar sin de) agus athbhreithniú (cén líon oideoirí in aghaidh an ghnóthais? cén líon méadar cearnach in aghaidh an fhostaidéir? costas ullmhúcháin?, agus mar sin de.). Is féidir leo freisin nósanna imeachta oideachais a chothú. Ba cheart dóibh "cleachtais iontacha" a roghnú agus iad a scaipeadh laistigh den chruinniú. Chuir na hEMOanna acmhainní isteach i réimse na scoileanna conartha roimhe seo: tugann roinnt stát Meiriceánach dearbhán oiliúna do gach duine de na caomhnóirí fostaidéir a úsáideann siad sa bhunsraith is fearr leo, chun treoirlíne na hiomaíochta a thabhairt isteach sa treoir. Tá siad ag súil le feabhas ar an gcreat. Is féidir a shamhlú go mbeidh údar maith ag cruinnithe scoileanna lena nós imeachta ar an múnla seo.

Tá na cleachtais seo mar chomhpháirtí ar chuma an chaipitil ag lorg doirse oscailte iontacha ar mhaithe le leas agus réiteoirí a dhéanamh idir suim sa scolaíocht, clubanna áineasa, tithe scoir nó pinsinéirí. Is léir gur mian le hinfheisteoirí a fháil amach an bhfuil a gcuid airgid á úsáid go meabhrach (freagracht). Ar neart na taithí carntha, beidh na hEMOanna in ann a rá níos faide ná cé mhéad uair an chloig de cheachtanna a chuirtear ar fáil do chúrsa oiliúna nach mbeidh brabúsach as, mar shampla; nó conas polasaí tuarastail a chur i bhfeidhm ag spreagadh múinteoirí lena ndícheall a dhéanamh gan ró-chostas. Ach ní bhíonn sé éasca i gcónaí an teannas idir cáilíocht agus brabúsacht a laghdú agus tá baol ann go ndéanfaidh geallsealbhóirí an oideachais freagairt go foréigneach do choigistiú na saoirse atá intuigthe ó theacht EMOanna. Maidir le múinteoir, is cosúil le scannán tubaiste é. I réimse na sláinte, tá costais bhainistíochta ard mar thoradh ar an tsamhail seo, a cháin dochtúirí go láidir toisc go gcaillfidh siad a saoirse cinnidh. I dtéarmaí leas iomlán a bhaint, casadh sé amach a bheith níos costasaí ná córais phoiblí. Is féidir go bhfuil an rud céanna ag tarlú san oideachas.

Limistéar oideachais saor in aisce,

Is é an tríú céim den roicéad ná go gcruthóidh tíortha áirithe ardáin ollmhóra, ar a dtugtar moil oideachais nó moil eolais, de réir analaí le haeriompar – is pointe pasáiste éigeantach é mol, lárionad oibríochta cuideachta a chónaisceann a fadachair chuige. eitiltí. Is ceist í limistéar a thiomnú, arna sheirbhísiú agus á bhainistiú ag na húdaráis, do shuiteáil scoileanna, ach uaireanta ionaid taighde freisin. Is é an cuspóir an t-oideachas a úsáid mar earnáil eacnamaíoch ar a mbeifear ag brath chun gníomhaíocht a chruthú agus airgeadra eachtrach a thuilleamh. Is modh ar leith é de dhomhandú an oideachais níos mó ná an tríú haois, toisc nach mbaineann sé ach le tíortha áirithe atá ag teacht chun cinn.

I Singeapór, mar shampla, tá sé seo mar chuid de straitéis níos mó chun an stát oileánda a athrú ina gheilleagar eolasbhunaithe. Tá acmhainní ollmhóra á gcur ar fáil ag Aontas na nÉimíríochtaí Arabacha mar sheirbhís do straitéis gheilleagair eolais agus chultúir, a fheiceann go háirithe trí mhúsaem ollmhóra a thógáil in Abu Dhabi: an Louvre, an Guggenheim agus an Zayed, chomh maith le dhá scannán a chruthú. féilte.

Léiríonn sampla Oileán Mhuirís, ar an láimh eile, cur chuige atá dírithe go hiomlán ar sheirbhísí oideachais mar earra: "Is é an cuspóir ná billiún dollar láimhdeachais a ghiniúint, ie 10% de OTI na

Mauritian! " Aire Ardoideachais na Mauritian [5]. De réir an phlean seo, chuirfeadh Oileán Mhuirís fáilte roimh 100,000 mac léinn idirnáisiúnta in 2020 (i gcoinne 1,000 in 2013!). Is díol suntais é nár cruthaíodh an Aireacht Ardoideachais ach amháin i 2010, agus é mar aidhm gníomhaíocht eacnamaíoch a fhorbairt san earnáil seo. Is é sin le rá má théann oiliúint Mauritians isteach sa chúlra.

Tá sé mar aidhm ag mol eolais na Mauritian mic léinn a earcú ó gach cearn den Aigéan Indiach agus den Afraic. Cruthaíodh cuideachta phoiblí, Knowledge Parks Ltd, chun na trí champas atá maoinithe go poiblí a bhainistiú. Spreagtar mná ón iasacht ón institiúid teacht agus socrú síos ar na campais seo. Mar sin, chruthaigh scoil Vatel céim bhaitsiléara óstáin agus máistreachta, an iliomad só-óstán sa réigiún arb iad áiteanna iontacha iad le haghaidh intéirneachtaí. Cruthaíodh cúrsaí eile a bhuíochas le comhpháirtíocht idirnáisiúnta, mar shampla le Paris-I-Panthéon-Sorbonne nó Paris-Dauphine: comhordaíonn Institiúid Bainistíochta Anailíse na cuideachta Mauritian an MBA a sheachadann Ollscoil Paris-Dauphine agus an Institut d'administration des entreprises (IAE) Pháras ar oileáin an Aigéin Indiaigh.

Tá Cathair Acadúil Idirnáisiúnta Dubai (20,000 mac léinn) ag iarraidh a bheith "ar an gcéad limistéar saor in aisce ar domhan atá tiomnaithe don oideachas". Áitíonn na húdaráis go bhfuil na hollscoileanna a bhunaíonn iad féin ina n-iomláine ina n-úinéirí ar a mbunaíocht agus gur féidir leo a gcuid brabúis a athdhúichiú go saor. Mar sin, cuireann Dubai nó Oileán Mhuirís i bhfeidhm ar ardoideachas na hoidis ar éirigh leo i réimsí eile, mar theicstílí in Oileán Mhuirís. Tá máistreacht ag an oileán ar chruthú saorchriosanna, tá a fhios aige conas an bonneagar atá riachtanach do ghnólachtaí a thógáil, tá an creidiúnacht riachtanach aige chun a chur ina luí ar ghnólachtaí eachtracha gur stát é atá faoi rialú ag an smacht reachta, iontaofa, cobhsaí, a ligeann do ghnólachtaí rathú i síocháin. .

Ach an leor é? D'fhéadfadh Oileán Mhuirís teicstílí a mhealladh, a bhuíochas dá shaothar saor, sa turasóireacht, lena tránna gainimh bána. San oideachas? Is cuma cé chomh deacair a fhéachaimid, ní léir buntáiste iomaíoch Oileán Mhuirís. Is gá, mar sin, go bhfuil na hiarrachtaí seo timpeallaithe. Cheana féin, in 2011, bhí taighdeoir ag déanamh machnaimh an raibh sé ina fad nó ina nuálaíocht dáiríre. [6].

Chuir roinnt scannail isteach ar fhorbairt na mol le déanaí, go háirithe fadhbanna creidiúnaithe: faigheann mic léinn amach tar éis roinnt blianta de staidéar costasach nach n-aithnítear a dioplóma thar lear. Tharla sé freisin gur cuireadh iallach ar fhochuideachta " scoil mhór an Iarthair" i Dubai a dhúnadh nuair a tháinig sé chun solais go raibh a máthairchuideachta... aireagán glan! Cuirimis a suaimhneas ar an léitheoir gan a thuilleadh moille: tá fochuideachta athoscailte ag an scoil shamhailteach seo in emirate eile [7]. Léirigh na scannail sin do na húdaráis go raibh idirghabháil phoiblí riachtanach chun creidiúnacht a thabhairt do na dioplómaí a bhronnadh.

D'fhulaing Dubai mboilgeog oideachais fíor. Sa bhliain 2007, bhí níos mó institiúidí oideachais ann ná aon áit eile ar domhan; Bhí ionadaíocht ag deich gcinn de na céad scoil ghnó is fearr i Dubai, seacht gcinn i Catar agus trí cinn in Abu Dhabi, mar shampla. Bhuail géarchéim airgeadais 2008 Dubai go dian, rud a laghdaigh go mór an líon expats a d'fhéadfadh a gcuid leanaí a chur sna scoileanna seo. Mar sin tá campais úrnua fós leath folamh agus mar sin i bhfad faoi bhun an phointe meá ar mheá. Dhún cuid acu chomh tapa agus a d'oscail siad. Sa lá atá inniu tá cuma orthu mar bhailte taibhse tréigthe tar éis an luaith óir sna Stáit Aontaithe. Is é seo an chéad ghéarchéim fáis san oideachas domhandaithe.

Is dócha go bhfuil neart mhúnla Dubai i gceist sa ghéarchéim seo freisin. Ní gá gur uile- íoc i réimse ina bhfuil sé an-deacair an "táirge" a mheas, is é sin le rá an dioplóma. Tá deimhniú ó údarás aitheanta fós riachtanach, chomh maith le caighdeáin cháilíochta a leagan síos agus roinnt pleanála soláthair. Chuir Dubai comhlacht deimhniúcháin ar bun freisin in 2013. Ar deireadh, ní hionann na deacrachtaí a bhíonn ag daoine acadúla áirithe víosaí a fháil, mar gheall ar a bpoist pholaitiúla nó nádúr a gcuid oibre, maidir leis an bhféidearthacht go gcuirfí fáilte roimh dhámh bhuan ar an láthair.

Tabhair faoi deara sa chodarsnacht idir na Emirates a rith. Cruthaíonn Aontas na nÉimíríochtaí Arabacha struchtúr feidearálach, a thugann seacht bprionsabal le chéile, is iad na príomhchinn ná Dubai agus Abu Dhabi, a théann i ngleic le geilleagar an eolais ar bhealaí trastomhaiste. Tá Dubai ag súil le sochair dhíreacha airgeadais ó na saorchriosanna agus diúltaíonn sé smacht ar a bhforbairt anarchic uaireanta, agus téann Abu Dhabi ar aghaidh trí chomhaontuithe cúramacha idirstáit.

Áise conquering Asia

Tá tionscnaimh inchomparáide seolta ag an Mhalaeisia, Hong Cong, an Chóiré Theas agus Singeapór, ach bunaithe ar bhunsraitheanna níos daingne. Is tír ardfhorbartha í Singeapór, a bhfuil a stát, pleanálaí cumhachtach agus éifeachtach, tar éis speisialaithe i loighistic le fada. Mar sin tá cathracha slánaithe curtha ar fáil ag Singeapór go dtí an tSín, ag tabhairt aire don tógáil chomh maith le bainistiú bonneagair agus seirbhísí poiblí. Cuireann a shuíomh geografach Singeapór laistigh de rochtain do mhic léinn na hÁise. Tá an smaoineamh "edu-turasóireachta" forbartha ag an oileán freisin, rud a fhágann gur féidir iniúchadh an réigiúin a réiteach le cúrsa a sholáthraíonn scoileanna den scoth, i measc na gceann is fearr ar domhan.

Go deimhin, d'éirigh le Singeapór níos mó ná 1,100 scoil agus ollscoil eachtrach a mhealladh, lena n-áirítear MIT, Imperial College London, Ollscoil Teicneolaíochta München agus an chéad champas cruthaithe ag Yale ar feadh trí chéad bliain, chun an mana a úsáid go léir i finesse a shamhlú na cumarsáide seo. institiúid. Teagmhasach, bhí múinteoirí agus bord stiúrthóirí Yale trína chéile nár chuathas i gcomhairle leo maidir leis an gcur i bhfeidhm seo agus fuair siad amach nach raibh aon ghuth acu sa scéal. Ní bhaineann meas ar thraidisiún chomh fada le cumhacht a roinnt...

Is é cruthú moil san Áise an iarmhairt loighciúil ar theacht chun cinn eacnamaíoch na hÁise Thoir agus ar dhomhandú an oideachais. Tá áit na hÁise sa ghluaiseacht seo ag athrú go tapa. Tá súil ag moil oideachais na Cóiré Theas mar sin mic léinn Rúiseacha a mhealladh: siombail go leor.

Tá fathaigh na hÁise, an India agus an tSín, beagán taobh thiar den ghluaiseacht seo, a bhfuil siad ag iarraidh srian a chur le polasaí cosantach. Mar shampla, cuireann institiúidí teicneolaíochta Indiacha cosc ar a gcuid mac léinn glacadh le hintéirneachtaí thar lear. Is gnách go gcuireann an tSín agus an India moill ar bhunú ollscoileanna eachtracha, a fheiceann siad mar iomaitheoirí dá n-ollscoileanna féin, ar mian leo a bhforbairt inmheánach a chur chun cinn. Tá fíor-rath á bhaint amach acu. Institiúidí teicneolaíochta Indiach traenach innealtóirí a bhfuil ardmheas orthu. De réir roinnt foinsí, cuireann an tSín fáilte roimh níos mó ná 300,000 mac léinn eachtracha anois. Thar aon ní eile, in 2014, bhí 100,000 Meiriceánach ag staidéar sa tSín, figiúr a bhí thar a bheith suntasach. Cé nach bhféadfadh, ach deich mbliana ó shin, a leithéid de athrú radacach a shamhlú, an draein inchinn droim ar ais? Agus cén fáth a roghnú an tSín?

Níl an freagra an-bunaidh: airgead. Tá MBA rangaithe i measc an fiche is fearr ar domhan, a thairgeann Scoil Ghnó Idirnáisiúnta tSín na hEorpa i Shanghai, costas leathphraghas na Stát Aontaithe, gan trácht ar an gcostas maireachtála íseal. Toisc go bhfuil cáil na n-ollscoileanna Síneach fós le déanamh, níl siad chomh roghnaíoch ná in áiteanna eile. Sa leigheas, mar shampla, tá cúis mhaith ag mac léinn Indiach atá ag iarraidh céim mhaith leisce a dhéanamh idir an Eoraip agus an tSín, rud atá ag tosú le macalla ar na fóraim. I gcás ar leith na Meiriceánaigh, chuir Hillary Clinton fondúireacht ar bun in 2013 a chuireann scoláireachtaí ar fáil do mhic léinn ar mian leo dul go dtí an tSín, chun an dá thír a thabhairt níos gaire dá chéile agus chun aithne a chur ar thír atá agus a bheidh níos mó ná riamh. cumhacht mhór . Mar a tharla i réimsí eile, áfach,

Mar a tharla i réimsí eile, go deimhin... Breathnaíonn an chaibidil seo cosúil le halt ó L'Expansion. Bain triail as é a léamh arís, ag cur "cliant" in ionad "mac léinn" agus

" oideachas " trí "ríomhaireacht", "mearbhia", nó fiú "inneal-uirlis": téann sé go han-mhaith. Is é an rud atá mar thréith ag domhandú an ardoideachais ná go ndéanann an margadh go bunúsach é, ag smaoineamh ar oideachas mar ghníomhaíocht seirbhíse do dhaoine aonair a bhfuil ard-bhreisluach acu, ina bhfuil deiseanna suntasacha forbartha. brabúsach .

De réir mana a chloistear sa Fhrainc, ach sa tSile nó Québec freisin,

" Ní earra é an t- oideachas ". Go deimhin, tá. Tá éileamh tuaslagóir (níos mó nó níos lú), tairiscint íocaíochta, margadh cothrom eagraithe, maoiniú, fiontraithe, straitéisí tráchtála, brandaí, meastóireacht ar tháirgí, irisí chun cuidiú leis an tomhaltóir ina roghanna, etc. Léiríonn na forbairtí atá díreach tar éis iniúchadh a dhéanamh againn go bhfuil sé ag éirí níos earra agus go dtiocfaidh méadú ar an treocht seo. Is aisteach go leor, is minic a tháinig imní faoi seo chun cinn sa Fhrainc maidir le comhaontuithe trádála idirnáisiúnta, amhail is dá mbeadh bagairt tráchtearraí scoile ag teacht ón taobh amuigh chun léigear a dhéanamh ar chóras poiblí agus saor na Fraince. Is léir, nach bhfuil muid ann a thuilleadh.

Caibidil 7 Nótaí

1. Valerie STRAUSS, "Sroicheann an margadh oideachais domhanda $4.4 trilliún - agus tá sé ag fás," The Washington Post, 9 Feabhra, 2013.

2. Is féidir go bhfuil cuma aisteach ar an téarma seo, ach is féidir idirdhealú a dhéanamh idir daoine a thagann ó thar lear chun staidéar a dhéanamh orthu siúd de náisiúntacht choigríche, ach a bhféadfadh a dteaghlach a bheith socraithe sa tír le blianta fada.

3. Rosa BECKER, "Campais brainse idirnáisiúnta: margaí agus straitéisí", an Réadlann ar Ardoideachas gan Teorainn, 2009.

4. Isabelle REY-LEFEBVRE, "Scoileanna príobháideacha, mianach óir d'infheisteoirí", Campas Le Monde, Márta 2012.

5. Jean-Michel D.URAND, "Tógann an mol eolais cruth i doiléire áirithe", L'Eco austral, 13 Feabhra, 2014.

6. Jane KNIGHT, "Moil oideachais: fad, branda, nuálaíocht? », Journal of Studies in International Education, uimh. ó 15, 2011, lch. 221.

7. Leigh THOMAS, "Cáilíocht an dúshlán mór do mhoil oideachais phríobháideacha", University World News, 9 Márta, 2012.

8

Ardú táillí teagaisc

"Nuair a bhíonn an neamhionannas iontach agus a n-ioncam i bhfad níos airde ná ioncam na meánranganna, bíonn drogall ar na saibhre infheistíocht a dhéanamh in earraí poiblí amhail oideachas [...] agus is fearr leo iad a dhéanamh mar thomhaltas príobháideach [1]. »

Tar éis dó freastal ar scoil iontach, tá slí bheatha bhreá ag Jean-Charles sa tionscal, fiú má tá moill curtha aige ar an luas le cúpla bliain. Tá a chlann tar éis fás suas agus feiceann sé iad ag leanúint cosán aithnidiúil. Nuair a thagann an nóiméad cinntitheach chun a chosán san ardoideachas a roghnú, mothaíonn sé go mbeidh sé in ann, gan amhras níos fearr ná daoine eile, cuidiú, comhairle a thabhairt agus maoiniú a thabhairt dá leanaí. Ag féachaint don cheist, faigheann sé amach go bhfuil méadú tagtha ar chostas an ardoideachais: bíonn buiséid shubstaintiúla de dhíth ar oiliúint phríobháideach níos mó agus níos costasaí, cúrsaí tacaíochta riachtanacha, cúrsaí ullmhúcháin íoctha. Tuigeann sé go mbeidh air tréaniarracht a dhéanamh chun an costas seo a sheasamh agus staidéir bhrabúsacha a sholáthar dá leanaí. Ar ndóigh, tá oiliúint íoctha rud ar bith nua. Ach bhí siad inrochtana go héasca ag leanaí innealtóirí, fiú múinteoirí. Ní hé seo an cás a thuilleadh.

Tá boilsciú mar gheall go príomha ar scoileanna gnó, a bhfuil a dtáillí an-ard inniu. Tosaíonn an chaibidil seo trí mhionsonrú a dhéanamh ar a gcás. Ach tá an chuid eile den oideachas treasach ag leanúint, ag súil le cúiteamh a dhéanamh as laghdú ar mhaoiniú poiblí agus ar chostais ardaithe. Saor in aisce, a bhí mar riail, beidh sé a bheith ina eisceacht?

San am a chuaigh thart, i ranganna eolaíochta, measadh scoláirí i ranganna ullmhúcháin tráchtála le dímheas áirithe. Bhí a leibhéal sa mhatamaitic, tomhas gach rud, níos ísle ná leibhéal na n-eolaíochtaí ullmhúcháin; agus ba lú an chuma a bhí ar a ngairmeacha beatha ná mar a bhí ag dochtúirí nó innealtóirí. An leasainm ar tugadh na hullmhóidí seo do mhic léinn, na "spíosraí",

aistríonn an comhshuíomh seo go maith. Bhí stiogma fós ar na scoileanna a bhain leis an am nuair a dhlisteanaigh siad seasaimh níos mó nó níos lú "buachaillí daidí" cumasacha.

Ach thug duine de mo chomhghleacaithe, Centralien a chuaigh isteach in IBM, faoi deara go raibh céimithe de chuid na scoile gnó, admhaigh níos lú cumasaí ríomhaireachta ná é féin agus nár léirigh an cumas céanna chun oibre agus é féin, ag scríobh nótaí agus ag cur i láthair iad ó bhéal i bhfad níos fearr ná é féin agus tháinig chun cinn go tapa chuig airde na cuideachta. Na 1980idí luatha a bhí ann. Bhí scoileanna gnó ag tosú ar an gceann a ghlacadh. Níor diúltaíodh an treocht seo ó shin i leith, go háirithe ós rud é go bhfuil níos mó agus níos mó céimithe scoile gnó ar fhoirne cuideachtaí móra. Ina theannta sin, tá an t-aistriú seo ón eolaíocht agus ón litríocht go dtí an tráchtáil suntasach ar éabhlóid scála na luachanna sa Fhrainc. Sa lá atá inniu ann, cuireann tuismitheoirí a gcuid leanaí go muiníneach chuig scoil ghnó.

le híoc as a ndíograis áfach . Is fearr le scoil ghnó ná scoil innealtóireachta, i ndáiríre, nach bhfuil sé neodrach ó thaobh costais de. Cé go bhfuil formhór na scoileanna innealtóireachta fós poiblí agus ar phraghas measartha, tá scoileanna gnó an-chostasach.

Ghearr na scoileanna móra gnó táille i gcónaí , mar gheall ar a stádas. Ní thuairiscíonn siad go díreach don Aireacht Ardoideachais. Braitheann cuid de na cinn is tábhachtaí anois ar na Cumainn Tráchtála agus Tionscail (CCI), go háirithe HEC, ESCP Europe agus Novancia, atá ag brath ar CCI Île-de-France, Scoil Bainistíochta BEM (Bordeaux), Grenoble EM agus an Toulouse. Scoil Ghnó. Tar éis dó teacht gar don fhéimheacht ag deireadh na 1970idí, tá ESSEC nasctha le CCI Val-d'Oise. Chomh maith leis an stádas consalachta seo, tá scoileanna ann a bhfuil stádas príobháideach acu, ar comhlachais nó cuideachtaí comhstoic simplithe iad de ghnáth. Níl formhór mór na scoileanna, cé go n-íocann siad, mar sin chun brabús a dhéanamh, tá sé tábhachtach béim a chur air seo.

Chun na sonraí airgeadais a thuiscint go hiomlán, is gá freisin bealach an duine a fháil i maquis na dioplómaí. Sna 1930í, thug scoileanna gnó earcaíocht isteach tar éis rang ullmhúcháin amháin, agus ansin dhá bhliain, mar aithris ar scoileanna innealtóireachta. Ach earcaíonn cuid acu, ullmhúchán comhtháite mar a thugtar air, ar leibhéal na baccalaureate (féach lch. 119). Go minic, bíonn bac + dioplómaí 5 leibhéal mar thoradh ar scoileanna gnó, a fhreagraíonn do chéim mháistreachta. Mar sin maireann an scolaíocht ansin trí bliana (tar éis ullmhúcháin) nó cúig bliana (postbac). Tá dioplómaí forbartha acu freisin ar a dtugtar Baitsiléir i riarachán gnó (BBA), atá i ginearálta bac + 4 (norm Meiriceánach), is annamh a bhíonn an leibhéal bac + 3 (norm Béarla). Chun rudaí a bhlaistiú beagán níos mó, eisíonn siad mar an gcéanna céimeanna comhchruinnithe iarchéime nó Saineolaithe na hEolaíochta (MS) agus Saineolaí ar Eagraíochtaí Gnó (MBA), réidh i mbliain nó beagán níos mó. Tá na haitheantais leibhéil seo nach féidir a shéanadh beartaithe do chéimithe a bhfuil leibhéal bac+4 nó bac+5 acu, a bhfuil go leor acu páirteach i saol na hoibre anois.

Ar deireadh, tá feabhas suntasach tagtha ar theicnící liostála na scoileanna seo le déanaí, le dearbhuithe comhionanna sa chéad bhliain nó sa dara bliain molta d'fhoghlaimeoirí ón gcoláiste agus comórtais arna gcoigeartú d'fhoghlaimeoirí ó réamhranganna scolártha.

Ní ionann an líon mór scoileanna seo maidir le trioblóid rochtana, nó maidir le cúiteamh as obair an phríomhoide, nó maidir le slí bheatha. Tugann na rátálacha bliantúla agus na taifid duaise a chruthaíonn orgáin phreasa éagsúla torthaí an-aontaithe. Is iad na scoileanna is fearr a roghnaíonn tar éis dhá bhliain socraithe. Is lú go mór an cháil atá ar scoileanna a bhfuil socrú comhordaithe acu. Mar sin féin, tá an pointe is airde de na rátálacha, i dtreo an 10ú láthair, scoileanna cosúil le IESEG, i dreapadóireacht agus ESSCA. Is féidir le bainisteoirí mar an gcéanna luach a chur ar roinnt BBAanna, atá in easnamh ó na rátálacha toisc nach bhfuil siad ar leibhéal na saineolaithe.

Scoileanna gnó a chara

Tá costas nach beag ag baint le scoil ghnó, as teacht ar fhormhór na dteaghlach i gcás scoileanna a bhfuil ullmhúchán comhtháite á dhéanamh acu, ós rud é go bhfuil gá le cúig bliana staidéir a mhaoiniú ar luach 40,000 euro ar a laghad agus go ndéanann na scoileanna sin institiúidí príobháideacha. gan sealbhóirí scoláireachtaí a dhíolmhú ó tháillí teagaisc. Tá arduithe praghais sroichte níos mó ná 50% ó 2006 sna scoileanna seo [2]. Chuir an fhorbairt seo iontas ar go leor tuismitheoirí, a choinnigh orduithe méide am a gcuid staidéir i gcuimhne. Is gá anois idir 27,400 euro a íoc as trí bliana staidéir in Audencia agus 39,500 euro ag ESSEC.

I gcás scoileanna trí bliana, cuirtear leis an gcostas ullmhúcháin dhá bhliain. Tá an chuid is mó de na prépas poiblí nó braitheann siad ar institiúidí Caitliceacha, a bhfuil a dtáillí teagaisc idir 2,000 euro agus 3,000 euro in aghaidh na bliana. Tá cúrsaí ullmhaithe do bhrabús ann freisin (IPESUP-PREPASUP, PREPACOM, Intégrale, etc.). Íoctar as a sárleibhéal ó 8,500 euro go 9,500 euro in aghaidh na bliana. Is léir go bhfuil costas an teagaisc faoi ualach costais tithíochta, do mhic léinn nach bhfuil cónaí orthu i ngarchomharsanacht na gcampas. Toisc gur minic iad seo iargúlta nó nach bhfuil teacht orthu go héasca, fanann formhór na mac léinn ar an láthair. A bhuí leis an liúntas tithíochta, áfach, is beag costais iad seo. Tríd is tríd, is minic a bhíonn an infheistíocht an-trom ar theaghlaigh. I gcásanna áirithe, áfach, féadfar é a laghdú.

Seasann scoil amach: sonraisc Scoil Bainistíochta Télécom 15,450 euro

" amháin " trí bliana de staidéar. An t-aon scoil a bhfuil stádas poiblí aici san earnáil, toisc go bhfuil sí nasctha le scoil innealtóireachta, tá sí ar chaighdeán maith. Ar deireadh, comhshamhlaithe do scoil ghnó ag an aitheantas a fhaigheann a céimithe, tá stádas poiblí ag Ollscoil Paris-Dauphine freisin agus i bhfad níos saoire, fiú má tá na táillí clárúcháin ag méadú go tapa.

Baineann na táillí teagaisc a luaitear leis an gclár a thugann rochtain ar an gcéim mháistreachta. Go ginearálta cosnaíonn máistrí speisialaithe ó 12,000 euro go 22,000 euro ar feadh bliana amháin agus MBA ó 35,000 euro go 48,000 euro ar feadh deich go sé mhí dhéag, atá measartha go leor i gcomparáid le MBAnna Mheiriceá, billeála suas le 120,000 euro! D'fhéadfadh cuma iomarcach ar na praghsanna seo. Mar gheall ar chumhacht ceannaigh fhormhór na dteaghlach, tá siad cinnte.

Ba cheart na measúnuithe seo a mhaolú, áfach, toisc gur minic a bhíonn na cúrsaí seo mar chuid den oideachas leanúnach, go háirithe EMBAnna (E don fheidhmeannach). Is féidir le fostóirí iad a mhaoiniú, go háirithe i gcomhthéacs staidéar oibre. Mar sin, is printísigh iad timpeall 30% de mhic léinn ESSEC, agus tá comhpháirtíochtaí iomadúla forbartha ag an scoil a ligeann dóibh oibriú, mar shampla, ar airgeadas margaidh agus leanúint ar aghaidh lena gcuid staidéir. Íoctar an printíseach agus clúdaítear a tháillí teagaisc. Ina theannta sin, is luasaire gairme iontach é ceann de na dioplómaí seo a bhaint amach.

Mar thoradh ar an ardú gasta seo tá meath áirithe ar bhrabúsacht na dioplómaí, agus níor tháinig méadú chomh gasta ar thuarastail ná mar a bhí táillí teagaisc. Mar sin, b'ionann scolaíocht trí bliana in 2014 agus beagnach ceithre mhí dhéag de thuarastal do chéimithe óga, i gcomparáid le níos lú ná deich mbliana in 2006. I gcás scoileanna cúig bliana, is ionann costais teagaisc agus idir naoi agus fiche mí den tuarastal. Is é seo an meastachán ar a laghad, mar gheall ar na sonraí ar thuarastail, ag teacht ó na scoileanna iad féin, is dócha rómheastachán de 20 % go 30 %. Mar sin méadaítear ar an iarracht a dhéanann na daoine sin a mhaoiníonn a gcuid staidéir trí iasachtaí a fháil.

Tabhair faoi deara le do thoil nach bhfuil na táillí teagaisc a thaispeántar glan. Ní mór costais bhreise neamhdhiomaibhseacha a chur leis seo, amhail costais roghnóireachta, costais riaracháin i gcás sos, costais rannpháirtíochta i ndeireadh seachtaine lánpháirtíochta, costais bhreise go minic le linn intéirneachtaí thar lear, chomh maith le ceannach leabhar (is féidir ionadaíocht a dhéanamh ar bhuiséad 1,500 euro sa chéad bhliain). Is cás speisialta é na Stáit Aontaithe sa réimse seo: cé gur fiú thart ar € 50 san Eoraip téacsleabhar tiubh go ginearálta, féadfaidh sé suas le 320 dollar a chostas trasna an Atlantaigh, áit a bhfuil an margadh blocáilte. Leagann na múinteoirí na hoibreacha tagartha dá gcúrsa, ach ní íocann siad astu agus mar sin níl siad an-íogair dá bpraghas. Tá foilsitheoirí i gcónaí ag scaoileadh leaganacha nua, d'fhonn forbairt an mhargaidh athláimhe a mhoilliú, agus tá comhaid ríomhaire inathraithe ag gabháil leis na leabhair, rud a thiomáineann praghsanna suas. Tháinig méadú 82% orthu sin idir 2004 agus 2014 agus, san iomlán, 812% ó 1978, trí huaire níos tapúla ná an costas maireachtála. Tá an fhadhb seo tar éis éirí antromchúiseach: sroicheann costas téacsleabhar ollscoile 1,200 dollar do roinnt mac léinn agus fágann go leor acu éirí as iad a fháil. Luaitear an feiniméan seo i measc na bhfachtóirí teipe san ollscoil. sroicheann costas téacsleabhar ollscoile 1,200 dollar do roinnt mac léinn agus fágann go leor acu éirí as iad a fháil. Luaitear an feiniméan seo i measc na bhfachtóirí teipe san ollscoil. sroicheann costas téacsleabhar ollscoile 1,200 dollar do roinnt mac léinn agus fágann go leor acu éirí as iad a fháil. Luaitear an feiniméan seo i measc na bhfachtóirí teipe san ollscoil.

Sa Fhrainc, gearrann scoileanna táille ar chlárú do chomórtais freisin. Buiséad suntasach do theaghlaigh agus, uaireanta, ócáid le haghaidh mí-úsáide éigin. Comhchomórtais do scoileanna gnó le táille ullmhúcháin chomhtháite 120 euro, móide 80 euro in aghaidh na scoile le haghaidh Accès, 225 euro agus 30 euro in aghaidh na scoile níos faide ná ceann amháin le haghaidh Sesame, etc. euro go 800 euro.

Go ginearálta cosnaíonn clárú do scrúduithe iomaíocha ag an Grandes Ecoles thart ar 100, 150 euro. Eisceachtaí: cosnaíonn comhchomórtas Mines Ponts 265 euro agus tá na gnáthchomórtais scoile saor in aisce. Go minic, bíonn sealbhóirí scoláireachtaí díolmhaithe ó tháillí iontrála do scrúduithe iomaíocha. Sa nuachtán ar líne Rue89, rinne mac léinn cainníochtú ar an méid a chosain comórtais roinnt scoileanna iriseoireachta air, lena n-áirítear costais iompair agus lóistín: 1,861 euro.

Bíodh sin mar atá, is féidir leis an bhfreasúra a bheith costasach mar an gcéanna. Shoiléirigh understudy dom go raibh sí faoi úinéireacht faoi dheireadh suas go dtí an leibhéal ab fhearr léi, ullmhúchán taifeadta agus beagnach saor in aisce. Ar aon chuma, agus í ag seasamh in aice le féachaint ar admhaíodh í, d'fhormheas sí a rollú le ESSCA tar éis di an tástáil roghnúcháin a chríochnú … agus d'íoc sí 1,500 euro neamh-inaisíoctha. Imríonn cúpla iomaíocht ar an uirlis seo go sciliúil. Cuireann siad cúpla cruinniú ar fáil, suas le sé cinn do Connection. Tá sé níos simplí pas a fháil sa bhfreasúra sa bhunchruinniú, rud a tharraingíonn daoine suas agus teacht isteach. Nuair a ghéilltear dóibh, b'fhéidir gur mhaith leo suí go docht le haghaidh iar-éifeachtaí iomaíochta níos déanaí agus níos airde sula ngeallann siad iad féin go hiomlán. Bíodh sin mar atá, le chéile gan a n-áit a chailleadh, ba cheart dóibh siopa neamh-in-aisghabhála 10% a íoc, nó thart ar 800 euro.

An rás le haghaidh na réaltaí

Mínítear an t-ardú ar chearta leis an méadú ar chostais, go háirithe ar luach saothair na múinteoirí, arna threisiú ag meicníochtaí ifreanda na meastóireachta scoile. Déantar a gcáilíocht acadúil a mheas ar fhoilseacháin in irisí eolaíocha agus ar líon na "réaltaí CNRS" dáimhe. Cinneann an critéar seo go háirithe maidir le lipéid idirnáisiúnta a fháil (EQUIS, AACSB, EPAS) agus áit na scoile sa rangú náisiúnta (L'Étudiant, Challenges, etc.) agus idirnáisiúnta (Financial Times, etc.). Tá tábhacht ar leith ag baint leis na cinn deiridh sin do na scoileanna atá ag barr an tábla, a bhfuil an ghné idirnáisiúnta thar a bheith straitéiseach dóibh. Sa lá atá inniu ann, is eachtrannaigh iad idir 40% agus 70% de léachtóirí sna mórscoileanna gnó agus 20% dá gcuid mac léinn. Freisin,

Tá sé an-amhrasach cáilíocht na hoiliúna a chuirtear ar fáil a chothromú le cáilíocht a taighde. Níl aon dabht ach go dtagann barrthábhacht leis an gcritéar seo ón bhfíric go bhfuil sé intomhaiste, ach is deacair cumas institiúide cabhrú lena mic léinn dul chun cinn a thomhas. Ach, ábhartha nó ná bíodh, tá an critéar seo curtha i bhfeidhm orthu féin agus níl aon rogha ag na scoileanna ach páirt a ghlacadh sa chomórtas, mura bhfuil siad ag iarraidh imeacht ó na cairteacha.

Mar sin féin, mar thoradh ar an rás le haghaidh foilseacháin CNRS agus réaltaí chun sruth dochreidte pá. Tugann na scoileanna luach saothair d'fhoilseacháin a gcuid múinteoirí, a léiríonn an gradam orthu. Dá bhrí sin is é an bónas a dheonófar do mhúinteoir le haghaidh alt in iris ardleibhéil ná 12,000 euro ag ESC Toulouse, de réir na Cúirte Iniúchóirí [3]. Méadaíonn cleachtais amhrasacha líon foilseachán institiúide go saorga. Mar sin, is féidir le hacadóir glacadh leis go mbeidh múinteoir scoile ina chomhúdar ar alt nach bhfuil líne scríofa aige mar mhalairt ar chúpla míle euro. Is féidir le scoil dochtúir óg a earcú freisin, agus fios aici go leanfaidh foilseacháin tar éis a tráchtas a fháil. Féadfar teideal (agus cúiteamh) ollamh comhlach a bhronnadh ar na scoláirí a fhoilsítear go forleathan, ionas gur féidir a gcuid foilseachán a chur chun sochair na scoile.

Earcaítear Ollúna ar dóigh dóibh foilsiú in irisí idirnáisiúnta ar phraghsanna iomarcacha, nó fiú póitseáil ó scoileanna eile, go dtí go labhraíonn speisialtóirí ar "mercato". Toisc gur margadh idirnáisiúnta é seo, tá cúiteamh sa Fhrainc gar do na leibhéil a baineadh amach in áiteanna eile, go háirithe sna Stáit Aontaithe. Go nithiúil, tuilleann acadóir deimhnithe 4,000 go 6,000 euro in aghaidh na míosa ar an ollscoil, dhá oiread sin i Grande Ecole Fraince agus fiú beagán níos mó sna Stáit Aontaithe. [4]. Tá domhandú mhargadh na múinteoirí ag luasghéarú i go leor disciplíní. Ba cheart go n-ardófaí mar sin an tuarastal níos airde do mhúinteoirí réaltbhuíonta, ag brath ar na táillí clárúcháin. Ina theannta sin, le go bhféadfaidh múinteoirí foilsiú, caithfidh siad an t-am a bheith acu le taighde a dhéanamh, mar sin ní mór a gcuid tascanna teagaisc a laghdú, rud a fhágann go mbeidh siad níos costasaí don scoil a fhostaíonn iad.

Is féidir foinsí eile méaduithe costais a aithint: ní mór trealamh TF, atá ag éirí níos sofaisticiúla, a athsholáthar go minic; tá infheistíocht déanta ag go leor scoileanna in eastát réadach, le nuachóiriú agus freagairt don fhás ar an rollú. Ar deireadh, tá na seirbhísí a chuirtear ar fáil, go háirithe ó thaobh treoshuímh, obair leantach ar intéirneachtaí agus lánpháirtiú iar- mhic léinn, ag méadú i gcónaí agus ag cur saothair chostasach i bhfeidhm.

Agus an boilsciú seo in éadan an bhoilscithe seo, is beag an corrlach atá ag scoileanna, toisc go n-imíonn nó go laghdaítear maoiniú éigin. Tagann 11% d'acmhainní na scoileanna gnó consalachta ó na CCIanna, 10% ón gcáin phrintíseachta a íocann cuideachtaí, na réigiúin a sholáthraíonn 3% de na buiséid. Soláthraíonn seirbhísí oideachais leanúnaigh 8% d'acmhainní, go príomha sna scoileanna is airde rátáil, agus tagann 10% ó fhondúireachtaí. Cuirtear 58% den bhuiséad ar fáil mar sin trí tháillí teagaisc. Cuireann easpa acmhainní na CCI teorainn lena dtiomantas; níl an staid eacnamaíoch fabhrach don cháin phrintíseachta ná do ranníocaíochtaí na réigiún. Is féidir le roinnt oibríochtaí urraíochta maoiniú breise, ach teoranta, a chur ar fáil atá dírithe ar na bunaíochtaí is fearr. Ar deireadh,

Mar sin féin, ní iompaíonn costais ardaithe ina bpraghsanna ardaithe ach amháin má tá éileamh ar an bpraghas sin. I bhfocail eile, caithfidh go leor teaghlaigh a bheith réidh chun suimeanna móra a íoc. Ach tá an scéal aimsir.

Tháinig laghdú ar an méadú ar chostais oideachais ag tosú thart ar 2011. Fanann ESSEC ar an scoil is costasaí, ach níor ardaigh a chostais, tar éis tréimhse ama d'incrimintí dédhigiteacha. Slándáil freisin i Toulouse agus Grenoble. B'fhéidir go mbainfí díon amach: in 2012, chinn 1,100 mac léinn a fuair áit i scoil gan é a shealbhú, mar sin ní raibh 21 as 37 coláiste gnó i réim an bhliain sin. cionroinnt ar gach ceann de na spotaí a cuireadh ar bun le haghaidh iomaíochta. Is iad na scoileanna is lú meas, cosúil le ESC Brest, La Rochelle, Chambéry nó Dijon, is mó a bhíonn ag fulaingt. Roghnaíonn siad, dá réir sin, líon méadaitheach de dhearbhuithe comhionanna. Déanann iar-bhunscoileanna, chomh fada agus a bhaineann sé leo, comhordú anois agus arís ar chomórtais bhreise i mí Mheán Fómhair, nó fiú tús na scoilbhliana i dtreo dheireadh an tseimeastair phríomhoide, rud a fhágann gur féidir foghlaimeoirí a bhfuil athdhíriú de dhíth orthu a ghnóthú. Ina ainneoin sin, tá laghdú mór tagtha ar líon na n-éirí nua-thionscanta le blianta beaga anuas: thit sé ó 7,114 as gach 2008 go 5,412 as 2014 le haghaidh iomaíochta Sesame agus ó 7,008 as 2010 go 5,512 as 2014 le haghaidh Accès. Is léir go bhfuil na caomhnóirí ag troid le coimeád suas go airgeadúil.

Tá na coláistí gnó is fearr i gcúinsí iomlán difriúil. Is féidir ardú na gcostas a shamhlú mar gheall ar dhomhandú an mhargaidh. Cuireann suíomh na aces riaracháin is fearr a dháiltear gach bliain ag an Money Times go han-mhaith le scoileanna na Fraince, le 19 ag taispeáint suas i measc na bpríomh-100. Tá seacht gclár MBA na Fraince mar an gcéanna i measc na 100 is fearr, mar atá léirithe ag suíomh an anailísí Airgeadais. Tá na scoileanna seo réidh, mar sin, le mic léinn nach bhfuil taithí acu orthu a roghnú agus táillí arda teagaisc a ghearradh orthu.

Mar sin féin, má tá na grandes écoles i dtrí bliana an-chostasach, níl sé chun pócaí a gcuid scairshealbhóirí a líonadh - ní bhíonn aon cheann acu go ginearálta - ach chun costais mhéadaithe a chlúdach - ní leor táillí teagaisc, fiú ard.

Staidéir bhrabúsacha

An bhfuil sé réasúnach táillí clárúcháin arda den sórt sin a íoc? Rinne an t-inneall cuardaigh poist Adzuna.fr comparáid idir an tuilleamh a bhain le leibhéil éagsúla oiliúna. Tharlaíonn sé go raibh staidéar a dhéanamh, fiú costasach, thar a bheith brabúsach. Le linn a shaol oibre, tuilleann céimí scoile gnó 700,000 euro ar an meán níos mó ná bac + 2! Deimhníonn staidéir a rinneadh sna Stáit Aontaithe é seo agus léiríonn siad nach bhfuil méadú tagtha ar bhuntáiste airgeadais an dioplóma ó thús na 1980idí.

Chuir na 700,000 euro seo táillí teagaisc na grandes écoles i bpeirspictíocht. Mar a dúirt mac léinn scoile ard atá luaite sa réamhrá, "is fiú é". Is é an t-aon fhadhb atá ann ná an caipiteal riachtanach a bheith agat ag an tús. Mar thoradh air sin, téann an t-airgead chuig an airgead, tá rochtain ag na daoine is saibhre ar na staidéir a chinnteoidh an t-ioncam is fearr dóibh.

Spreagann na táillí clárúcháin arda teacht chun cinn na hearnála príobháidí tráchtála, trí chaighdeán praghais a shocrú a fhágann go mbeidh siad iomaíoch. Leathnaíonn an méadú ansin chuig scoileanna gnó iar-baccalaureate, ansin chuig gach oiliúint phríobháideach. Mar sin, tá ardú mór tagtha ar a gcostas i scoileanna fisice, arbh ionann a meán táillí bliantúla agus 3,800 euro in 2012, ach a d'fhéadfadh 8,700 euro a bhaint amach. In 2014-2015, d'fhógair roinnt scoileanna in Île-de-France táillí clárúcháin de 11,500 euro. Tá tionchar ag boilsciú freisin ar scoileanna státmhaoinithe. D'éirigh le Science Po Paris an liathróid a rolladh in 2003 agus chuaigh sé ar aghaidh le méaduithe rialta ansin. Tá teagasc saor in aisce do shealbhóirí scoláireachtaí, ansin méadaíonn na táillí de réir chomhrann an teaghlaigh, suas le 9,940 euro in aghaidh na bliana do chéim bhaitsiléara agus 13,700 euro do chéim mháistreachta, do mhac léinn a bhfuil ioncam inchánach ag a thuismitheoirí níos mó ná 66,334 euro in aghaidh na bliana. aonad, atá ard. Ba chóir a thabhairt faoi deara, áfach, go bhfuil táillí clárúcháin ag fás níos tapúla ná ioncam, chun ionadaíocht a dhéanamh ar an gceathrú cuid de in aghaidh na scaire, sula dtagann siad chun ionadaíocht a dhéanamh ach an cúigiú cuid, nó fiú i bhfad níos lú do theaghlaigh saibhre. Tá an iarracht is mó ag teastáil mar sin ó na meánranganna.

Tá an polasaí seo cáinte go láidir, toisc go bhfaigheann an institiúid fóirdheontais phoiblí suntasacha agus toisc gur chosúil gur úsáideadh na táillí clárúcháin, i measc rudaí eile, chun luach saothair suntasacha na bainistíochta a mhaoiniú. Scríobhann mic léinn an UNEF (Aontas Náisiúnta na Mac Léinn na Fraince) ar a suíomh:

Tá Cuspóir 2013 [scála nua na dtáillí clárúcháin] thar a bheith maslach do na mílte mac léinn ó na meánranganna, a bhfuil go leor deacrachtaí acu cheana féin a gcuid staidéir a mhaoiniú agus is dócha nach ndéanfadh cuid acu breithniú ar Eolaíochtaí Po dá mbeadh an t-athchóiriú i bhfeidhm cheana féin. áit. Go deimhin, caitheann mac múinteoir coláiste, mar shampla, 3,450 go 6,000 euro in aghaidh na bliana ar an gclár máistreachta faoin scéim nua, ie dhá thuarastal míosúil duine dá thuismitheoirí, seo go léir gan costas na beatha i bPáras a chomhaireamh ar ndóigh. An meastar gur faoi phribhléid iad mic na múinteoirí ardscoile? Ag bun an tábla, an cás céanna: cinnte, beidh níos mó díolmhaithe, ach feiceann teaghlach a bhfuil ioncam míosúil de € 2,000 in aghaidh an tuismitheora a dtáillí teagaisc beagnach dúbailte, ó 530 go € 900 in aghaidh na míosa.

Tá na POAanna eile ag glacadh leis an straitéis chéanna de réir a chéile, amhail Dauphine, a bhfuil stádas bunaíochta mór aige agus atá in ann táillí clárúcháin a shocrú faoi shaoirse dá bharr. Baineann siad go léir scálaí forásacha níos mó nó níos lú i bhfeidhm de réir acmhainní na dteaghlach, na cearta ag dul suas le 3,800 euro ag Sciences Po Toulouse agus 5,940 euro ag Dauphine. Téann IEP Aix-en-Provence níos faide. Forbraíonn sé comhpháirtíochtaí le heagraíochtaí príobháideacha éagsúla, sa Fhrainc nó thar lear - tá baint aige freisin le saorchrios oideachais Oileán Mhuirís. I gcoinne luach saothair 1,000 euro in aghaidh an mhic léinn, cuireann Eolaíochtaí Po Aix lipéad ar oiliúint, go háirithe máistreacht 2 san eolaíocht pholaitiúil, gan an institiúid ná a múinteoirí a bheith rannpháirteach sna cúrsaí. Tá na cúrsaí comhthreomhara seo an-chostasach, toisc go sáraíonn na táillí clárúcháin 10,000 euro in aghaidh na bliana uaireanta. Ach tá díospóid faoi cháilíocht an oideachais. Séanann múinteoirí ó Eolaíochtaí Po Aix oiliúint a mheasann siad amhrasach a bheith ann, "faoi stiúir amaitéarach [5] » agus bagairt ar na IEPanna eile IEP Aix a eisiamh óna gcomhchomórtas má leanann na cleachtais seo ar aghaidh. Go deimhin, cén fáth a íocann go daor as an méid is féidir a fháil i bhfad níos saoire i Aix, más rud é nach toisc go bhfuil na riachtanais acadúla níos ísle?Tá an baol díluacháil na dioplómaí agus, dá bhrí sin, an branda "Sciences Po", fíor. Aix.

Le hoidhreacht thraidisiún fada poblachtach, tá scoileanna innealtóireachta poiblí beagnach saor in aisce. Mar sin, chruthaigh Coimisiún na nOibreacha Poiblí Polaiteicníocht École i 1794 ar thionscnamh an Choiste um Shábháilteacht Phoiblí. Mhíleata a stádas ag Napoleon sa bhliain 1804, chun smacht níos fearr a fháil ar mhic léinn a raibh claonadh acu dúshlán a thabhairt don réimeas. Nuair a cruthaíodh í, chun earcaíocht na scoile a dhaonlathas agus nach bhfágfaí aon dalta cumasach as an áireamh mar thoradh ar a impecuniosity, "go bhfaigheann na mic léinn amach anseo chun dul go Páras costais bóthair gunnadóir den chéad scoth, nó 15 sous a. lá, agus caithfidh siad tuarastal 900 franc a fháil sa bhliain ".

Tá na hábhair imní seo thar a bheith tráthúil. Déanann teagasc a roghnaíonn le hairgead éagóir mhór, ach freisin baintear an tallann féin. Mar sin féin, seo na scoileanna innealtóireachta a bhuaigh an contagion: mhéadaigh naoi scoil an ghrúpa École des mines táillí ó 850 euro go 1,850 euro do mhic léinn na Fraince agus an Aontais Eorpaigh in 2014. Na ceithre scoil ag brath ar an Aireacht Cosanta a d'éiligh in 2015 táillí clárúcháin 2,300 euro, beagnach dhá oiread táillí na bliana roimhe sin. Ba cheart go bhfógródh an grúpa nua Centrale Supelec méadú in 2015 freisin. Tá an méadú seo á spreagadh ag an dinimic chéanna agus a théann i bhfeidhm ar scoileanna gnó (tuarastail múinteoirí, seirbhísí mac léinn, infheistíochtaí nuachóirithe).

I ngeilleagar domhandaithe, ní gá gur ábhar uafáis é an méadú seo: má théann innealtóirí a bhain céim amach as an Grandes Ecoles thar lear, mar a chuireann an chuid is mó a rún in iúl, an bhfuil sé comhsheasmhach leanúint ar aghaidh ag caitheamh beagnach 300,000 euro airgead poiblí chun gach ceann acu a thraenáil? Tá an fhadhb sa chearnóg phoiblí sa Spáinn cheana féin, áit a léiríonn imirce céimithe óga go dtí an Ghearmáin nó Meiriceá Laidineach don phobal glanchaillteanas de 200,000 euro in aghaidh an chéimí.

Ar ndóigh, cuireann an t-ardú ar thuarastail deacrachtaí ar institiúidí poiblí a gcuid múinteoirí a choinneáil. Samhlóimid go múineann eacnamaí den scoth, a bhfuil na scoileanna is fearr agus a fhoilsíonn in irisí Mheiriceá, ag Scoil Eacnamaíochta Londain (LSE). Ina thaighdeoir sa Fhrainc, iarrtar air freisin cúrsaí a thabhairt in ollscoileanna na Fraince. An féidir leis glacadh leis an ráta oifigiúil 60 euro in aghaidh na huaire de cheachtanna, fad is a bhuann sé an triple trasna an Mhuir nIocht? Ní hamháin gur úsáid mhí-éifeachtach a bheadh anseo dá chuid ama, argóint a bhfuil eacnamaithe go háirithe íogair ina leith, ach d'fhéadfadh an LSE a bheith ag smaoineamh cén fáth ar cheart dó 200 euro a íoc leis má aontaíonn sé oibriú ar 60 euro.

Dá bhrí sin tá ollscoileanna a bheith cruthaitheach chun íoc níos fearr a gcuid múinteoirí. Tugtar luach saothair do cheachtanna i ngrúpaí beaga cosúil le ceachtanna amphitheatre, a dteastaíonn tuilleadh ullmhúcháin uathu áfach. Níos mó nó níos lú buiséid i bhfolach bónais a mhaoiniú chun cúrsaí a chruthú nó ceachtanna a eagrú (rud ar bith ach scannalach). Íoctar uaireanta cúrsa gan a bheith tugtha (rud atá i bhfad níos amhrasaí). Tá Science Po Paris (arís!) pinn ag an gCúirt Iniúchóirí as teimhneacht a cleachtais tuarastail agus luach saothair ard múinteoirí áirithe. D'íocfaí cuid acu go lánaimseartha agus gan ach 30% den tseirbhís dlite á dhéanamh.

Ó thaobh airgeadais de, tá roinnt ollscoileanna ag bagairt go stopfar iad chun aird a tharraingt, chun a leithdháiltí a ath-idirbheartú, ach freisin, go simplí go leor, toisc nach bhfeiceann a mbainisteoirí aon réiteach eile. Lorgaíonn daoine eile maoiniú breise ó mhic léinn, ag suirí le reachtaíocht agus le rialú na hAireachta. Chuaigh an UNEF chun na cúirte arís agus arís eile freisin chun an t-ardú ar tháillí ollscoile a chosc. Dá bhrí sin téann ollscoileanna i muinín bealaí dothuigthe chun táillí a ardú. Ardaíonn táillí iarratais, clárú ag leabharlann na hollscoile nó an cumann spóirt táillí teagaisc go 600 euro in aghaidh na bliana in Strasbourg agus fiú go 800 euro ag an Institiúid um Riarachán Eacnamaíoch (IAE) i Grenoble-II, de réir an UNEF.

Is éard atá i dteicníc a cheadaíonn méadú i bhfad níos suntasaí ná dioplómaí ollscoile a chruthú, gan stádas náisiúnta agus a éalaíonn mar sin ó scála na dtáillí clárúcháin. Dá bhrí sin cuireann Ollscoil Paul Cézanne i Marseille céimeanna ollscoile ar 6,000 euro; Gearrann IAE Ollscoil Aix-Marseille 8,400 euro ar roinnt máistreachta in oiliúint tosaigh agus i bhfad níos mó san oideachas leanúnach. Ag Páras-I, cuireann eagraíochtaí a sholáthraíonn oideachas leanúnach seomraí ranga ar cíos ón ollscoil. Gan acmhainn, mhéadaigh sé an cíos, rud a chuir iallach ar an oiliúint na táillí clárúcháin a mhéadú. Ag ullmhú don scrúdú iontrála Máistreachta ag Eolaíochtaí Po Paris, arb é a shaintréith a bhí le bheith i bhfad níos saoire ná IPESUP, mar shampla ardaíodh a phraghsanna, mar gheall ar an bpuncture a d'oibrigh an ollscoil. Mar thoradh air sin, chaill sé iomaíochas ...

chun sástacht roinnt múinteoirí, a raibh aiféala orthu gur thosaigh a gcuid mac léinn is fearr ar an oiliúint seo agus ansin chuaigh siad go dtí Eolaíochtaí Po in ionad a bheith ag ullmhú dá gcéim mháistreachta i bPáras-I [7].

Go ginearálta, is féidir ullmhúcháin do chomórtais, nach bhfuil á rialú ag an aireacht ós rud é nach n-ullmhaíonn siad do dhioplómaí náisiúnta, a shonrú i bhfad thar na gnáth-tháillí clárúcháin. Deich mbliana ó shin, bhí siad beagnach saor. In 2013, gearradh 6,400 euro ar an ullmhúchán don chomhiomlán a d'eagraigh ENS Cachan! Mar gheall ar chúpláil céim ollscoile le hoiliúint phríobháideach is féidir táillí arda a iarraidh freisin. Bunaithe ag fear gnó, beidh an scoil Ferrières, scoil só nua atá le doirse a oscailt i 2016 i sean-mhaoin na Rothschilds, ag obair i gcomhpháirtíocht le hOllscoil Paris-Est-Marne-la-Vallée. Gheobhaidh a mic léinn, a roghnófar de láimh agus a íocann 18,000 euro in aghaidh na bliana, cúrsaí a thabharfaidh lucht acadúil agus gheobhaidh siad ceadúnas gairmiúil. Maidir le gairmscoileanna, nach bhfuil teoranta ag aon fhoráil rialála, déanann siad a dtáillí teagaisc a oiriúnú dá riachtanais airgeadais. Mhéadaigh an CFJ, scoil iriseoireachta atá liostaithe le stádas comhlach, táillí teagaisc 40% ag an am céanna chun iad a thabhairt go 5,000 euro in 2013 (leath níos lú do shealbhóirí scoláireachtaí), toisc go raibh sé ríthábhachtach filleadh ar chothromaíocht airgeadais . Agus é ag tabhairt aghaidh ar easnamh 2 mhilliún euro ina earnáil oiliúna, chinn an AP-HP (Assistance publique-hôpitaux de Paris) go tobann, ag deireadh 2014, na táillí clárúcháin don scoil altranais a mhéadú ó 300 euro in aghaidh na bliana ag... 8,000 euro, ach amháin do mhic léinn a fhaigheann fóirdheontas ón gComhairle Réigiúnach nó Pôle Emploi. Is ionadh go leor go bhféadfadh an soláthar seo a bheith aisghníomhach, 24,000 euro á iarraidh ar dhaltaí tríú bliana. I bhfianaise luach saothair na n-altraí, beidh an earcaíocht an-deacair.

Méadóidh athchóiriú a rinneadh le déanaí fadhbanna maoinithe na scoileanna, trí na hacmhainní a bhaineann siad as an gcáin ghnó faoi láthair a bhaint díobh. Bíonn cuideachtaí rannpháirteach i maoiniú an oideachais trí cháin na bprintíseach, arb ionann é agus 0.5% den phá a íoctar, tráthnóna 2.8 billiún euro [8]. Leithdháiltear cuid shuntasach den tsuim seo de rogha na gcuideachtaí, a ndéanann na bunaíochtaí canbhasáil orthu, ó ardscoileanna go scoileanna móra. Go deimhin, tá athrú mór tagtha ar an bhfoghlaim. Leanann sé ag traenáil lucht déanta caibinéid agus búistéirí, ach freisin innealtóirí agus feidhmeannaigh. Is printíseach é duine as gach deichniúr dalta scoile ard.

D'athraigh leasú 2014 dáileadh na cánach go mór, atá á thiomáint go príomha ag na réigiúin anois. Tá fonn orthu freagra a thabhairt ar éilimh ghnólachtaí beaga áitiúla agus teorainn a chur lena gcuid caiteachais, déanann siad na cistí a atreorú chuig na gairmscoileanna ard, rud a laghdaíonn na fóirdheontais réigiúnacha chuig na hardscoileanna sin faoin méid céanna. Is deacair an buille do na Grandes Ecoles, mar b'ionann an amhantar airgeadais seo agus suas le 20% dá mbuiséad. Tá dhá chéad milliún euro i ngeall ar na grandes écoles, i bhfad níos mó don ardoideachas ar fad.

Is dócha go gcuirfidh sé seo iallach ar bhunaíochtaí a gcuid rátaí a mhéadú nó a gcuid seirbhísí a laghdú.

Cad faoi mhic léinn ón iasacht?

I bhfad taobh thiar de na Stáit Aontaithe agus an Ríocht Aontaithe, is í an Fhrainc an tríú tír aíochta is mó do mhic léinn eachtracha, ar chomhchéim leis an nGearmáin agus an Astráil, a bheag nó a mhór. Roghnaíonn tuairim is duine as cúigear déag de mhic léinn eisimircigh an Fhrainc, céatadán a bhaineann le margadh atá ag fás go tapa. Mac léinn eachtracha amháin as gach ochtar sa Fhrainc. I dtuarascáil a foilsíodh i mí Eanáir 2015, mhol France Stratégie go díreach na táillí clárúcháin d'eachtrannaigh lasmuigh den Aontas Eorpach a mhéadú ó 183 euro go 6,000 euro le haghaidh céime baitsiléara, ó 254 euro go 12,000 euro le haghaidh máistreachta agus ó 500 euro go 15,000 euro. sa scoil innealtóireachta. Is é an cuspóir a bheadh ann ná bealaí a aimsiú chun an t-ardoideachas a thabhairt suas go dtí an caighdeán.

Tá staid débhríoch ar an tír inniu. Ag an ollscoil, íocann eachtrannaigh, cosúil leis na cinn eile, 183 euro in aghaidh na bliana sa chéad timthriall. Ach, in áiteanna eile, tá idirdhealú praghais i gcoinne eachtrannaigh neamh-AE ag gabháil leis na méaduithe ar tháillí, rud atá ina ábhar d'achomhairc chuig an gComhairle Stáit ó eagraíochtaí mac léinn freisin. Mar sin, d'íoc mic léinn 1,850 euro i naoi scoil phoiblí Mines Telecom in 2014 in aghaidh 850 euro in 2013, ach íocann na mic léinn a bhfuil a dtuismitheoirí ina gcónaí lasmuigh den Aontas Eorpach 3,800 euro anois. Tá an méadú faoi cheathair seo nasctha leis an laghdú ar an bhfóirdheontas Stáit. Ag Sciences Po Paris, tá eachtrannach i dteideal an ráta is airde (13,700 euro), beag beann ar acmhainní a dteaghlaigh,

Tá leisce ar an mbeartas maidir le mic léinn ón gcoigríoch idir dhá chuspóir atá contrártha go páirteach: an Fhrainc a dhéanamh ina tír fáilteach, go háirithe do chainteoirí Fraincise, chun tionchar cultúrtha na tíre a threisiú nó chun ardoideachas a dhéanamh mar tháirge easpórtála, mar shampla. go dtí an Ríocht Aontaithe nó an Astráil. Ní dhíríonn an dá bheartas seo ar na mic léinn chéanna, más rud é gur mar gheall ar a mbunús tíreolaíoch amháin a thagann siad siúd atá sásta táillí arda teagaisc a íoc ón Eoraip agus ón Áis go príomha, agus is Afracach iad beagnach leath de na mic léinn eachtracha sa Fhrainc. Tá tionchar idirnáisiúnta bunaithe ar shaorchead isteach, mar atá sa Ghearmáin, agus tá an cuspóir eacnamaíoch bunaithe ar rangú i rátálacha idirnáisiúnta, ar cháilíocht agus ar mhéid na seirbhísí do mhic léinn.

Tá an beartas cead isteach saor in aisce i bhfabhar mac léinn ón gcoigríoch ina ábhar cáinte sa Ghearmáin, ach tá an staid dhéimeagrafach ag iarraidh go láidir air. Ghearr an tSualainn, a bhí faoi léigear ag sní isteach costasach sna 2000í, táillí arda teagaisc in 2011, rud a laghdaigh líon na mac léinn eachtracha ó lasmuigh den AE faoi chúig. Tá sé beartaithe ag Québec, a bhfuil, ó 1978, tar éis coinníollacha airgeadais chomh fabhrach le Québecers a thairiscint do mhic léinn na Fraince, deireadh a chur leis an mbuntáiste seo, rud a chosnóidh $75 milliún ar Chúige Belle.

Réabhlóid a bheadh san athrú treoshuímh a mholtar sa Fhrainc, a luaigh an tAire Ardoideachais cheana féin ag deireadh 2014, ag modhnú go mór ar an bpobal a fuarthas. Sheachnódh polasaí scoláireachta fairsing titim i líon na mac léinn a bhfuil acmhainní teoranta airgeadais acu, dar le tuarascáil straitéis na Fraince. B'fhéidir go n-iontas cén bonn a leithdháilfí an chabhair seo.

Ina theannta sin, le haghaidh líon na ngasúr neamhchoitianta chun fanacht ann, ní mór go mbeadh an rogha ag an bhFrainc dul i ngleic leis na Sean-Shacsanach agus iad ag tabhairt cuireadh do mhic léinn a bheadh oiriúnach chun costais oideachais arda a íoc. Déanta na fírinne, is í an Astráil an tír ina bhfuil sí ar an tír is costasaí le staidéar a dhéanamh uirthi, rud nach gcoinníonn í ó bheith ag tarraingt ar staidéir iomadúla, go háirithe Asians. Mar ábhar na fírinne, Meiriceánach agus, ionadh, tá coláistí Béarla thar an barr costasach. Bíodh sin mar atá, tá cáilíocht mhealltach an Bhéarla bunúsach. Ina theannta sin, cuireann na coláistí seo, atá suite go domhain i rangú domhanda, mar shampla, suíomh Shanghai, leibhéal ardaithe de riaracháin tearc-staidéir ar fáil. Sa Fhrainc, roghnaíonn Eolaíochtaí Po go héifeachtach go n-íocann siad fostaidéir neamhaithnidiúla. Mar shampla, tá ainmniú ón scoil ar feadh an tsaoil i láthair san Áit ar a dtugtar an Éirí

Amach don Ghrian, chomh mór sin go mbraitheann na Seapánaigh ar mian leo díriú ar rialú oscailte sa Fhrainc ar an scoil seo; Tugann cainteoirí Seapánacha cuireadh d'fhoghlaimeoirí ar a gcuma oibriú lena gcomhordú. Is fada ó bheith ag an gcoláiste an rogha a dhéanamh mar an gcéanna. Iarrann sé nach bhfuil mic léinn i gcúinsí ábhartha lag.

Gairmithe gnó?

In Moo (1995), breathnaíonn an t-úrscéalaí Jane Smiley ar mhúinteoirí in ollscoil Mheiriceánach. Ar imeall an phobail seo, nó b'fhéidir ar thús cadhnaíochta, tá an Dr. Gift, eacnamaí, ina SME dó féin. Múinteoir, taighdeoir agus comhairleoir, ní chailleann sé radharc ar a spéis ábhartha. Déantar idirdhealú a dhéanamh idir é agus tuiscint ghéar ar an ríomh agus samhlaíocht chasta maidir le buachan. Ar ndóigh, tá sé i bhfad níos saibhre ná a chomhghleacaithe. Is é an carachtar seo an fhréamhshamhail de shamhail nua de mhúinteoirí-fiontraithe. Mar sin déantar loighic an chórais réalta, arb é is sainairíonna é neamhionannas mór i ndáileadh tuillimh, a allmhairiú isteach san oideachas. Tá na céadta imreoirí gairmiúla ag leadóg, mar shampla,

Ón taobh sin de, tá ollscoileanna móra Mheiriceá chun tosaigh. Chomh luath le 1998, bhain Ollscoil Columbia na ceannlínte amach nuair a d'éirigh léi an t-eacnamaí réalta Robert Barro ó Harvard a sciobadh ar $300,000 sa bhliain, móide $150,000 i sochair imeall, a bhí i bhfad níos airde ná tuarastail ag an am (agus atá fós díréireach le luach saothair na acadóir Francach). Bheadh tuarastal den sórt sin ridiciúil inniu. In 2013, de réir suíomh speisialaithe (www.thebestschools.org), tá David Silvers, ollamh deirmeolaíochta ag Columbia, a bhfuil tuarastal bliantúil de $4.33 milliún aige i gceannas ar an 10 n-acadóir Meiriceánach is mó! Trácht admiring an tsuímh: íoctar é chomh maith le oiliúnóirí cispheile nó peile ollscoile ...

Tá an t-ordlathas luach saothair seo le fáil i measc údair foilsithe. Soláthraíonn téacsleabhair forlíonadh ioncaim measartha don chuid is mó d'acadóirí, ach tá 20 milliún cóip dá Phrionsabail Eacnamaíocht díolta ag an eacnamaí Gregory Mankiw, ar phraghas aonaid de 50 euro sa Fhrainc agus 292 dollar sna Stáit Aontaithe (!), rud a fhágann gur multimillionaire é. .

Leathnóidh an loighic seo mar gheall ar chúrsaí ar líne, Moocs. Tugann Udemy, mar shampla, cuireadh do dhuine ar bith ar mian leo a gcúrsa a thairiscint ar líne, agus cinneann sé cén praghas a dhíolfar é. Is ionann na cúrsaí seo agus meánghnóthachan $7,000 in aghaidh na bliana. Ach tuilleann roinnt múinteoirí réalta na céadta mílte dollar in aghaidh na bliana. Táimid ag bogadh go deimhin ó dhomhan ina raibh múinteoir amháin ar feadh céad mac léinn, le fíorbheagán roghanna dóibh, go dtí saol inar féidir leis an múinteoir réalta méadú gan teorainn tríd an Idirlíon. In ionad múinteoirí maithe níos mó nó níos lú a bheith againn, go léir ag fáil an luach saothair céanna, táimid ag bogadh i dtreo difreála ollmhór, ar a laghad ag leibhéal na hollscoile.

Mar sin tá an baol ann go mbeidh an t-ardoideachas i mbaol go luath go mbeadh múinteoirí a mhúnla eacnamaíoch, ag iarraidh a luach margaidh a uasmhéadú agus é a chaibidil mar is fearr is féidir. Forbairt shothuigthe: má chuirtear margadh oideachais ar bun, cén fáth gur cheart gurb iad na múinteoirí amháin nach mbainfeadh leas as? Mar sin féin, ní mór a bheith eagla go dtiocfaidh méadú ar na difríochtaí leibhéil idir bunaíochtaí agus go gcuirfear dlús le loighic na tráchtearraí.

Ní chiallaíonn difreáil pá go bhfuilimid ag dul isteach i ré raidhse múinteoirí. Is é tréith an chórais réalta a chur i bhfeidhm ach amháin ar na réaltaí. Sheol na múinteoirí teanga ag scoil ghnó Bordeaux achainí nuair a thit a bpá in aghaidh na huaire go tobann ó 41 go 30 euro in aghaidh na huaire, tar éis athrú stádais. Sin níos lú ná múinteoir scoile ard deimhnithe.

Ina theannta sin, d'fhéadfadh méadú ar sháruithe eitice. Tá léargas tugtha againn ar na socruithe doiléire a bhaineann le leithroinnt foilseachán eolaíochta. Oibríonn roinnt múinteoirí ragobair go dtí an pointe go mbíonn amhras ar a gcomhghleacaithe faoi thromchúis a gcuid oibre. Daoine eile cóipeanna de na comórtais sa slabhra a cheartú: suas le sé chéad cóip de theacht i scoil ghnó i dtrí seachtaine, feidhmíocht a cheapann a léamh fiarthrasna nó cuid de na ceartúcháin ar fochonradh, íoctha go réasúnta maith.

Mar sin tá an treocht aníos i bpraghsanna an-soiléir san earnáil níos airde. Is deacair a fheiceáil cad a d'fhéadfaí a chur faoi cheist. Agus iad ag tabhairt aghaidh ar neamhchinnteachtaí eacnamaíocha, úsáideann teaghlaigh na sócmhainní atá ar fáil dóibh, lena n-áirítear a gcumas costas , nuair atá sé ann. Ar ndóigh, cuireann na rátaí reatha go leor cúrsaí as feidhm d'fhormhór an daonra. Tá sé seo scanrúil agus contrártha leis an bprionsabal gur chóir go mbeadh oideachas, seirbhís riachtanach, inrochtana do chách. Tá go leor scoileanna, ar an eolas faoin bhfadhb, ag obair go gníomhach chun maoiniú a mhéadú dá gcuid mac léinn nó táillí a tharscaoileadh do na daoine is boichte. Sábhálann na polasaithe seo, a dhéantar in ord scaipthe, an smaoineamh gur féidir le dalta, fiú ó chúlra measartha, dul go dtí na scoileanna is fearr gan tada a íoc as na bunghnéithe.

Caibidil 8 Nótaí

1. Branko MILANOVICand RoyVAN DEERWEIDE, "Tá an neamhionannas go holc d'fhás ioncaim na mbochtán (ach ní do na saibhre)", Vox EU, 29 Samhain 2014.

2. Fuarthas na meastacháin seo agus iad siúd ina dhiaidh trí roinnt foinsí a thrasnú, go háirithe na rátálacha a chuir L'Étudiant agus L'Express ar fáil, chomh maith le nótaí Institiúid Boivigny.

3. VSOUR COUNTS, Na Scoileanna Gnó agus Bainistíochta (ESCG): forbairt le rialáil, Feabhra 2013.

4. Féach Jessica GOURDON, "Ar chúl na múinteoirí réalta na fuinneoige aistrithe", L'Express, 4 Bealtaine, 2011.

5. Louise FESSARD agus Jean-Marie L.FORESTRY, "Margaíonn Eolaíochtaí Po Aix a dioplómaí thar lear", Mediapart, 3 Deireadh Fómhair, 2014.

6. Láithreán Gréasáin Ecole Polytechnique,

7. Tháinig deireadh leis an oiliúint seo in 2014, i bhfianaise agóidí ón UNEF, a chuireann i gcoinne oiliúint íoctha san ollscoil go córasach.

8. Tá an réaltacht i bhfad níos casta: tá difríocht idir an ráta de réir réigiúin agus cuideachtaí; níl ceann amháin ann ach trí chánacha, etc. Tá an Phrintíseacht athchóirithe sé huaire ó 2002! Le

haghaidh tuilleadh faisnéise, féach an tuarascáil seandálaíochta le François Patriat (2013).

9

Conas a chuid staidéir a mhaoiniú?

S tá do oileán an-trína chéile: d'éist a thuismitheoirí liom agus ní aontaíonn siad ach a scoil ghnó a mhaoiniú má thógtar é i gceann de na fiche is fearr; ar shlí eile, beidh sé ag dul go dtí prep. Toisc nach infheistíocht bhrabúsach é íoc as scoil mheánach nuair a bhíonn an rogha agat maidir le do chuid staidéir. Tá mac léinn ag ullmhú le dul isteach i Glion, scoil óstáin Eilvéiseach a bhfuil clú agus cáil uirthi. "Íocann mo thuismitheoirí leath, glacaim iasacht don chuid eile," a mhíníonn sí. Fiú ag François Quesnay, faigheann na daltaí amach nach gá go maoineoidh a dtuismitheoirí scoil a n-aislingí.

Mar atá feicthe againn, cosnaíonn oideachas níos mó agus níos mó. Is dócha go dtiocfaidh méadú ar an treocht seo. Don chuid is mó de na mic léinn, beidh maoiniú a dhaingniú ina ghníomhaíocht thábhachtach agus chasta: cuideachta a aimsiú le haghaidh staidéir staidéir oibre, iniúchadh a dhéanamh ar na cineálacha éagsúla scoláireachtaí atá ann cheana féin, na scoileanna a dheonaíonn an chabhair is mó a roghnú, dul i mbun caibidlíochta lena bhanc. Dá mbeimis ag moladh speisialtóireacht nua do chóitseálaithe, gan dabht is post le todhchaí é comhairle a thabhairt maidir le maoiniú an ardoideachais.

Leanfaidh an t-ardú i bpraghsanna ar aghaidh

Tá táillí teagaisc na scoile gnó ag cobhsú, ach táthar ag súil go leanfaidh an treocht aníos foriomlán. Tá an costas iomlán a léiríonn mac léinn beagán níos ísle sa Fhrainc ná an meán do thíortha an OECD, grúpa a chuimsíonn tíortha forbartha, ach freisin an Tuirc nó Meicsiceo. De réir mar a tharraingíonn siad seo an meán anuas, is gnách go mbeadh an Fhrainc os cionn an mheáin. Cosnaíonn meánoideachas san ardoideachas 60,000 dollar sa Fhrainc i gcomparáid le 90,000 dollar sna tíortha Lochlannacha, difríocht ollmhór is féidir a mhíniú ag an tréimhse staidéir is giorra sa Fhrainc (ceithre bliana ar an meán, i gcomparáid le cúig cinn sna tíortha Nordacha) agus de réir a chéile. caiteachas bliantúil níos ísle in aghaidh an mhic léinn. Is féidir linn glacadh leis mar sin go leanfar leis an méadú,

D'fhéadfadh buiséad an stáit an méadú seo ar chaiteachas a shú isteach go han-mhaith. Cé gur tharraing na tíortha Angla-Shacsanach aird go príomha le blianta beaga anuas, a bhfuil an chuma ar an scéal go bhfuil a gcóras ardoideachais ag tarraingt imlíne ar mhargadh oideachais domhanda, níor cheart dearmad a dhéanamh go ndéantar staidéir go ginearálta i dtíortha eile, mar an Ghearmáin nó an tSualainn. in ollscoileanna, nach bhfuil in iomaíocht lena chéile agus atá beagnach saor in aisce. Agus feidhmíocht eacnamaíoch na dtíortha seo á meas, tá an córas seo cruthaithe.

Ach is dóigh leis an eagraíocht seo go mbeadh

méadú láidir ar mhaoiniú poiblí, rud nach dócha sa chomhthéacs reatha, áit a bhfuil ganntanas acmhainne nach bhfacthas a leithéid cheana féin ag an duine is fearr. De réir an OECD, tá an chuid den fhóirdheontas poiblí - a thit ó 85.3% i 1995 go 81.9% in 2010 - ag titim i gcónaí sa Fhrainc. Thit iomaíocht stáit do choláistí 5% in 2013. Is beag an seans go mbeidh 2014 níos fearr1.

Ba chóir a rá go bhfuil líon na ngearrchéimí maidhmithe: bhí 2.3 milliún as 2013 i gcomparáid le 1.2 milliún as 1980. Fanann na mic léinn seo níos faide san ardoideachas: thart ar níos mó ná dhá bhliain, mar shampla dhá bhliain ó thús na 1980í. San iomlán, bhí aitheantas ardoideachais ag 49% d'aois in 2013, i gcodarsnacht le 42.5% in 2005, agus ba cheart an sprioc d'óganach amháin as gach beirt a bhaint amach in 2015. Ar an mbealach seo bheadh leathnú géar ar shócmhainní mar sin bunúsach . chun coimeád suas leis an scolaíocht atá saor in aisce go bunúsach. Níor tharla sé.

Bíonn tionchar ag an easnamh ar na coláistí ar dtús. Tá an ceathrú cuid acu beagnach dócmhainneach, agus tá cúpla bonn curtha faoi chaomhnóireacht. Is fearr an t-imthosca sna Grandes Ecoles nó sna IUTanna. Ar aon nós, ní lú go mór an t-incrimint dámhachtainí stáit ná an forleathnú agus i bhfad níos lú tapa ná táillí. Tháinig laghdú fiú 20% ar chreidmheasanna oibre a ceadaíodh do scoileanna deartha poiblí in 2013-2014. Deimhníonn na fírící gur deacair na ceanglais airgeadaíochta a mhaolú. Críochnaigh maoirseoir Télécom Paris Tech: "Ní mór dúinn bogadh chun an t-airgead a fháil san áit a bhfuil2. " Is é an ceannaire Dauphine níos cruinne: " Ní mór dúinn roimh i bhfad chun éalú praiticiúil ardoideachas saor in aisce3. »

Tá scoileanna gnó ag iarraidh athrú ar a stádas. Anois ceangailte leis na CCIanna, tá siad ag dréim le níos mó neamhspleáchais chun airgead a chruinniú. Cuireadh an t-athchóiriú, a bhí beartaithe do 2013, ar athló ar mhaithe le taispeáint pholaitiúil. Is é an smaoineamh a stádas a thabhairt níos gaire do stádas na gcuideachtaí poiblí teoranta, agus ráthaíocht a thabhairt go bhfanfaidh formhór a gcaipiteal i lámha na CCIanna. Idir an dá linn, is iad na táillí teagaisc an príomhluamhán le himirt fós.

Conas a íoc?

Maidin Dé Céadaoin, bíonn a gcéad cheacht ag scoláirí na chéad bhliana in amfaitéatar mór Dauphine. Os mo chomhair, tá na céadta úll beag lonrúil: tá MacBook acu go léir. Nuair a athraím sleamhnáin ar an scáileán i mo dhiaidh, tagann na céadta fón cliste ardteicneolaíochta aníos agus glacann na mic léinn pictiúir den ghraf nó den chairt a bhí díreach le feiceáil. Le linn rang grúpa beag, úsáideann mac léinn ríomhaire ollmhór mímhaiseach, atá i gcodarsnacht leis na meaisíní alúmanam scuabtha sruthlínithe is gnách sa bhunaíocht. Faisnéis a glacadh, tagann sé ó ZEP, tar éis comhaontú le Dauphine. Is léir go n-earcaíonn institiúidí mór le rá i measc na gcatagóirí saibhre. Agus na cinn eile ?

Laghdaíonn líon na mac léinn ar féidir lena dteaghlaigh an staidéar a mhaoiniú go mór de réir mar a mhéadaíonn a gcostas agus a ré. Ach ní bhaineann éabhlóid an chaiteachais leis na foirmíochtaí go léir agus níl sé comhtháite fós ag an daonra. Dá bhrí sin tá teaghlaigh gafa as garda. Ag maireachtáil le híomhá scoile Jules Ferry, poiblí agus saor in aisce, níor thuig siad an iarracht choigiltis a dhéanann teaghlaigh agus iad ag súil le hardoideachas a gcuid leanaí san Áise, mar shampla. Mar sin níl na hacmhainní airgeadais ag gach duine óg chun a gcuid staidéir a roghnú. Is léir go leor ó léamh na gcaibidlí roimhe seo, ach tá sé fós ina turraing.

Tá a fhios ag scoileanna íocaíochta air seo freisin,

ag tairiscint áiseanna éagsúla agus á chur in iúl. "I dtreo is nach mbeidh costas na scolaíochta ina bhac ar do phleananna don todhchaí, tá roinnt réitigh airgeadais ar fáil duit", a scríobhann scoil cheimic ESCOM ar a láithreán. Dá mhéad airgid a mhéadaíonn neamhionannais oideachais, is ea is mó a chuirtear a laghdú i láthair mar chuspóir riachtanach, i gcoinne na réaltachta go léir. Mar sin dhearbhaigh riarthóir sealadach an IEP nua a osclaíodh in 2014 "go gceadóidh bunú ar imeall an chaipitil dó earnáil na nEolaíochtaí Po a bhunú laistigh de chríocha Île-de-Frainc [4] a ndéantar faillí orthu go minic. ". Ráiteas nach gcoinneodh aird mura mbeadh an POA nua seo lonnaithe ag... Saint-Germain-en-Laye, cathair i roinn an-saibhir Yvelines, áit a bhfuil an meánioncam 60,000 euro in aghaidh an teaghlaigh.

Ag an am céanna le méadú ar chostas an oideachais, meallann sé pobal níos leithne agus dá bhrí sin níos mó tóir, a bhfuil an easpa airgid ina chúis le staidéir a thréigean roimh am; toisc go bhfuil costas ard ag baint le fiú bliain de staidéar saor in aisce, sin le tuarastal a thabhairt suas. Tá sé léirithe ag dhá eacnamaí freisin gur mhéadaigh cúnamh bliantúil de 1,500 euro an dóchúlacht go gclárófaí nó go n-athchlárófaí san ollscoil dhá nó cúig phointe céatadáin agus cúig phointe céatadáin ar an dóchúlacht go bhfaighfí céim mháistreachta. [5]. Is maith mar sin go bhfuil an easpa airgid ina bhac ar staidéir. Dá bhrí sin tá ceist an mhaoinithe ríthábhachtach.

Freagra amháin ar an tsaincheist is ea slí bheatha a thabhairt do mhic léinn. Níl aon "phá understudy" Sualannach sa Fhrainc agus níl an RSA ar fáil don rangú seo. Deonaítear deontais, ansin arís, bunaithe ar chaighdeáin chairdiúla. Sa Fhrainc, déantar iad a shábháil do theaghlaigh thar a bheith humble: do leanbh aonair, ba cheart go mbeadh an pá iomlán faoi 2,200 euro gach mí, agus 1,000 euro don bhliain ag an leibhéal seo, a thugann aghaidh ar orlach, ní ar ghairm bheatha. In 2014, ní fhéadfadh an deontas dul thar 5,500 euro in aghaidh na bliana, suim atá comhionann le suim an RSA agus i bhfad faoi bhun na líne bochtaineachta.

Tá méadú tagtha ar líon na sealbhóirí deontas san ardoideachas, mar gheall ar "deontais ráta nialasach" a fhoirmiú (ní íoctar aon airgead tirim, ach scaoiltear an faighteoir ó chostais oideachais) agus ar an bhforas go bhfuil ardoideachas ar fáil chun ranganna cairdiúla a thabhairt síos. . Sáraíonn sé an tríú cuid faoi láthair agus tá méadú leath tagtha ar na suimeanna a íocann an Stát faoi leath ag tosú thart ar 1995. Bíodh sin mar is féidir, ní fhaigheann ach fo-staidéar amháin as ocht gcinn de dhámhachtain de bhreis ar 300 euro gach mí.

Tá méid measartha na ndeontas cothromaithe beagán leis an stipinn lóistín, a bhfuil an chuid de saor ó shlí bheatha, atá ag impí ar a bheith cruthaithe mícheart. D'ainneoin coláistí, d'fhág roinnt scoileanna, mar shampla, POAanna agus coláistí gnó consalachta, sealbhóirí deontas as an áireamh ó na speansais liostála ar fad nó ó chuid díobh. Tá HEC saor in aisce faoi láthair do gach sealbhóir deontais stáit, agus níl sealbhóirí deontais ESCP eisiata ó chuid de na táillí clárúcháin. Tá an comhiomlán atá geallta do dheontais laistigh den chóras urraíochta corparáidí i bhfad níos lú suntas ag ESSEC (350,000 euro in 2013) ná ag HEC (1,750,000 euro), ach is féidir cúnamh a thabhairt mar sin féin, is modh maoinithe breise é an staidéar oibre. Cé is moite de HEC, tá idir 10% agus 30% de dhaltaí scoile gnó ar chlár staidéir oibre, mar chuid de phrintíseacht nó de chonradh gairmiúlachta, ar feadh bliana, dhá bhliain nó trí bliana. Buntáiste dúbailte: íocann an chuideachta táillí teagaisc agus tugtar luach saothair don mhac léinn. Mar chúiteamh, caitheann sé cuid dá chuid ama ag obair i gcuideachta . Níos lú ar fáil dá chuid staidéir, tá sé níos deacra dó dul ar intéirneacht thar lear le linn a phrintíseachta. Go ginearálta gearrann scoileanna níos mó ar mhic léinn staidéar oibre, agus fios acu gurb iad na cuideachtaí a íocann an bille. Mar an gcéanna, is féidir formhór na gcúrsaí gairmoiliúna a leanúint ar bhonn staidéar oibre, go háirithe ullmhúchán do BTS nó DUT.

A fháil ar iasacht, ach ansin?

Conas íoc as ardoideachas na ndaoine sin atá ró-shaibhir le leas a bhaint as dóthain cabhrach, atá ró-bhocht freisin chun oiliúint chostasach a mhaoiniú? Tá baol mór ann go gcuirfear deireadh leis na meánranganna. Ag Eolaíochtaí Po Paris, tá méadú tagtha ar líon na sealbhóirí scoláireachtaí, fiú mura sroicheann sé an tairseach 30% atá leagtha síos ag an aireacht mar gheall ar tháillí clárúcháin arda a thabhairt isteach, ach atá modhnaithe go láidir de réir an leibhéil ioncaim, agus méadú ar líon na mac léinn ó na catagóirí is pribhléid; is cosúil go ndeimhníonn an eagla seo.

Is é an réiteach loighciúil do na meánranganna ná iasacht a fháil. Tar éis an tsaoil, má tá na dioplómaí brabúsach, léiríonn siad an t-ionchas go mbeidh ioncam sa todhchaí a fhágann gur féidir íoc as. Is minic go mbíonn comhaontuithe ag na Grandes Ecoles leis na bainc, nach mbíonn ach ró-shásta cliant nua a earcú a bheidh ina bhfeidhmeannaigh amach anseo. Dúirt duine de mo chairde liom le bród gur chuir a baincéir fáilte mhór roimh a iníon, céimí den scoth de chuid École des mines ar mian leis a cuid oiliúna a chríochnú le céim mháistreachta ag MIT. Cuireadh teorainn 25,000 euro ar iasachtaí do mhic léinn, bhí dhá cheann tugtha aige di, ag an ráta úis ríoga de 1.6%. Mar sin déanann sé a chuid oiliúna ar fad a mhaoiniú. Maidir le haisíoc na hiasachta, ní haon ionadh é dá mbeadh a chéad fhostóir i gceannas uirthi. Bheartaigh cara feidhmiúcháin óg liom a shocraigh MBA a ullmhú chun cur lena ghairm bheatha céim dhúbailte Scoil Ghnó Londain/Columbia a roghnú. Chuir a bhanc an táille chlárúcháin $120,000 (tá: céad fiche míle dollar) ar aghaidh gan stró.

Mar sin féin, i gcás mac léinn nach n-íocann a thuismitheoirí ach 500 euro in aghaidh na míosa agus nach mór dó cúig bliana staidéir a mhaoiniú ón gcéad bhliain, tá rudaí i bhfad níos casta. Tá an tsuim atá de dhíth air ard: mar shampla, is é 800 euro in aghaidh na míosa ar feadh cúig bliana ná 50,000 euro. Má fhaigheann sé iasacht den mhéid seo, rud nach bhfuil an-soiléir, fiú le ráta 3%, beidh air ús iasachta ard a íoc, mar ní thosóidh sé ag aisíoc ach ag deireadh a chuid staidéir. Ar an láimh eile, bíonn riosca mór ag baint le hiasacht a fháil mura bhfuil na hionchais fostaíochta cinnte nó má tá an oiliúint atá beartaithe an-roghnach agus ní mór duine a bheith ullamh chun maireachtáil leis an riosca seo.

Maidir lena chuid féin, ráthaíonn an Stát iasachtaí d'aon mhac léinn a iarrann iad. Go sonrach, ráthaíonn sé 70% den riosca mainneachtana, ach ní féidir leis an iasacht dul thar 15,000 euro. Dá bhrí sin is áiseanna comhlántacha iad seo agus ní réitigh dhomhanda iad. Tugann an Stát údar lena idirghabháil de bharr na ndeacrachtaí a bhíonn ag mic léinn, seachas iad siúd sna Grandes Ecoles, maidir le hiasachtaí airgid a fháil. Go deimhin, tá 300,000 mac léinn, is é sin le rá duine as gach ochtar, tar éis iasacht bainc a fháil. Ach leath díobh siúd a bhí ag iarraidh é sin a dhéanamh cuireadh bac orthu mar gheall ar easpa comh-urra, sonraíonn an suíomh speisialaithe Financetesetudes.com.

Baineann an adage "ní thugann tú ach do dhaoine saibhre ar iasacht" go han-mhaith anseo. Ar cheart dúinn gearán a dhéanamh? Níl sé seo cinnte, mar má leathnaíonn an iasacht go dtí oiliúint níos lú luach saothair ná an Grandes Ecoles, beidh ceist an riosca chun cinn, mar atá i dtíortha Angla-Shacsanach. Sa Ríocht Aontaithe, a sheol i Meán Fómhair 2012 straitéis táillí arda coláiste (9,000 punt, nó 10,700 euro, gach bliain) mar chomhbhabhtáil le ligean isteach ar chreidmheasanna stát-áirithe le haghaidh understudy , féadfaidh 35% go 40% de na hairleacain. gan a aisíoc, mar a léirítear i dtuarascáil ón mBord um Chistí Poiblí. Sa lá atá inniu ann, íocann understuers Béarla cuid i bhfíor-airgead agus fiontair isteach sa dearg le haghaidh na cothromaíochta, níos mó ná 25 nó tríocha bliain ar an iomlán. Bíonn an ráta creidmheasa chomh hard le 9% cuid den am. In 2013, tháinig laghdú 6% ar líon na liostuithe i gcoláistí, agus d'fhan líon na bhfo-staidéir a d'fhág an mheánscoil sách seasta; is cosúil go ndéanann costas an athbhreithnithe difríocht athchomhairleach. Sna Stáit Aontaithe, tugann iasachtaí understudy aghaidh ar an méid cosmach de 1,200 billiún bucks. Bíonn tionchar ag creidmheasanna rialtais amháin ar 37 milliún duine. Mar a léirigh an Bhunaíocht um Rochtain agus Gnóthachtáil Scoile, bhí creidmheas bainc le haisíoc ag 71% de alumni 2012 . San iomlán, b'ionann a suim agus $33,000 in 2014. Clúdaítear aisíocaíochtaí (15% den phá roimhe seo, 10% faoi láthair), rud a shíneann leo thar an bhfadchiall: tá go leor 50-rud éigin nach bhfuil fillte suas ag aisíoc a n-iasachtaí understudy. Gan cúnamh teaghlaigh, is féidir le speisialtóir fiaclóireachta Nua-Eabhrac tús a chur lena ghairm agus oibleagáid 400,000 euro air! Is féidir a shamhlú, ar a leithéid san iomlán, cad a thugann an muirear úis faoi ... a mbeidh iarmhairtí aige ar an mbille a íocann na hothair.

Ba é an ráta réamhshocraithe ar na hairleacain seo ná 12% in 2013, ach is beag an fhadhb atá leis an bhfigiúr seo. Leis an bhfírinne a rá, fágtar mic léinn ón tráthchuid go dtí nach céimithe iad. Ag baint le líon na ndaoine aonair ar gá dóibh a n-oibleagáid a aisíoc, is é an ceathrú cuid de iar-fhoghlaimeoirí atá i mainneachtain. Ní deacair an cás láithreach seo a mhíniú: níor bhain 30% de na mic léinn a bhí i bhfiacha céim amach. Tá daoine eile dífhostaithe nó tá rath ar an gcúl acu níos déanaí. Ní nach ionadh, d'fhógair an banc is mó i Meiriceá, JP Morgan Chase, d'ollscoileanna le titim na bliana 2013 nach gcuirfeadh sé iasachtaí mac léinn ar fáil a thuilleadh.

Is léir nach bhfuil muid ann sa Fhrainc. Ba chóir a thabhairt faoi deara, áfach, gur ghlac 34% de mhic léinn fisiteiripe amach iasacht chun a gcuid staidéir a mhaoiniú in 2013, mar shampla. Is dócha go bhfuil an scéal mar an gcéanna i réimsí eile.

45% fostaithe mic léinn

Roinneann an tsamhail mhaoinithe atá ag teacht chun cinn mar sin an tsochaí i dtrí cinn: tá mic léinn ó na haicmí oibre i dteideal scoláireachtaí a ligeann dóibh maireachtáil, caithfidh na meánranganna dul i muinín iasachtaí agus bíonn mic léinn ó chúlraí pribhléideacha ag brath ar a dteaghlach. Ach ní mór dúinn dearmad a dhéanamh gur féidir le mic léinn airgead a thuilleamh. Léiríonn suirbhéanna a dhéanann an Réadlann ar Shaol na Mac Léinn go rialta go bhfuil méadú ag teacht ar líon na mac léinn a bhfuil obair íoctha acu agus gur shroich sé 45% in 2013 [6]. Is ábhar iontais é go bhfuil an chomhréir seo beagnach mar a chéile is cuma cén bunús sóisialta atá ag na scoláirí.

Ar ndóigh, caithfidh an deis a bheith agat oibriú, is é sin le rá an t-am agus na deiseanna. Fágann uaireanta oibre dÚsachtach na scoláirí i ranganna ullmhúcháin nach bhfuil mórán ama acu é sin a dhéanamh. Os a choinne sin, is iad mic léinn sna healaíona agus sna daonnachtaí, a bhfuil amanna teoranta cúrsa acu, iad siúd a oibríonn go minic. Braitheann na deiseanna ar an gcúrsa a leantar agus ar an leibhéal staidéir. Ach tá sé ríthábhachtach idirdhealú a dhéanamh idir poist a bhaineann le staidéar agus poist eile.

Go deimhin, cuireann intéirneachtaí, staideanna staidéir oibre nó jabanna samhraidh a cheadaíonn luacháil na scileanna a gnóthaíodh, gan amhras, feabhas ar thorthaí na mac léinn agus ar a gcomhtháthú gairmiúil. Agus iad ag plé leis na staidéir, tugann siad brí nithiúil dóibh agus neartaíonn siad inspreagadh na mac léinn.

Os a choinne sin, is ionann poist nach mbaineann le staidéir agus an rud a dtugann an Réadlann Saoil Understudy air mar "slite beatha comhuaineach le staidéir". Tógann siad am, fuinneamh agus cuireann siad fíorbheagán leis an ullmhúchán. Go minic nuair a bhíonn an cumas íseal acu, cuireann na poist seo pionós i ndáiríre ar understudent nuair a dhéantar iad a chleachtadh go pointe ag leath-ama. Go rialta, séanann siad an rogha dheireanach maidir lena n-amchlár a rialú, ós rud é go bhfuil sé deacair am breise a dhiúltú, an t-am oibre a laghdú nuair a bhíonn tástálacha ag druidim agus a n-amchláir a choigeartú chun léaráidí a mheasúnú. a athrú seimeastar. Is léir go laghdaíonn na seasaimh seo dul chun cinn i dtástálacha, rud a spreagann cinntí deacra, ar féidir gan dabht a chur faoi deara san fhorbhreathnú ar an bhFaireachlann ar an mBeatha understudy: b'fhéidir gur mhaith le 33% de na daoine nach bhfuil ag obair déanamh amhlaidh, ach glacann siad leis nach bhfuil. níl an deis acu agus glacann 20% de na daoine atá ag obair leis go bhfuil sé ag cur bac ar a gcuid scrúduithe . Tugaimid faoi deara nach n-oibríonn sealbhóirí deontais chomh minic leis na cinn eile.

Is iad na tuisceana ó bhunsraitheanna humble na daoine aonair is mó a fhreagraíonn don chineál seo gnó, agus baintear cleachtaí sliocht na gceann feadhna lena scrúduithe, trí obair-dhíriú ar thionscadail, poist leibhéal iontrála agus doirse oscailte a thugann gnólachtaí ollmhóra do. fostaidéir ar scoileanna ar leith. Ba chóir a thabhairt faoi deara mar an gcéanna go gcuidíonn ionaid oibre an Grandes Ecoles le fo-staidéir chun poist bhreise a fháil.

Saibhrigh do CV

Éiríonn obair na ndaltaí mar ghnáthchleachtas. Anseo arís, is cosúil go bhfuil an tsamhail Angla-Shacsanach i réim. Toisc go bhfuil sé ní hamháin maidir le tuilleamh an t-airgead is gá, ach freisin faoi staid áirithe intinne a thaispeáint. Tugann na ceisteanna a chuirtear le linn agallaimh earcaíochta agus i scrúduithe iomaíocha le fios go mbeifear ag súil le taithí ghairmiúil. Ba ghnách leis an mac léinn a d'oibrigh ar an líne tionóil chun íoc as a laethanta saoire nó as a chuid staidéir roimhe seo é a cheilt, mar eachtra nach fiú a chéim shóisialta. Is é a mhalairt anois é. Ag glacadh páirte i ngiúiré comórtais ag earcú feidhmeannaigh ón tseirbhís phoiblí, thug mé faoi deara gur léirigh iarrthóirí, céimithe de chuid Eolaíochtaí Po nó dlíodóirí a bhí incháilithe don ENA, go raibh an fómhar déanta acu nó go raibh siad ina ndíoltóirí ag Decathlon agus gur cheistigh an giúiré iad le suim acu seo. eispéiris. Os a choinne sin, is féidir le dalta maith a bheith suaite ag ceist ar nós "seachas do chuid staidéir, cad a dhéanann tú?", atá i gcodarsnacht le traidisiún na prepas, áit a dtagann duine isteach mar atá i reiligiún, trí "cros a dhéanamh ar dhá bhliain dá shaol", mar a deir roinnt mac léinn in CPGE. Braitheann siad nach bhfuil an freagra "go léir mo shaol dírithe ar mo chuid staidéir" an freagra ceart, an oiread sin go bhfuil poist samhraidh deartha anois freisin mar línte i CV. trí "dhá bhliain dá shaol a dhíscríobh", mar a deir roinnt mac léinn CPGE. Braitheann siad nach bhfuil an freagra "go léir mo shaol dírithe ar mo chuid staidéir" an freagra ceart, an oiread sin go bhfuil poist samhraidh deartha anois freisin mar línte i CV. trí "dhá bhliain dá shaol a dhíscríobh", mar a deir roinnt mac léinn CPGE. Braitheann siad nach bhfuil an freagra "go léir mo shaol dírithe ar mo chuid staidéir" an freagra ceart, an oiread sin go bhfuil poist samhraidh deartha anois freisin mar línte i CV.

Go paradacsach, mar atá i gcás intéirneachtaí, is minic a bhíonn an seans is fearr ag mic léinn ó chúlraí pribhléideacha taithí ghairmiúil a charnadh. Ó dheireadh a gcéad bhliana ar scoil, déanann mo iar-scoláirí intéirneachtaí dhá mhí i gcomhairle le gnólachtaí, cistí infheistíochta, gníomhaireachtaí fógraíochta nó cuideachtaí closamhairc, ie a bhfuil sé mar aidhm ag gach mac léinn.

I gcás mic léinn agus daoine eile, is trí chaidrimh phearsanta a dhéantar rochtain ar fhostaíocht ar dtús. Go hiondúil déantar intéirneachtaí i bhfochuideachta Londain nó Nua-Eabhrac de ghrúpa mór Francach a thabhairt i dtír ag mic léinn a bhfuil a dtuismitheoirí ag obair sa chuideachta nó a bhfuil aithne acu ar dhuine éigin ag obair ann. Is minic a fhaigheann siad liúntais intéirneachta idir 1,000 euro agus 1,500 euro in aghaidh na míosa seachas an t-íosmhéid de 400 euro atá mar riail in áiteanna eile ... cé nach gá go dteastaíonn uathu é.

Go hachomair, ní leor scoláireachtaí chun neamhspleáchas airgeadais an mhic léinn a chinntiú. Tá iasachtaí bainc, seachas na foirmíochtaí is brabúsaí, de mhéid teoranta agus contúirteach. Níl sé chomh héasca poist mac léinn a fháil agus cuireann siad isteach ar rath scrúduithe. Mar sin fanann teaghlaigh ar an líne tosaigh chun ardoideachas a mhaoiniú. An bhfuil siad in acmhainn é? Tugann an méadú ar líon na scoláireachtaí agus iasachtaí bainc le fios nach amhlaidh an cás. Méadófar an contrárthacht mar sin idir riachtanais mhéadaithe an ardoideachais agus modhanna marbhánta na dteaghlach. Go háirithe ós rud é gurb iad na cinn chéanna atá ina mbuaiteoirí ar bheagnach gach comhaireamh: is féidir le teaghlaigh saibhre gníomhú go héasca mar ráthaíocht bainc le haghaidh iasachtaí a leanaí agus cuireann láithreacht cuntas dea-stocáilte sa bhrainse céanna go praiticiúil ar an mbaincéir iasacht mac léinn a dheonú. ar eagla go gcaillfidh tú cliant maith. Is iad na teaghlaigh is mó buntáiste freisin iad siúd a fhaigheann na poist is fearr agus na hintéirneachtaí is fearr dá leanaí, mar gheall ar a gcaidrimh.

Mar sin is dócha go leathnóidh an bhearna idir dhá shaol. Ar thaobh amháin, tá acmhainní suntasacha ábhartha ag gairmscoileanna, ó TF go paraimhíochaine trí na mórscoileanna gnó nó innealtóireachta, mar gheall ar rannchuidiú ard na mac léinn. Ag an bpraghas seo, is beag deacracht a bhíonn acu le hearcú, ach braitheann siad ar dtús ar theaghlaigh atá go maith le déanamh agus cuireann siad réitigh mhaoinithe éifeachtacha ar fáil do na cinn eile, ó na meánranganna: is féidir leo roinnt faighteoirí deontais a dhíolmhú ó tháillí teagaisc. clárú bunaithe ar urraíocht, comhaontuithe a dhéanamh le bainc ionas go bhfaighidh mic léinn iasachtaí ar ús íseal agus go soláthrófar modhanna chun airgead a thuilleamh, a bhuí le cláir staidéir oibre, intéirneachtaí agus poist ghaolmhara le scileanna na mac léinn,

Ar an láimh eile, cuireann cúrsaí ginearálta, ag tosú leo siúd in ollscoileanna, cáilíocht seirbhíse níos ísle ar fáil mar gheall ar easpa acmhainní, ach is ar éigean a d'fhéadfadh táillí teagaisc a mhéadú ar chúiseanna polaitiúla, nó go n-éilíonn siad go leor oibre ó mhic léinn ar thuarastal freisin, mar bíonn sé an-deacair orthu iasacht a fháil.

1. I gcodarsnacht leis sin, tá méadú tagtha ar a mbuiséad ag tíortha an Tuaiscirt amhail an Danmhairg, an Fhionlainn agus an tSualainn, atá cheana féin, i gcomhréir, a dhéanann an infheistíocht is mó ina n-ardoideachas, in ainneoin na géarchéime.

2. Lucia DELAPORTE, "Táillí teagaisc san ardoideachas: seoltar an t-ionsaí",

Mediapart, 18 Márta, 2014.

3. Lawrence B.ATSCH, Páras-Dauphine. Nuair a thagann an ollscoil chun bheith ina scoil. Agallaimh *le Denis Jambar*, PUF, Páras, 2014.

4. Veronique SÁBHÁILTEACHT, "Sciences-Po: an t-ardú ar scares úra", Liberation, 7 Iúil, 2014.

5. Gabrielle FACK agus Julien G.RENET, "Feabhas a chur ar rochtain agus rathúlacht an choláiste do mhic léinn ar ioncam íseal: fianaise ó chlár deontais mór bunaithe ar riachtanas", Páipéar Oibre PSE, uimh. ó 2013-33, 2013.

6. SEIRBHÍSÍ AN TSAOIL OSTUDENT, Gníomhaíocht íoctha, suirbhé ar dhálaí maireachtála na mac léinn 2013, www.ove-national.education.fr.

Conclúid

U ní focal pearsanta, ar dtús. Tar éis dom an staid seo a bhaint amach, agus é scanraithe ag na buntáistí a bhaineann le hairgead san iomaíocht scoile agus ag cinniúint na dteaghlach nach bhfuil mórán de acu, is féidir leis an léitheoir a bheith ag smaoineamh, i gceart, conas is féidir liom, i gcoinsiasa, múineadh i bpobal na scoile ard leis an soch is pribhléid. - comhdhéanamh gairmiúil i réigiún Pháras. Conas is féidir liom tacú leis na mic léinn saibhre seo, oilte, teagascóirí, a bhfuil sé ar intinn acu dul isteach i scoil óstáin san Eilvéis nó i scoil tréidliachta Spáinneach ar na mílte euro in aghaidh na bliana gan stop a chur leo? Is é an freagra an-simplí: go ginearálta is mic léinn iontacha iad.

Tá siad ag iarraidh go n-éireoidh leo, rud nach bhfuil olc go leor, ach tá fiosracht intleachtúil fíor agus cultúr áirithe ag go leor acu freisin. Tá siad cineálta, feasach agus buíoch as na hiarrachtaí a dhéanaimid chun cabhrú leo. Is é an rud a spreagann múinteoir ná go bhfuil gá leis. D'fhéadfaí a shamhlú go bhfuil an riachtanas seo is suntasaí i gcomharsanachtaí deacra. Ach cuireann sé deacracht mhór in iúl dó féin, mar gheall ar bhacainní nó ar choscanna éagsúla. Ar a mhalairt, ag an Lycée Quesnay, na mic léinn, go háirithe an chuid is fearr, ná bíodh aon leisce ort a iarraidh ar na múinteoirí. Is fíor freisin gur suntasach an brú a chuirtear orthu.

Agus ansin, taobh le hairgead, tá cultúr. Aistríonn teaghlaigh áirithe bourgeois go deimhin chuig a gcuid leanaí, chomh maith le hairgead, luachanna soladacha. Tá cúpla "oidhrí" fós ann, chun úsáid a bhaint as an abairt Bourdieu agus Passeron [1], a fuair grá na scoile le hoidhreacht, aird ar fhaisnéis agus cáilíochtaí daonnúla a bhaineann go minic le dianchleachtas. Chun mo chuid fostaidéir anuraidh a chur in iúl don smaoineamh ar dheighilt dhearfach, is minic a ghlacaim mar léiriú ar na buntáistí a ghéilltear d'fhoghlaimeoirí atá ag díriú orthu i ZEP chun dul isteach in Science Po. An bhfuil sé ceart? I mbliana, rinne fo-staidéar tástáil ar a cuid comhscoláirí a bhí ag ullmhú do Science Po agus, ar ndóigh, nár bhain tairbhe as na buntáistí seo: "Ní dóigh leat go bhfuil sé míréasúnta, gur féidir leo comhordú a dhéanamh gan an tástáil thromchúiseach a dhéanamh, go bunúsach i bhfianaise. an bhfuil siad i ZEP? » Freagairt ó fhostaidéir iontach a fuair amach le déanaí gur bhuamáil sí freasúra na rannóige: "Ní dhéanfaidh sé cúiteamh go deo as na buntáistí a thugann ár dtús sóisialta dúinn. "Tá sé chomh deas go bunúsach agus Mats Wilander ag athbhreithniú ceist réiteora chun tacú leis féin ar phointe an chluiche.

Tá sé thar a bheith soiléir, chomh maith. Tá an t-aos óg ar an bpointe go bhfuil creidiúint ag dul dóibh as a dtosach sóisialta, i gcóras scolaíochta nach raibh riamh an-mhaith, áfach, atá ag dul ar aghaidh go cinntitheach agus contúirteach ar bhealach faoi thalamh. Ní hé an creat seo faoi láthair an riarachán oiliúna atá maoinithe ag an stát a scrúdaigh mé agus a bhfuil mé ag obair ann ón bpointe sin ar aghaidh. Níl ann ach ceist a bhaineann le Sátan dochomparáide tráchtearraí na scoile a chroitheadh, arna chur in iúl do na cuideachtaí ilnáisiúnta teagaisc. Fanann lár chóras scoile na Fraince poiblí agus saor in aisce. Mar sin féin, tá moladh rúnda difriúil agus cumhachtach tar éis dul i ngleic le déanaí, i bhfianaise an chraic a tháinig ar an gcúnamh poiblí atá i mbaol agus an leas sóisialta atá thar a bheith mórthaibhseach, arna spreagadh ag cumha frantic na gcaomhnóirí a n-ógánaigh a chur ar an ardaitheoir. cúnamh rialtais nó, de réir ráta ar bith, chun iad a chosc ó dhífhostaíocht.

scoil scáth

Déanann leathnú na dtairiscintí nua seo córas. Déanann na hoileáin scolaíochta príobháidí struchtúr oileánra le himpleachtaí gan teorainn, scáthchóras oideachais mar a bhí. Cosúil le scáth-airgeadas, is ollphéist ar fud an domhain í an scáthscoil, a d'fhorbair go tapa roimh ár súile gan ár n-aird a thabhairt. Cosúil le airgeadas scáth, éiríonn sé as treoirlíne na speisialtóirí. Cosúil léi, tá an scáthscoil seo fíor-thairbheach agus is airgead tirim an bealach chuige.

Déanann an socrú nua seo éagsúlachtaí nua. As seo ar aghaidh, ar feadh tamaill éiginnte, chuir an chaint ar éagothroime inteagaisc, go heisceachtúil scartha amach ag crafted ag Pierre Bourdieu, béim ar jab an chultúir teaghlaigh, gar do scoil go leor, ar an leibhéal athraitheach faisnéise ar chóras oideachais doiléir do. caomhnóirí, cuid acu a bhfuil fíor-shaineolaithe acu ar riaradh "gairmeacha scoile" a n-óg. Cuirtear an chomhpháirt airgeadaíochta leis na hathróga láithreacha comhsheasmhacha seo. Go ginearálta neamhaird á dhéanamh ag crafted ag socheolaithe, ní fiú an athróg airgeadaíochta tagairt ag an gclár gnéithe airgeadais meánscoile agus socheolaíochta sa rannóg tiomanta do iniomparthacht sóisialta agus scoil.

Bíonn tionchar ag rogha airgid ar bhailiúcháin nua. Go deimhin, bíonn drochthionchar phrionsabail nua an chluiche ar na hoibrithe rialta chomh maith leis na seanphrionsabail, ach bíonn tionchar mar an gcéanna ar na haicmí oibre eolasacha faoi láthair. Cé gur thug a léargas ar an gcreat agus a gcumas chun cabhrú lena n-óg deis mhaith dóibh é a úsáid chun a leasa féideartha, tá iallach orthu faoi láthair dul i gcion ar an leas is mó ar scoil agus iad ag iarraidh todhchaí a bpáistí a chinntiú. leanaí . Agus iad ag gealltóireacht ar an scoil, aimsíonn siad an t-ardú millteach ar a gcostas, rud a d'aistrigh iomaíocht na scoile chuig páirc nach leo féin é.

Conas a tháinig muid ann?

Is amhlaidh i ndáiríre nach féidir leis an scoil éalú óna himthosca reatha, áit ar thosaigh an sciorradh. Ar an gcéad dul síos, cuireann easpa fostaíochta isteach go mór ar chaomhnóirí agus, cuid den am, ar pháistí. Breathnaítear ar an deimhniú mar phointe éigeantach iontrála do ghnó; tá teaghlaigh sásta ligean isteach go rathúil dá gcuid leanaí óga. Tháinig méadú ar easaontas sóisialta ansin.

Glacann socruithe oiliúnacha a bpáirt féin mar an gcéanna. Bhí an scoil singil, beagnach, bainte amach le fada an lá, agus ansin nuair a seoladh meánscoileanna agus an méadú ar líon na gcéimithe ba chúis leis an iomaíocht ardaithe ag gach leibhéal den chóras oideachais. Roimhe seo, ní raibh córas oideachais amháin ann, mar is maith linn smaoineamh, ach cúpla creat comhionann, pleanáilte le haghaidh aicmí sóisialta éagsúla. Chuir na deiseanna a bhí ann do chúpla ábhar iontach ó na comhoibritheoirí páirt a ghlacadh sna cúrsaí sármhaithe a bhí ar siúl do shliocht na bourgeoisie, ar a dtugtar elitism coimeádach, an réaltacht seo faoi cheilt.

Leis an scoil mais, oscailte do beagnach gach duine, tá easaontas scoile laghdú. Mar sin féin, níl caomhnóirí ó fhondúireachtaí speisialta nó lucht oibre sásta é a admháil. Déanann siad é a athdhéanamh go díreach trí ranganna teagaisc inmharthana a dhéanamh, rud a sheachnaíonn an costas suntasach a bhaineann leis an gcuid is mó de na fostaidéir. Déantar easaontas sóisialta mar an gcéanna a athbhunú ar bhealach timpeallán trí ord géar na gcomharsanachtaí agus na mbunsraitheanna agus an cúnamh a thugann faoi staidéar a fháil, rud a spreagann ardú i méid na gcomhpháirteanna maithe. Le go n-éireoidh leat, níl sé leordhóthanach faoi láthair tú féin a chur in iúl i gceart agus do chuid ceachtanna a fhoghlaim go maith. I scoileanna mionlach, tá comhréir na mac léinn ag barr feabhais i ngach disciplín, dátheangach,

Sa chomhthéacs seo, tá gach buntáiste is féidir a úsáid: cáilíocht na scoile, oiliúint, tacaíocht acadúil. Mhéadaigh ollchóiriú scoile freisin na hiarmhairtí ar ghairmréim na ndifríochtaí beaga i leibhéal na dioplómaí, a spreagann infheistíocht ar bhealach atá ar mire uaireanta – tarlaíonn sé mar shampla go n-éiríonn le mac léinn a ghlactar ag ESCP Europe HEC arís, mar shampla. Tá acmhainní suntasacha airgeadais ag mionlach agus cuireann siad an acmhainn seo chun fónaimh do rathúlacht a sliocht. Tá an toilteanas seo le híoc a thuiscint: conas is féidir leat diúltú do leanbh a chlárú sa scoil dá rogha féin nó ceachtanna breise a chuideoidh leis go n-éireoidh leis? Mar aon leis an tsláinte, is é an t-oideachas an réimse ina gcuireann teaghlaigh síneadh lena bhféidearthachtaí airgeadais. Cruthaíonn an t-éileamh seo tairiscint atá oiriúnaithe d'acmhainní gach duine, rud a d'fhéadfadh dul chomh fada le seirbhísí ar leibhéal an-mhaith.

Ar deireadh, tá airgead poiblí ag éirí gann. Ní choinníonn an buiséad Oideachais Náisiúnta suas le hathruithe ar dhéimeagrafaíocht agus ar chostais. Tá cáilíocht an oideachais a chuirtear ar fáil ag dul in olcas agus tá earcú múinteoirí cáilithe ag éirí níos deacra. An oiread sin bearnaí a chothaíonn an earnáil phríobháideach. Agus tarlaíonn míorúilt an gheilleagair mhargaidh: tagann soláthar chun cinn láithreach chun freastal ar an éileamh

Fatalitas?

Trí rud beag a ghinearálú, in ann na himthosca a fheiceáil mar a thógann sé ina dhiaidh: laistigh den choigeartú idir oscailte agus príobháideach arb iad is sainairíonna é geilleagair chumaisc mar gheilleagar na Fraince, tá na scálaí claonta le ceathrú céad bliain i bhfabhar an chinn dheireanach a luadh. Faightear an chomhpháirt sa teagasc i réimse na folláine nó riaradh na sochar. Gach uair, mar gheall ar an laghdú ar an tuairimíocht oscailte, a roghnaítear laistigh den teideal coigeartú buiséadach agus iomaíochas, déantar éilliú ar an sochar a thugtar, ar an mbealach seo do chruthú tairiscint phríobháideach, atá ag croílár deighilte airgid thirim: an príobháideach. is dóibh siúd atá in ann íoc, don phobal, do dhaoine eile. Chun an creat dhá chiseal seo a chruthú atá marthanach ó thaobh na polaitíochta de, coinnítear saorchúrsaí sármhaitheasa ar bun agus tugann deontais deis do chúpla fostaidéir ó bhunsraitheanna d'aon turas an stádas a bhaint amach; ach is leithscéal sochreidte iad na díolúintí seo a dhearbhaíonn rith an seó. Tá an dearcadh nó b'fhéidir díomách. An féidir linn é a sheachaint? Sa aeráid reatha stad, aighneacht do na overwhelms dosheachanta. oideachas a íoc a choimeád ar bun ar a cháilíocht? Tá oideachas saor in aisce cumhdaithe sa dlí sa tSualainn agus tá na hacmhainní ag na scoileanna inti feidhmiú. Scaradh spásúil? Ba é an nós imeachta Affelnet ba chúis leis céim siar i bPáras go poiblí; Maidir leis an earnáil phríobháideach, d'fhéadfaí é a chomhtháthú go han-mhaith le léarscáil na scoile. Sa Ríocht Aontaithe nó sa Spáinn, bhris polasaithe cuóta an treocht. Na hullmhúcháin íoctha a rinne an comórtas riachtanach? Tá tionscnaimh ag teacht chun cinn chun iarracht a dhéanamh teacht ar réitigh, mar shampla SOSciencespo: Cuidíonn na mic léinn Eolaíochtaí Po le hiarrthóirí a litir chlúdaigh a scríobh, scrúduithe béil a thabhairt dóibh, a gcuid ceisteanna a fhreagairt.

Níl sé dosheachanta mar sin go leanfar leis na treochtaí reatha. D'fhéadfadh forbairt ár gcóras scoile a bheith bunaithe ar bhoinn éagsúla, níos cothroime agus níos éifeachtaí. Toisc gurb é an comhrac in aghaidh teip scoile na ndaoine is lú fabhar an bealach is fearr inniu chun feidhmíocht ár gcóras scoile a fheabhsú agus chun comhtháthú sóisialta a neartú.

Is rogha sochaíoch é.

GO RAIBH MAITH AGAT

AN DEIREADH

www.ingramcontent.com/pod-product-compliance
Lightning Source LLC
Chambersburg PA
CBHW052341220526
45465CB00003BA/910